Vorträge über Astrologie und Medizin

Dr. Friedrich Schwab

Verlag Heliakon

Verlag Heliakon

Umschlaggestaltung: Verlag Heliakon
Titelbild: Pixabay (MiraCosic)

Druck und vertrieb: BoD - Books on Demand, Norderstedt

www.verlag-heliakon.de
info@verlag-heliakon.de

ISBN 978-3-949496-09-7

Die Deutsche Nationalbibliothek verzeichnet diese Publikation in der Deutschen Nationalbibliografie; detaillierte bibliografische Daten sind im Internet über dnb.de abrufbar.

Inhaltsverzeichnis

Allen Freunden und Buchverlagen
sei hier herzlich gedankt
für die Mithilfe und Materialsammlung
zur Herausgabe dieses Buches
Heinz Winter

Vorwort

Die Schriften von Dr. F. Schwab haben den Zweck: den Menschen zum Nachdenken über sich selbst, sein Kommen und Gehen, seine Mission auf Erden, und über seine Beziehungen zur organischen und anorganischen Welt zu veranlassen; sie wollen ihm Wege zeigen, auf denen die Verfasser und frühere Forscher Resultate gefunden haben, um ihm durch Verwertung der Erfahrungen seiner Rasse zu einem rascheren Fortschritt zu verhelfen. Sie wollen seinem Wissen eine sichere Basis, seinem Erkennen Klarheit, seinem Denken Freiheit und Reinheit, seinem sittlichen und moralischen Willen Stärke und Ermutigung, seinem physischen und weltlichen Leben Harmonie mit den Naturgesetzen influieren; sie wollen aufbauend, nicht zerstörend, Leben verbreiten; sie wollen den Menschen sein Schicksal verstehen lernen und ihn mit demselben aussöhnen, wenn es hart und schwer, Ihn vor leichtfertigem Übermut warnen, wenn es mild ist; sie wollen das große Gesetz der göttlichen Gerechtigkeit demonstrieren, und nachweisen, wie demselben stets nur die Liebe und die Weisheit zu Grunde liegen; sie wollen die geistige Einheit des Menschengeschlechts begreifen lernen mit der Devise:

Durch Erkenntnis zur Liebe

Gestirne und menschliches Schicksal

I.

Es weiß jedermann, dass die Wissenschaft der Astrologie sich auf uralte Überlieferungen stützt — aber leider betrachtet man heutzutage das Alte eher als Argument der Hinfälligkeit denn als Stütze. Aber wir wollen dennoch die Sache kurz historisch betrachten, wir können dann nachher dem klügelnden Neugeist immer noch entgegenkommen mit logischen und auch mit experimentellen Beweisen.

Sehr alt ist die Astrologie und sie hat sich trotz der vielen Anfeindungen und Verzerrungen, denen sie immer wieder ausgesetzt wurde, bis auf die Gegenwart erhalten.

Die Wissenschaft der alten Ägypter, Inder, Babylonier war in ihrem Grundton Astrologie und letztere war überall untrennbar verflochten mit Religion, Philosophie, Naturwissenschaft, Mathematik, und dadurch bildete alles unter sich ein einheitliches Ganzes.

Nicht so ist es heute. Man hat zu viel Spezialisierung und dadurch erkennt man nichts Ganzes, und das Ganze nur halb. Damals aber gab es nur eine Universalwissenschaft; sie umfasste alles.

Wenn sie auch entartete, — so können wir einem solchen System den Vorzug doch nicht absprechen vor allen andern; denn wahres Wissen in Bezug auf irgendetwas kann nicht separat betrieben werden. Der wahrhaft Erkennende und Forschende muss das Spezialterrain verlassen, da er ohne Kenntnis des Zusammenhanges aller Dinge stetigen Irrtümern ausgesetzt ist. Indessen gab es zu allen Zeiten tatsächlich auch Menschen, die wahre Vertreter des universalen Wissens waren.

Astrologie bedeutet die Wissenschaft vom Einfluss der Sterne auf die Schicksale des Menschen. Alle die alten Völker brachten die Schicksale der Menschen und Einzelindividuen mit dem Lauf der Sterne in Verbindung. Die heiligen Überlieferungen aller Religionen bezeugen die Wichtigkeit der Planeten-Läufe für den Menschen, sogar die Bibel spricht von dem Streit der Sterne. In der Offenbarung wird ein Drittel der Sterne auf die Erde geschleudert und gebunden (was nebenbei bemerkt, nichts anderes bedeuten mag als die Verkörperung der planetarischen Elemente in den irdischen Gebilden). Viele andere rätselhafte Anklänge an die Astrologie enthält die Bibel. So leuchtet den Weisen aus dem Morgenland der Stern von Bethlehem. Weiteres findet sich im alten Testament und in der Offenbarung.

In der indischen Mystik ist die Götterlehre durch und durch mit Astrologie verflochten. Unter der griechischen Philosophie kam letztere zu hoher Würde und Ansehen, wenn allerdings auch einige Philosophen dagegen waren.

Von Astrologie war Religion aber noch nie und bei keinem Volk getrennt bis auf den heutigen Tag. Ja, in der christlichen Mystik lebt noch unbeachtet die Astrologie fort. Das Kreuz, der Kreis, die hl. Jungfrau auf der Mondsichel stehend, der Stern der Hoffnung, die Jungfrau mit dem Knäblein, die christlichen Feste, besonders Weihnachten und Ostern, dies sind alles, teils historische, teils astrologische Symbole.

Am meisten war die Astrologie bei den Chaldäern im Schwung und von diesen werden wohl die Juden die ihrige her haben. Aber nicht nur im alten Testament finden wir astrologische Hinweise, sondern auch im Talmud und in der Kabbala wurden ihr Bedeutung zugesichert. Bei uns stand die Astrologie im Mittelalter in schöner Blüte, weniger in Verbindung mit Religion, als eher mit Wissenschaft.

Die Gelehrten der Astronomie waren damals vielfach Astrologen und darunter befanden sich die bedeutendsten Männer. Später im 18. und 19. Jahrhundert schlief die Astrologie mehr und mehr ein, jedenfalls infolge der neuen Entdeckungen und der damit verbundenen Anfeindungen alles Altherkömmlichen. Jedoch hat sie immer einige würdige Vertreter gehabt bis auf den heutigen Tag. Und — sonderbar, in den letzten]ahrzehnten regt sich wieder etwas von ihr — aber nicht trotz der Aufklärung unserer Zeit, sondern Dank derselben, denn man hat gefunden, dass es nicht das Richtige sei, wenn man das Kind mit dem Bade ausschüttet.

Goethe war Interessent der Astrologie, ebenso Shakespeare, Francis Bacon und andere bekannte Größen.

Einige moderne Männer, die für die Astrologie eingetreten sind, sind: Dr. Draper, Prof. Ely Star, Dr. N. Sepp, A. Kniepf, Prof. Zillmann, dann nahezu alle Okkultisten und Mystiker der Gegenwart, verschiedene Hinduphilosophen und viele amerikanische Gelehrte. Es sind nun auch einschlägige Werke über Astrologie erschienen, sowie Zeitschriften, und wie sehr sich diese Wissenschaft wieder zu rühren beginnt und von vernünftigen Leuten beachtet wird, zeigt Kürschners Jahrbuch 1902, das einen ausführlichen Bericht von A. Kniepf über die moderne Astrologie in seinen Spalten aufnahm. Aber im Allgemeinen steht die

Astrologie heutzutage sowohl der Religion als auch der Wissenschaft gegenüber immer noch als gehasstes Stiefkind da.

Astrologie heißt wörtlich übersetzt: Sprache der Gestirne. Man zog dabei nicht den ganzen Sternhimmel in Betracht, sondern mit wenigen Ausnahmen die Himmelskörper unseres Sonnensystems. Diese waren die sieben bekannten Gestirne: Sonne, Mond, Merkur, Venus, Mars, Jupiter und Saturn. Mit der neueren Astrologie kamen noch die beiden später entdeckten hinzu: Uranus und Neptun.

Da die Planeten alle durch ihre Bewegung um die Sonne und auch letztere durch die Bewegung der Erde fortwährend die Lage zu einander verändern, und somit mit jedem Moment sich verschieben und eine andere Himmelsfigur bilden, so konnte man dieses Himmelsdrama einesteils schon eine Sprache oder eine Musik der Sterne oder wie man sonst will, nennen. Nun kommt aber noch hinzu, dass man jedem Planeten einen ihm eigenen Charakter zuschrieb, eine gewisse Art besonderer seelischer Energie, durch die er je nach seiner Stellung auf die anderen einwirkt. Und so sah man dann in der jeweiligen Stellung der Planeten zu einander eine Mischung dieser verschiedenen Einflüsse, die sich als ein besonderes Charakterbild kundgibt; und da dies mit jeder Minute, ja Sekunde sich ändert, war und ist der Vorrat an solchen Schemas unendlich.

II.

Astrologie ist die Wissenschaft von dem Zusammenhang der Himmelskörper mit dem Leben, Entstehen und Vergehen aller Lebewesen unseres Planeten, besonders des Menschen.

Astrologie wird allerdings gegenwärtig mehr im Geheimen getrieben als Spielerei, Liebhaberei, häufig verbunden mit verschiedenen mehr oder weniger dunkeln und zweifelhaften Praktiken. In dieser letzteren Färbung hat sie wenig wissenschaftlichen Charakter und dient leider oft nur dazu, sie als hohe Wissenschaft zu profanieren und zu erniedrigen.

Auch preisen sich gegenwärtig in Tageszeitungen Leute an, die durchaus nicht nach mathematischen Regeln arbeiten, ja überhaupt ohne Rücksicht auf den Stand der Gestirne Astrologie treiben. Ihre Astrologie ist meist ein Gemisch von Zahlenmystik, Buchstabentechnik, Handschriftendeutung und bisweilen etwas Psychometrie. Wir wollen diesem System das Recht des Wunderlichen das die Leute anzieht, nicht absprechen, aber es ist nicht dazu angetan, von den Vertretern der Wissenschaft je beachtet und geprüft zu werden. Auch appellieren diese Astrologen meist an ein Publikum, dem es nicht um den wissenschaftlichen Wert der Sache zu tun ist, sondern das für möglichst wenig Geld recht viel des Wunderbaren gesagt bekommen will.

Das Studium und die Verbreitung der exakten, wissenschaftlichen Astrologie wäre für unsere jetzige Zeit sehr wichtig und bedeutsam. Es ist dieses Gebiet allerdings äußerst kompliziert und stets geheimnisvoll; aber andererseits sprechen hier Tatsachen so laut und eindringlich, dass jeder ehrliche Forscher, der nur sehen will und sich nicht gewaltsam die Augen verschließt, gestehen muss:

»Hier haben wir ein praktisches für jeden und jederzeit nachweisbares Material vor uns« — denn die Astrologie liefert uns noch den weiteren Vorteil dass berechnete Ereignisse, wenn sie nachträglich erst bekannt werden, ebenso vollwertig und beweiskräftig bleiben, wie wenn sie vorher bekannt gegeben worden wären, z. B. ob der Lebenslauf eines Kindes, das eben erst geboren wurde, vorausberechnet wurde, oder ob das Lebensbild eines bereits Verstorbenen nachträglich berechnet wird, ist für die wissenschaftliche Frage ganz gleichgültig, denn der Beweis einer richtigen Prophezeiung ist hier nicht von der Echtheit des Propheten abhängig, sondern ist in der Himmelsfigur sichtbar niedergelegt.

Wir wollen nun in kurzen Zügen die Elemente der Astrologie darlegen. Besonders der Geburtsmoment des Menschen ist von ausschlaggebender Bedeutung. Falls man diesen genau aufgezeichnet hat, findet man der weiteren Anhaltspunkte in der Konstellation des Himmels genug, um einen skizzenhaften Einblick in das ganze seelische und körperliche Wesen des betreffenden Menschen und seines Lebensprogrammes zu bekommen.

Die praktische Astrologie ist wie gesagt sehr schwierig und äußerst kompliziert. Genügende Vorkenntnisse in Astronomie, Mathematik, Physiologie, Psychologie, Okkultismus und sonstige Studien nebst persönlichen Befähigungen sind erforderlich, um an der Hand geeigneter Hilfsbücher (die aber leider in deutscher Sprache noch nicht existieren) mit Erfolg diese Sache zu betreiben.

Aus diesen vielfachen Gründen ist es hier nicht möglich, eine ausführliche Wiedergabe der technischen Elemente der Astrologie darzulegen. Das folgende sei nur Grundriss.

III.

Als Hauptfaktoren beim Stellen des Judiziums (Vorhersagen) gelten:

a) die neun Planeten,

b) die zwölf Tierkreiszeichen und

c) die zwölf Erdfelder unseres Planeten.

Außerdem kommen noch die beiden Mondknoten und das sogenannte Glücksrad in Betracht, letzteres ein Punkt im Raum, in welchem die Einflüsse der Sonne und des Monds zusammentreffen.

Der Tierkreis ist ein Symbol am Sternenhimmel. Er umfasst jenen ringförmigen Streifen des Himmelsgewölbes, der sich mit der Ekliptik (der scheinbaren Sonnenbahn um die Erde) deckt. Alle Wandelsterne (Planeten) bewegen sich in diesem schmalen Ring. Die Flächen, die sie beschreiben, weichen in ihrer Lage etwas von einander ab, so dass die von ihnen begangenen Linien (Kreise) gemeinsam ein Band von gewisser Breite ausfüllen. Den einzelnen Teilen dieses Gürtels wird nun je eine bestimmte Charakteristik zugeschrieben, die sich als Wirkung in den mit ihnen untrennbar verbundenen Lebewesen der Erde kennzeichnet.

So hypothetisch und unbegründet diese Behauptung klingen mag, so war dies doch einst die Ursache der Einteilung dieses Gürtels in zwölf Teile, die man gemäß ihrer Wirkung durch gewisse Symbole kennzeichnete.

Die Wirkung dieser Zeichen ist tatsächlich so drastisch und hervortretend, dass kein Zweifel mehr bleibt, dass eine solche vorhanden ist. Schon der Anfänger in der Astrologie kann z. B. wenn ihm zwei Personen vorgeführt werden, wovon die eine die Sonne bei der Geburt im a, die andere in l hatte, die erstere herausfinden, d. h., an der äußeren Gestalt erkennen. Zwölf solche Zeichen sind es, wie sie der Leser ja wohl aus dem Kalender kennt. Die zwölf Tierkreiszeichen sind:

1. Widder = ♈
2. Stier = ♉
3. Zwillinge = ♊
4. Krebs = ♋
5. Löwe = ♌
6. Jungfrau = ♍
7. Waage = ♎
8. Skorpion = ♏
9. Schütze = ♐
10. Steinbock = ♑
11. Wassermann = ♒
12. Fische = ♓

Aber sowohl die Sonne als auch alle (anderen) Planeten haben je ihren speziellen Einfluss, der sich mit dem jeweiligen Zeichen, in dem sie stehen, kombiniert, und so zusammen, indem die gegenseitige Stellung der Planeten zu einander ebenfalls noch in Betracht kommt, eine überaus große Mannigfaltigkeit der Möglichkeiten ergibt. Diese Mannigfaltigkeit wird nahezu bis ins Unendliche ausgedehnt, da als weiterer Hauptfaktor noch die Achsendrehung der Erde in Betracht kommt, nämlich die Bewegung um sich selbst. Denn der Kreis, den sie zeichnet, wird ebenfalls in zwölf Räume eingeteilt, genannt die Zwölf Häuser des Himmels.

Auch diese Häuser haben je ihre Wirkung und Bedeutung auf den Menschen, indem sie mit der Erd-Iris, die als (charakteristische) polarisierte magnetische Ausstrahlung des Erdkörpers zu erklären ist, zusammenhängen. Die zwölf Häuser decken sich infolge der schiefen Stellung der Erdachse natürlich nicht mit den 12 Tierzeichen, sondern greifen ungleich in einander ein. So wird die Sache denn ziemlich kompliziert. Die genaue Berechnung einer für astrologische Zwecke brauchbarer Himmelsfigur zu einer gegebenen Sekunde ist sehr schwierig und kann dies nur mittels sphärischer Trigonometrie erreicht werden.

Die Planeten der Astrologie sind: Sonne, Mond, Merkur, Venus, Mars, Jupiter, Saturn, Uranus und Neptun. Ihre jeweiligen Einflüsse sind sehr verschieden voneinander. Sie treten in jedem Horoskop (Geburtsfigur eines Menschen) als stets bestimmte Charaktere auf. Diese Charaktere hier vollauf zu beschreiben, ist nicht möglich, da dies zu umständliche Auseinandersetzungen erfordert. Doch hier einiges: Sonne und Mond haben die größte Bedeutung für das Leben und die Wohlfahrt. Der Stand der Sonne deutet in besonderem Maße den individuellen Charakter des Menschen an, z. B. ☉ in ♈ gibt rastlose Energie und Tatendrang, während ☉ in den ♓ mehr Ruhe, Phlegma und Sentimentalität verleiht Der Mond bezieht sich mehr auf die Seelenkräfte und persönlichen Angelegenheiten und wirkt ebenfalls je nach dem Zeichen anders.

An sich gilt Sonne in der Astrologie für Würde, Prunk, Macht, Größe, Ansehen.

Mond bezieht sich mehr auf das Veränderliche, Wechselvolle, z. B. Reisen, Korrespondenz, sowie Fantasie, Dichtung. Merkur entspricht dem Intellekt, Geschicklichkeit, Scharfsinn. (☿ ☌ ☉ = Skeptiker). Venus der Kunst, Schönheitspflege, Liebe, Annehmlichkeiten des Lebens; Mars ist der Kriegsplanet, er verleiht Tatkraft, Leidenschaft, Zorn und bringt in guter Stellung Aufschwung und Beförderung. Jupiter hat die angenehmsten Eigenschaften zu vergeben: Ehre, Gerechtigkeit, Freimut, Wohlwollen, während Saturn mehr das düstere Ernste anzeigt, Philosophie; auch List und Verschlagenheit (in schlechter Stellung). Uranus ist mit Erfindungen, genialen Eigenschaften verknüpft und bezieht sich im allgemeinen immer auf das Außergewöhnliche, Waghalsige und Gefährliche, während Neptun die feinere okkulte Seite des Menschen vertritt.

Jetzt wird der Leser eine Vorstellung davon gewinnen, welche unendliche Reihe von Möglichkeiten *der Himmel* bietet, wenn man sich die neun Planeten in den 12 Zeichen verschiedenartig konstelliert denkt. Hierzu kommen dann noch die verschiedenen Aspekte, die möglich sind, sowie die Lage der 12 Häuser (Erdfelder), hervorgehend aus und abhängig von der genauen Tageszeit der Geburt.

Die Aspekte sind die bestimmten Abstände, die zwei Planeten zu einander haben können. Es gibt günstige und ungünstige Aspekte. Die Entfernung von 180 Grad, genannt die Opposition, ist immer schlecht, ebenso das Quadrat (90°) Halbquadrat (45°) und andere; dagegen ist das Dreieck (120°) sowie der Sextilschein immer gut, ebenso 72°, 30° und 150° usw.

Der eigentliche Grund, warum gewisse Aspekte gut, und andere schlecht zu nennen sind, liegt in dem sympathischen oder antipathischen Zusammenklang, den gewisse Abstände zweier Planeten hervorbringen. Die Opposition (☍ = 180°) ist die direkte Entgegensetzung zweier Planeten; sie wirkt auf alle Fälle antipathisch und ist als der schlechteste Aspekt bekannt. Ähnliche Wirkung zeigt die Entfernung von 90 Grad; sie ist die Quadratur, weil den 4. Teil des ganzen Kreises ausmachend. Als solche ist sie mit der Opposition nah verwandt.

Anders ist es mit dem Winkel von 120° oder dem △. Diese Entfernung (sowie deren nächste Abteilungen) wird als sehr sympathisch bezeichnet.

Das ganze Rätsel der sympathischen und antipathischen Beziehungen ist in Kniepfs „Psychischen Wirkungen der Gestirne“ sehr einleuchtend erklärt mittelst Farben. Ordnet man die korrespondierenden Farben der 12 Erdfelder (oder auch Tierzeichen) in einem Kreis an, so wird sich der ungünstige Aspekt des Gegenscheins, Quadrats usw. auch in dem widersprechenden Zusammenklang der betreffenden Farben zeigen, während sich die günstigen Aspekte, besonders derjenige von 120 als Zusammenklang von Komplementärfarben darbieten, wie dies sich dem Auge auch als sympathische Wirkung kundgibt. — Doch dies nur eine Parallele. Selbstredend soll damit nicht gesagt sein, dass Farben die *Wirkung* der Gestirne erzeugen. Dasselbe Analogiegesetz ist auch im Bereich der Töne aufzufinden. Weiteres siehe in Lehrbüchern der Physik. Sehr interessant ist nun noch die Deutung der Planeten in den *Häusern,* sowie die Wirkung der Häuser selbst.

Der Aufgangspunkt im Osten im Moment der Geburt ist stets der Anfang des ersten Hauses, welches besonders den eigenen Charakter, die Gestalt und Körperbeschaffenheit des Geborenen bezeichnet. Steht hier z. B. der Planet Mars, besonders wenn dazu noch das Zeichen Skorpion aufgeht, so kann man mit Bestimmtheit behaupten, dass man eine streitbare kriegerische Natur vor sich hat.

Die Gestalt ist dann gewöhnlich kurz, muskulös: stechende Augen, starke Nase, oft rötliches Haar, cholerisches Temperament. Saturn an dieser Stelle deutet auf schwindsüchtige und sehr krankhafte Körperbeschaffenheit.

Das zweite Haus zeigt des Geborenen zukünftige materielle Lebenslage an. Gute Planeten darin, unterstützt durch günstige Aspekte in einem starken Zeichen, versichern Wohlhabenheit und sorgloses Leben, soweit es das Materielle betrifft.

Die wichtigsten Häuser sind das erste, vierte, siebente und zehnte. Günstige Planeten im 10. Haus, z. B. Sonne, Mond, Jupiter oder Venus zeigen bedeutendes Emporkommen in der Welt oder hohen Beruf an.

Das zehnte Haus befindet sich in der Himmelshöhe, es beginnt am höchsten Punkt des Firmaments und bezieht sich im Allgemeinen auf den Höhepunkt des Lebens.

Das vierte Haus liegt gerade diesem entgegengesetzt, in Himmelstiefe, in Mitternachtsstand; es bezieht sich auf das Verborgene, das sozusagen Zurückliegende, daher Eltern, Vorfahren, Unterirdisches, Okkultes. Planeten hier deuten meist die näheren Umstände bei und vor der Geburt an.

Doch nun genug von diesem; wollten wir die anderen Häuser alle noch erwähnen und die verschiedenen Planeten darin in ihrer Vermischung, so würde dieser Artikel sehr in die Länge gedehnt und es würde auch manches unglaubhaft erscheinen. Deshalb soll stattdessen sogleich etwas Praktisches folgen.

IV.

Zum Zwecke eines näheren Einblickes in das Wesen der praktischen Horoskopie diene folgende Illustration aus dem Leben.

Kind der Frau G. geb. 18. Dez. 1903
abends 10 Uhr 6 min. Heidelberg.

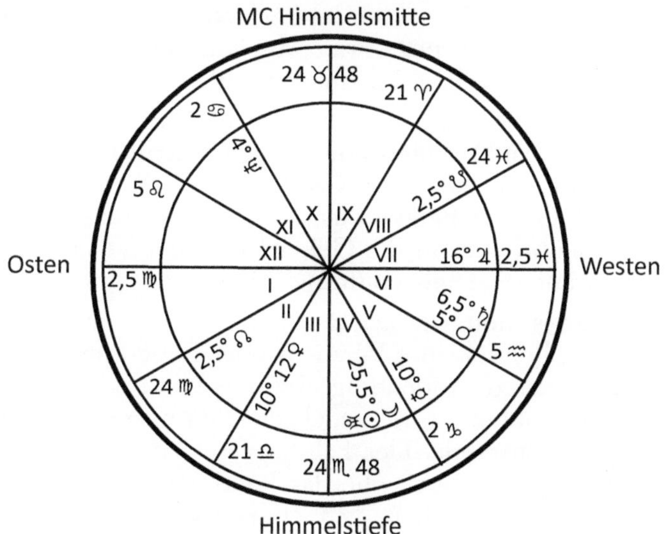

☉ = 25° ♐ 47' 52"
☽ = 25° ♐ 39' 52"
♅ = 25° ♐ 49'

Hier fällt uns sofort auf: Sonne, Mond und Uranus (☉, ☽, ♅) genau beisammen (in Konjunktion) im 4. Haus. Dies ist eine schlimme Konstellation. Jeder Astrologe würde hier folgendes deuten: Die Geburt des Kindes muss eine sehr schwierige und mit viel Gefahren verknüpft gewesen sein. Uranus zeigt gewöhnlich auch ein Unglück an, wenn er in einem der Haupthäuser steht und kann dieses hier den Vater betroffen haben, dessen Zeichen die Sonne ist. Uranus ist hier genau im selben Grad wie die Sonne, nur 2 Minuten von ihr entfernt. Aber auch der Mond ist im selben Grad, eine sehr seltene Stellung. Mond in der

*) Die römischen Zahlen I bis XII in der Mitte bezeichnen die zwölf Häuser. Die Zahlen bei den Planeten sind die Grade in denen sie stehen (im Zodiak). Die Zahlen bei den Tierkreiszeichen sind je Bruchteile von den dreißig Tierkreisgraden und bezeichnen die Schnittpunkte der Erdfelder im Tierkreis.

Sonne zeigt an, dass der Geborene eine sehr schwache Konstitution besitzt und unter Umständen kaum lange am Leben bleiben wird, besonders da noch zwei böse Planeten, Mars und Saturn (♂ ♄) am Beginn des 6. Hauses (des Hauses der Krankheit) stehen, und zwar wird der Fehler der Konstitution folgender sein: Das 6. Haus enthält hier das Zeichen ♒ (Wassermann), welches besonders mit Krankheiten des Blutes in Beziehung steht. Ferner ist hier auch Jupiter in den Fischen (♃ in ♓) im 7. Haus. Dies gibt dem Körper etwas Aufgedunsenheit und wässeriges Blut, aufgedunsenes Gesicht. Daraus kann man nun das Weitere kombinieren.

Das Gesagte ist allerdings nur ein kleiner Bruchteil von dem Vielen, was in einer Geburtsfigur alles zu lesen ist, sowohl über Schicksal, Körper, als auch Geist, Charakter usw. Sicher ist hieraus schon zu ersehen, wie der Geübte hier in die Geheimnisse der Vorherbestimmung oder wie man es nennen will, eindringen kann.

Interessant ist nun, wie sich der obige Fall historisch verhält. Das Horoskop wurde behufs eines Versuchs oder Experiments gestellt und absichtlich jede weitere Andeutung über das Kind oder dessen Eltern außer Geburtsminute und Ort zurückgewiesen. Daraufhin kam die erwähnte Prognose zustande. Der Fall liegt nun in Wirklichkeit so: der Vater des Kindes starb, noch ehe das Kind geboren wurde, an einer schweren zehrenden Krankheit, die Geburt des Kindes fand mit Todesgefahr der Mutter statt; erstens konnte ein Abortus nur unter der sorgfältigsten Behandlung vermieden werden, und dies einige mal. Das Kind ist äußerst schwächlich, hat dickes aufgedunsenes Gesicht (August 1904) und von Geburt an steht dies arme Wesen in ärztlicher Behandlung, Wassersucht ist im Anzug und nach der Aussage eines Arztes, der das Kind in Behandlung hatte, dürfte das Leben gefährdet sein. Aber viele Mühe und Irrtümer hat es gekostet, bis man herausbekam, was dem Kind fehlt. Es war in Krankenhäusern und auch Laien haben es behandelt, bis der wirkliche Zustand des Kindes einigermaßen erkannt wurde. Vermittelst der astrologischen Prognose hätte aber schon in den ersten Stunden, nachdem das Kind geboren wurde, der Sachverhalt klar gelegt werden können. Nur eine vorsichtige naturgemäße Pflege wird das Kind durchbringen.

Wie wichtig ist es, die Körperkonstitution unserer Kleinen (nicht minder ihre Seeleneigenschaften) zu verstehen. Die ganze Erziehung, Pflege und Behandlung könnte sich viel sicherer gestalten und die vielen Irrtümer, denen die Kinder zum Opfer fallen, fielen weg. Es *wird* und *muss* eine Ära kommen, wo die Astrologie als praktische Wissenschaft gepflegt wird, aber jedenfalls kann dies nicht der Fall sein, solange die Menschen so stumpfsinnig und gleichgültig nur nach materiellen Zielen und Genüssen jagen und diese heilige Wissenschaft höchstens zu selbstsüchtigen Zwecken auszunützen suchen.

Zur weiteren Veranschaulichung sei hier noch das Horoskop eines Idioten angeführt: Heinr. St. … geb. 21. Juni 1894 vorm. 4 Uhr 30 Min. bei Heidelberg.

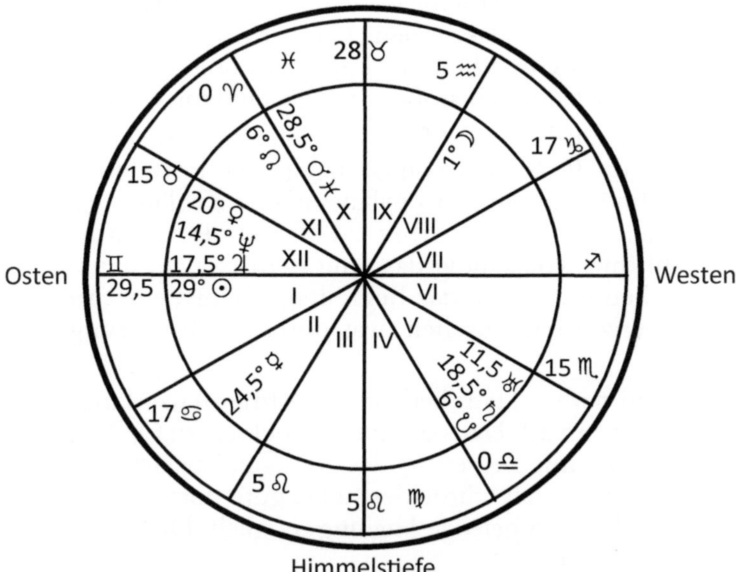

Der Kürze halber sei hier nur das in die Augen Fallende erwähnt. Im Moment der Geburt geht hier gerade die Sonne auf. Dieselbe ist in Zwillinge (♊) und angegriffen durch den bösen ♂ □ Aspekt bedeutet Gehirndefekt. Der Charakter, der aus Sonne in den letzten zehn Graden der Zwillinge hervorgeht, ist nach den astrologischen Handbüchern folgendermaßen: nervös, ruhelos, reizbar, voller Angst und Furcht vor allen Dingen, ungläubig und jedermann misstrauend.

Er lebt abwechselnd in verschiedenen Zuständen oder Geisterverfassungen, ist aber bisweilen sehr edel, human gesinnt, gesellschaftlich. Durch ♀ in ♉ dienstfertig, gefällig, aber auch sehr zerstreut, ängstlich, heuchlerisch, sehr verwirrt, gedächtnisschwach und liebt die Flucht, aber abgesehen von diesem wäre der fernere Charakter harmlos und friedlich.

Die Kombination ☉ in ♊ und ☽ in ♒ ergibt nach A. Leo folgende Prognose: Freundschaft, dankbar seinen Wohltätern, ist aber keineswegs offen und frei. Neigung zu prahlen und harmlose Dinge wichtig zu machen; aber sein Schicksal ist es, durch andere beherrscht zu werden und er hat keinen eigenen Willen.

Die Kombination ☉ ♊ und ☽ ♒ ist eine sehr einseitige, ♊ (Zwillinge) ist das Zeichen für intellektuelle Tätigkeiten, Vernunftgründe, Skeptizismus. ♒ (Wassermann) gilt für Gedächtnis, Studium, Lernbegierde, aber die ersten 10 Grade bringen Mangel an Konzentration; darin der Mond, welcher das Seelenleben repräsentiert, lässt sehr leicht schließen, dass das Gemüt hier zu kurz gekommen ist oder abnorm ist. Alles ist Kopf, bekanntlich stoßen sich gleichnamige Pole ab.

Alles Seelenleben ist auf das Gehirn (Vordergehirn) angewiesen, und da vollends die Sonne (von ♂ angegriffen im □-90) noch im Aufgang sich befindet und in den Zwillingen, und Zwillinge gar das aufsteigende Zeichen ist, so liegt hiermit ein Defekt des Gehirns klar vor Augen. Es fehlt hier vollständig das „mit dem Herzen denken", nämlich das Seelenleben und somit das Begreifen, auch ist eine Anlage zu Epilepsie, Veitstanz vorauszusehen (was durch die Erfahrung auch bestätigt ist).

♄, ☊ und ♅ im 5. Haus bedeutet hier Impotenz Mangel an Lebenswille. ♃ (Jupiter) im 12. Haus in guten Aspekten zu ☉, ☽ und ☿ mag hier einst sehr bedeutende Besserung des geistigen Zustandes bedeuten. Besonders in einer Anstalt würde der Junge gute Fortschritte machen und wäre körperliche, und geistige Heilung möglich. Doch daran glaubt bis jetzt noch niemand.*)

Obiges Horoskop wurde gemeinsam mit 13 andern gestellt, mit dem Ergebnis, dass bei allen der Charakter und meistens auch Krankheit genau konstatiert wurde, ohne die besonderen Individuen gekannt, gesehen oder Andeutungen von ihnen erhalten zu haben; nur bei einem war das Zutreffen nicht ganz befriedigend, aber dies hatte seinen Grund jedenfalls in unrichtiger Zeitangabe, oder trifft das Gesagte erst noch ein. Aber ist es nicht in erster Linie beweiskräftig unter 14 Geburtsdaten, dasjenige eines Idioten astrologisch herauszufinden?

Der Astrolog findet auch oft Charaktereigenschaften heraus, die der Eigner derselben gar nicht zugibt. Letzteres kommt daher, dass sich die meisten Menschen gewöhnlich selbst ganz falsch beurteilen.

---

*) Die Besserung wird allerdings viel Mühe kosten, da sowohl G als auch D, die zwei „günstigen" Planeten im 12. Hause, dem Hause der Gefangenschaft und Verzögerung stehen.

Was die Berechnung einzelner Ereignisse im Leben anbelangt, so beruht diese auf folgender Grundlage: Man denkt sich die ganze Himmelsfigur von Osten nach Westen gedreht, entsprechend der Achsendrehung der Erde von Westen nach Osten. Dadurch entstehen Veränderungen in der ursprünglichen Stellung der Himmelskörper; und die fortlaufende Kette solcher Veränderungen markiert die einzelnen Wendepunkte und Schicksalsereignisse im Leben (primäre Direktion).

Bei einer andern Art der Berechnung gilt jeder weitere Tag nach der Geburt für ein Jahr im Leben, indem die Eigenbewegung der Himmelskörper in den Tagen nach der Geburt das Himmelsbild verändert und folglich Ereignisse andeuten (sekundäre Direktion). Es gibt dann außerdem noch vielerlei andere Berechnungsfaktoren, welche zum Teil viel komplizierter sind; aber wir können hier nicht auf alles dergleichen eingehen.

Unabweisbar beweiskräftig für die Wesentlichkeit der Astrologie sind die sogenannten Jahreshoroskope; dies sind Himmelsfiguren, errichtet genau zu derjenigen Zeit, wann die Sonne wieder im selben Zeichen, Grade, Minute und Sekunde steht wie zur Zeit der Geburt. Ein Jahreshoroskop ist also mit anderen Worten das Horoskop irgendeines der (astronomischen) Geburtstage im Leben.

Obwohl ja der Zodiakal-Stand der ☉ der nämliche ist wie bei der Geburt, variieren die Planeten, und auch ihr Stand in den Häusern, sowie die ☉ in den Häusern doch mit jedem Jahr, und daraus ergeben sich dann die verschiedenen Jahresbilder.

Das hieraus gewonnene Urteil erstreckt sich aber dann je nur auf das betreffende Jahr, welches an einem Geburtstage beginnt und bis zum nächsten Geburtstage läuft. Die Bedeutung der Planeten dieses Jahresbildes richtet sich dann danach, wie sie bei der Geburt gestanden sind. Z. B.: ♂ m 9. Hause bei der Geburt gilt dann nicht nur im Allgemeinen, sondern auch in den Jahreshoroskopen für Reisen, große Unternehmungen, Kühnheit usw. Kommt nun in irgendeiner Jahresfigur in hervorragende Stellung, dann wird er seine ursprüngliche Bedeutung sehr geltend machen. Ausschlaggebend ist ferner, welcher Art Aspekte er zu den Planeten der Geburtsfigur wirft.

Hier sei nun ein diesbezügliches Beispiel aus einer umfangreichen Sammlung des Verfassers angeführt; es ist die Geburtsfigur eines Herrn, welcher am 9. August 1905 mit seiner Familie von seiner deutschen Heimat nach Südbrasilien übersiedelte. Er wurde geboren am 5.August 1872, 11Uhr 30Min. in Heidelberg.

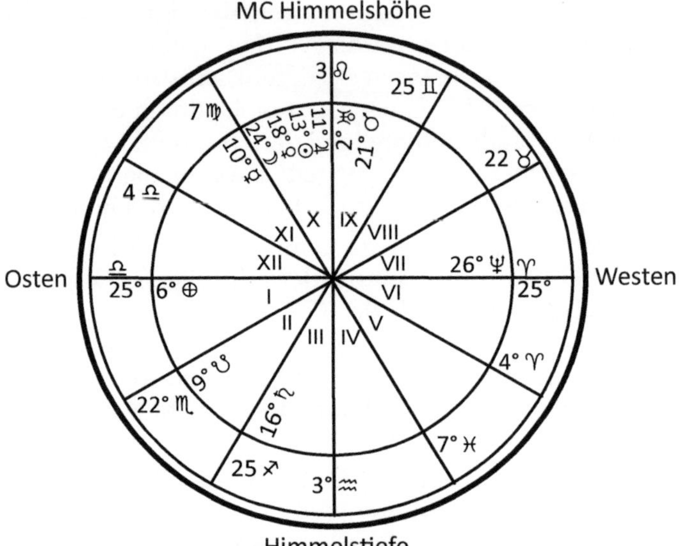

Die Sonne stand im 13. Grad des Löwen 15' und 41". Dieser Stand fällt im Jahr 1905 auf den 6. August 10 Stunden 25' 12" Heidelberg; dies ist also der astronomische 33. Geburtstag; und die für diese Zeit errichtete Himmelsfigur ist folgendermaßen beschaffen:

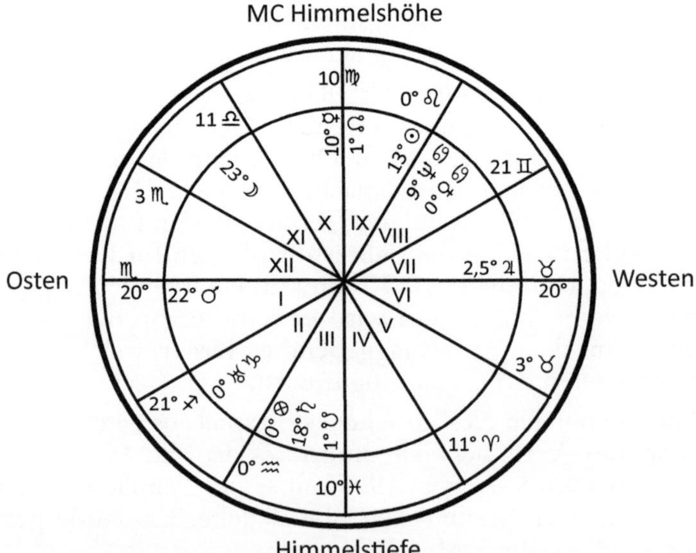

Hier ist nun zu sehen: Mars (♂) bei der Geburt im 9. Hause stehend, (siehe Geburtsfigur) ist bekanntlich Herr der Reisen und gibt dem Geist Kühnheit, Unternehmungseifer. In dem Jahresbild vom August 1905 fällt nun dieser Planet direkt auf den Aszendent, den Schicksalspunkt im Osten, wo er in höchster Weise zur Bedeutung kommt; auch ist er zodiakal sehr gut zu seinem ursprünglichen Stand aspektiert durch Trigonalschein (120 °), 21°♋ is 22° ♏ = 121°). Wer würde hier nicht auf eine außergewöhnliche Reise oder auf ein großes Unternehmen schließen? — Aber dies ist nur eins; Merkur (☿) ist bei der Geburt Herr und zugleich Gebieter des 11. Hauses gewesen (wie an der Figur zu sehen).

Er zeigt hier, besonders da er in seinem*) eigenen Zeichen (♍) steht, außerordentliche Begabungen im Verkehrsleben, gute spekulative Erfolge an. Das 11. Haus ist das Haus für Ansammlung, Versammlungen, Freunde, Verknüpfungen, und alle Beziehungen, die außerhalb der Verwandtschaft liegen, daher haben wir hier Assoziationen, gemeinsame Unternehmungen, auswärtige Beziehungen. Was sagen Sie, lieber Leser, nun zu folgendem? Merkur ist in dem Jahresbild für 1905 (wie oben zu sehen) zodiakalisch in denselben Grad und in dasselbe Zeichen zurückgekehrt, in welchem er bei der Geburt gestanden war.**)

Er übernimmt also besonders in diesem Jahr seine ursprüngliche Bedeutung. Nun fällt aber außerdem dieser Planet in dem neuen Horoskop von 1905 genau in die Himmelsmitte, also den höchsten Punkt der Figur, auf den Meridian, oder mit anderen Worten, auf die Spitze des 10. Hauses, wo er eine ganz durchgreifende Bedeutung für das Berufsleben hat, überhaupt einen bedeutsamen Lebensabschluss, eine Umwälzung andeutet. Ferner haben wir Venus (♀), den eigentlichen Genius des Horoskopeigners im 8. Hause im Wasserzeichen ♋; und außerdem Neptun (♆) in der Nähe, welcher ebenfalls Beziehungen zu Wasser hat; was bleibt hier noch anderes übrig, als auf Seereisen zu urteilen, da ja noch die ☉ selbst im Hause der Reisen steht?

Tatsache ist nun, dass dieser Herr am 9. August 1905 seinen langgehegten Plan zur Ausführung brachte; er gab seinen bisherigen Beruf vollständig auf, wanderte mit Frau und Kindern sowie in Assoziation mit mehreren Freunden und Gesinnungsgenossen nach Südbrasilien aus, um dort Kolonialbestrebungen zu obliegen.

---

*) Jeder Planet hat seine besonderen ihm zugeteilten Tierkreiszeichen.

**) Der Kenner der Planetenbewegungen wird lediglich hierin schon einen bemerkenswerten „Zufall" sehen müssen.

Betrachten wir nun die sogenannten sekundären Direktionen, d. i. die Veränderungen der ursprünglichen Planetenstellung in den Tagen unmittelbar nach der Geburt (Direktion, weil ein Planet irgendwohin dirigiert wird), so finden wir, dass der ☽ in 33 Tagen und etwa 1 Stunde zum ⊕ (Glücksrad) kam, was, wenn wie üblich, ein Tag für ein Jahr gesetzt wird, auf Mitte August 1905 fällt: und dies bedeutet, da das Glücksrad im ersten Haus stand (bei Geburt), glückliches Gelingen einer wichtigen Angelegenheit.

So könnten noch andere und anderer Art Hinweise auf dieses Ereignis gefunden werden, und dadurch eine fast als Wunder erscheinende Zusammenschaltung von Faktoren nachgewiesen werden, die in bloß mathematisch-astronomischem Sinne absolut nichts miteinander zu tun haben, deren auffällige Zusammenführung astronomisch unerklärlich bleibt.

Vom rein astronomischen Standpunkt betrachtet, müssten diese Tatsachen wirklich als richtige Wunder erscheinen; denn ich behaupte, jeder Astronom, als Mann der Wissenschaft, muss mit seinen Erklärungen hilflos dastehen, wenn ich ihm zeige, wie meist die Konstellationen (zu deutsch: Gegenüberstellung der Planeten) in den Jahresfiguren mit denen der sekundären Direktionen, d. i. den Konstellationen in den Tagen unmittelbar nach der Geburt korrespondieren. Folgende Fälle müssen sinnverwirrend auf einen gewöhnlichen Astronomen (falls er überhaupt sehen wWill) wirken, wenn er nicht baldigst kapituliert und die Astrologie zu Hilfe nimmt. Denn astronomisch hat, wie gesagt, die Veränderung des Himmelsbildes in den Tagen unmittelbar nach der Geburt mit der der Jahre nach der Geburt absolut gar nichts zu tun und in keinem einzigen Fall einen gemeinsamen Berührungspunkt. Eine gegenseitige Entsprechung kann in diesem Fall nur *astrologisch* erklärbar sein. Von Zufall ist hier keine Rede, denn nach der Wahrscheinlichkeitsrechnung würden Fälle wie die folgenden unauffindbar selten vorkommen, während dies in der Horoskopie doch sehr oft zu beobachten ist, nämlich:

1) Frl. E. B. … hat in ihrer Geburtsfigur vom 2. Juli 1875 abends 6 Uhr den ☽ in 3,5°*) ♋ und ♅ in 13,5° e.

B kommt in n zu H in 30 Tagen 1¾ Stunden nach der Geburt. die daraus berechnete Zeit für ein Ereignis (1 Tag = 1 Jahr) fällt auf Anfang Oktober 1905.

---

*) Diese Angaben der Minuten und Sekunden ist hierweggelassen, ist aber bei der Berechnung mit zu berücksichtigen.

Ereignis wird sein: Trennung, Verlust*) oder Todesfall in der Verwandtschaft. Jahreshoroskop von 1905 enthält denselben Aspekt, nämlich B n H.

2) Herr F. S. hat in seiner Geburtsfigur vom 12. Januar 1878 vormittags 6 Uhr 50 Min. den B in 27° a und H in 28,5° e.

B kommt in n zu H in 22 Tagen 8 Stunden nach der Geburt. Die daraus berechnete Zeit für ein Ereignis fiel auf Mai 1900. Natur des Ereignisses: Trennung und große Kraftverluste. Jahreshoroskop von 1900 enthält denselben Aspekt, nämlich B n H.

3) Frl. E. K hat in ihrer Geburtsfigur vom 14. Juli 1880 abends 7:30 Uhr den B in 16° g und E in 26° e.

B kommt zu m E in 23 Tagen 8 Stunden nach der Geburt. Die hieraus berechnete Zeit für ein Ereignis ist November 1903. Natur des Ereignisses: Trennung, Kummer, Sorgen. Jahreshoroskop von 1903 zeigt ☽ ☌ ♂.

4) Frl. E. K. hat in ihrer Geburtsfigur vom 27. Juni 1880 morgens ½1 Uhr den ☽ in 6° ♓ und ♂ in 15° ♌.

☽ kommt in ☍ zum ♂ in 25 Tagen23,8 Stunden nach der Geburt. Die hieraus bezeichnete Zeit für ein Ereignis ist Anfang Juni 1906. Natur des Ereignisses wird sein: Trennung, Missvergnügen oder empfindliche Täuschung. Jahreshoroskop von 1906 zeigt denselben Aspekt, nämlich ☽ ☍ ♂.

5) Herr H. dessen Genius E ist, hatte September 1902 eine Versetzung im Beruf. Jahreshoroskop 1902 zeigt nun A m E, während über den E der B geht. Gleichlaufend damit erfolgte in diesem Jahr die sekundäre Direktion B m A, welche offenbar als eine Vertretung der beiden obigen Aspekte zu betrachten ist, denn dieser Aspekt ist ja in denselben enthalten. Auch fällt dieser sekundäre Aspekt B m A genau auf September 1902. Das ist eine bemerkenswerte Wechselbeziehung.

Noch vielerlei interessante Dinge könnten hier erwähnt werden, jedoch aus Rücksicht auf die es angehenden Personen sei dies hier unterlassen. Wenn die bisherigen Versuche, den Wert und die Bedeutung der Astrologie hervorzuheben, nicht scheitern, so wird im Anschluss an diese Ausführungen noch weiteres folgen.

---

*) Inzwischen eingetroffen. Es kam in Kreisen der Verwandten zu einem Unfall, wodurch die Geborene finanziell in Verpflichtungen gezogen werden soll. Der Fall ereignete sich Ende September und zog sich noch Anfang Oktober hinaus. Da dieser Aspekt zugleich auch im Jahreshoroskop zu finden ist, so dürfte sich diese Unannehmlichkeit noch auf einige Zeit erstrecken. (Diese Notiz wurde Mitte Oktober gemacht, während das Manuskript dieses Aufsatzes schon im August fertiggestellt war.)

V.

Wir haben nun noch einiges zur Erklärung dieser wunderbar scheinenden Dinge zu sagen. Wunder gibt es nicht, und zu glauben, dass die Geister der Menschen aus den Sternen herauskommen, ist ein ebenso großer Unsinn, wie wenn man behaupten wollte, dass unser Leben und Schicksal von den Sternen abhängig ist. Eifrige Nachforschungen kundiger Mystiker bezeugen, und überhaupt jeder tiefdenkende intuitive Astrolog findet bald heraus, dass es sich hier weniger um eine gegenseitige Einwirkung, sondern mehr nur um einen Zusammenhang handelt, wobei die Himmelskörper nicht die Rolle des Verursachers, sondern des Uhrzeigers bilden. Nach der okkulten Lehre ist unser Kosmos, und insbesondere unser Sonnensystem ein einheitlicher lebendiger Organismus, in welchem kein einziges Glied der unendlichen Kette der Lebewesen getrennt vom Ganzen betrachtet und begriffen werden kann.

Alle Formen sind also innerlich verbunden, denn sie sind nur der Ausdruck von inneren unsichtbaren Kräften. Hierdurch verliert dann die Lehre von einer präkosmischen oder meinetwegen innerweltlichen Ideenwelt ihren hypothetischen Charakter. Alle Formen sind nur Symbole von dahinterstehenden unsichtbaren Kräften oder Ideen. Ideen regieren die Welt, bauen sie auf und zerstören sie wieder. So sind die Maße, Größenverhältnisse, Abstände, gegenseitigen Aspekte unserer Himmelskörper samt ihren periodischen Umdrehungen und Achsendrehungen keine Zufälligkeiten, sondern unvermeidliche äußere Resultate ihres inneren Wesens oder Lebensimpulses, der Ausdruck des sie belebenden Gedankens: dies trifft für alle Dinge zu, aber die äußeren Beziehungen eines Dinges zu andern Dingen sind sozusagen nur die schattenhafte Wiedergabe ihrer inneren Beziehungen.

Die speziellen seelischen, astralen Kräfte, die durch sie (die Dinge nämlich) unvollkommen äußerlich manifestiert werden, sind nun allerdings nicht nur in ihnen, sondern im ganzen Kosmos wirkend. Diese Kräfte stellen eine bestimmte und verschieden abgestimmte Materie (denn ohne Stoff keine Kraft) dar, genannt die Astralmaterie unseres Sonnensystems. Aus dieser Energie, welche zugleich eine Stofflichkeit ist, besteht der Astralkörper des Menschen, welchen man auch seine fühlende Seele nennen kann.

Hier ist der Sitz des Karma (Ausgleich, Schicksal) zu suchen, denn diese Astralseele ist zusammengesetzt aus verschiedenerlei Kräften und Instinkten, die bestimmt und gesetzmäßig ihre Aspekte zu einander wechseln und so das Schicksalsprogramm bilden. Vollständig klar wird uns die Sache natürlich erst dann, wenn wir (im Sinne der Wederverkörperungslehre) weiter zurückgehen in unserer Betrachtung bis in jenen vorgeburtlichen Zustand des Menschengeistes, wo selbst er somnambulbewusst von dem zwingenden Befehl seiner Taten in einem früheren Erdenleben zu dem von ihm selbst dadurch hervorgerufenen und verdienten Astralkleid*) geführt wird. Betrachten wir dann den wunderbaren Zusammenhang der Schicksale in Familie und Verwandtschaft sowohl astrologisch wie auch biographisch und historisch und die weise zum Besten führende Gesetzmäßigkeit eines jeden Schicksals, dann wird uns das Obige alles nahezu selbstverständlich.

Was die astrologische Himmelsfigur, das Horoskop und seine Begründung anbelangt, so ist die Lösung des Rätsels jetzt einfach: Der Mikrokosmos ist das Ebenbild des Makrokosmos, d. h. eine Welt im Kleinen ist ähnlich einer Welt im Großen. Das was im Menschen, dem Kleinen, zu finden ist, zeigt sich im Sonnensystem ebenfalls. Und so sind die unendlich mannigfachen Charakterbilder der Menschen als Schema zu finden in jeder Minute und Sekunde sichtbar am Himmel in den Aspekten und Stellungen der Himmelskörper; denn letztere sind Ausdrucke derselben Gesetze, die auch den Menschen bewegen.

Man könnte also die Erklärung der Astrologie in den folgenden Satz zusammenfassen: Die Energien oder Elemente, welche aus der innerweltlichen kosmischen Werkstätte heraus die Himmelskörper regieren, sind dieselben, welche gleichlaufend mit ersteren das Schicksal der Menschen beeinflussen.

VI.

Nun noch etwas über Fatalismus. Das Wort Fatalismus hängt mit Fatum (Verhängnis) zusammen. Die Lehre von der Vorsehung und Vorherbestimmung aller Dinge artete zu manchen Zeiten in manchen religiösen und philosophischen Systemen zu dem Glauben aus, dass die vorherbestimmten Ereignisse nicht nur schematisch, sondern tatsächlich bis ins kleinste Detail hinein über den Menschen verhängt seien. Durch den Einfluss der Astrologie wurde diese Theorie bestärkt und es wurde ferner manchmal noch angenommen, dass dieses fürchterliche Gesetz für den Einzelnen vollständig blind wirke, also dass die Wirkung

*) Man vergleiche hier die Broschüre von Rudolf Schneider: „Die Wiedeverkörperungslehre"; und das Büchlein von Rich. Schulze: „Karma, das gute Gesetz und die Wederverkörperungslehre".

dieses Gesetzes nicht mit Gerechtigkeit, Weisheit, Zweckmäßigkeit verbunden sei. Fatalismus in diesem Sinne ist eine Ausgeburt des Aberglaubens und gehört nie in das Bereich mystischen Erkennens, sondern gewöhnlicher philosophischer Spekulation. Mit der Verbreitung der Astrologie und der Lehre vom Karma ohne Verknüpfung mit Reinkarnation könnten leicht wieder solche Pfade betreten werden, was für ein Volk sehr nachteilig sein kann, obwohl ja für unsere heutigen trostlosen Zustände ein wenig Fatalismus gar nichts schaden würde.

Meine Ansicht ist nun die: die für jeden Menschen vorgezeichnete Zukunft, welche an den großen Uhrzeigern unseres Sonnensystems, den Planeten, in schematischer Form wiederzufinden ist, ist nicht unabänderlich. Diese Uhrzeiger zeigen nur den Charakter der geistigen und materiellen Einflüsse an, die gesetzmäßig und zeitlich unabänderlich an den Menschen herantreten. Und nur wie er sie empfängt, das erst gibt den Ausschlag. Es ist im Menschen noch etwas Höheres, welches über allen körperlichen und seelischen und Gedankentätigkeiten steht, nämlich das Göttliche, welches auf seiner eigenen Ebene unbedingt willensfrei ist. Soweit nun dies hereinragt in das Persönliche und dadurch auch in das Physische, wird das Schicksal modifiziert. Das Karma (Ausgleichgesetz) appelliert nur an den persönlichen und physischen Teil des Menschen. Soweit dieser von seinem höheren Ego beeinflusst wird, treten auch die sogenannten „Wirkungen der Gestirne" in andere Beziehungen zu ihm. Es wird allerdings nichts aufgehoben, aber *modifiziert.*

Dies letztere lässt sich ja auch durch das einfache Gesetz von Ursache und Wirkung nachweisen. Eine Tat folgt mit mathematischer Genauigkeit aus der anderen, und ein Gedanke ist nur eine neue Auflage eines vorhergehenden. Also die einmal in Bewegung gesetzte Kraft lässt sich nicht ersticken, sondern muss auswirken und rückwirken; aber man kann zu den rückwirkenden Kräften, die sich im Leben als Karma äußern, eine besondere Stellung nehmen, so dass sie einen nicht treffen, sondern nur streifen und schließlich ganz verklingen.

Je mehr der Mensch Geisteswesen wird, desto mehr wird er willensfrei, modifiziert sein Schicksal. Aber allerdings nur der Pfad zur Mystik erhebt den Menschen vollständig in jene Region der Macht, wo er über seinen intellektuellen, seelischen und leiblichen Organismus und schließlich selbst über die *Planeten* zu gebieten hat[*)] Wenn man auch zugeben muss, dass für den Durchschnittsmenschen das Schicksal so ziemlich vorherbestimmt ist, so ist es doch kein schädlicher Fatalismus,

*) Die Vergebung der Sünden.

wenn man annimmt, dass dieses Gesetz des Karma äußerst zweckmäßig für das Wohl und den geistigen Fortschritt jedes Einzelwesens wirkt. Den Beweis liefert ja auch hier die Astrologie, indem sie zeigt, mit welch wunderbarer Weisheit die Schicksale der Menschen ineinander verflochten sind. Wer sich einmal der Mühe unterziehen wollte und die verschiedenen Horoskope einer Familie oder von Verwandten zu vergleichen, der würde bald herausfinden, dass Karma ein allweises Gesetz ist und dass eine übernatürliche Intelligenz allen Lebenserscheinungen zu Grunde liegt und sie leitet.

VII.

Zum Schluss möchte ich noch auf etwas anderes hindeuten. Die Astrologie liefert auch einen Beweis dafür, dass die Formenwelt nur Symbol, nur der äußere Ausdruck einer inneren Ideenwelt ist, also so zu verstehen, dass eine Form nur das Sichtbarwerden eines unsichtbaren Vorbildes und dass die ganze Natur mitsamt ihrer unendlichen Reihe von Gebilden nur die Ausgestaltung eines Weltplanes ist, der vor diesem jetzigen Zustand auf einer höheren Ebene in einer transzendentalen Welt sozusagen skizziert war und noch ist.

Formen sind nichts anderes als der sichtbare Ausdruck von Ideen, proportioniert nach den Gesetzen des Wachstums, der Schönheit und des goldenen Schnitts. Die Form drückt ja auch das ihr zugrunde liegende Wesen aus und der intuitive Mensch, der hinter den Schleier sieht, erkennt aus der Form die Idee, den Gedanken.

So kann ein intuitiver Physiognomiker aus den Gesichtszügen eines Menschen ein ganz genaues Charakterbild des betreffenden bekommen, ohne dass er dies Gebiet gerade wissenschaftlich studiert hätte. Wie kommt aber nun das? Woher hat er dieses Wissen, das ihn niemand gelehrt hat und das er schließlich als Kind schon kundgab?*)

Der Mystiker erkennt an Form der Pflanze deren inneres Wesen und Heilkräfte, und wer die Gedankenformen der Menschen wahrnehmen kann und beobachtet, wie sie sich im Astralen bilden, und nach kurzer Zeit sich sodann am physischen Leib ihres Erzeugers zum Ausdruck bringen durch Veränderung der Gesichtszüge, der weiß, dass alle Form in der Natur vom sphäroidischen Eikörper an durch alle Naturreiche hindurch bis zum prächtigsten Himmelskörper hinauf, welcher

---

*) Dies Rätsel ist bereits ein Hinweis auf die symbolhafte und bloß sekundäre Realität der Erscheinungswelt!

ebenfalls die sphäroidische Gestalt aufweist, nur Symbole sind. Symbole in letzter Instanz von ewigen Wahrheiten einer geistigen und abstrakten Welt.

Dies war auch schon im Altertum bekannt in den geheimen Schulen der Mystik und es wurden gewisse Symbole, die man in der Natur fand, in die Mysterien aufgenommen und später zum Eigentum der Religionen gemacht. Solche Symbole waren z. B. das Kreuz, der Kreis und die Eiform, das Feuer, das Wasser, die Sonne, der Mond etc.[*)]

Derlei Symbole wurden also gewählt, um gewisse höhere Wahrheiten dem intuitiven Gemüte zugänglich zu machen. Wir dürfen aber wohlgemerkt nicht glauben, dass dieselben nur Bilder seien, die von Menschen gewählt wurden, um einen geistigen Vorgang zu beschreiben; nein, es sind an sich schon Symbole, sie waren Symbole, lange, bevor es Menschen gab, die sie als Symbole erkannten.

Eine kleine Andeutung, wie tief die Sache liegt, mag in folgendem gezeigt werden. Der Planet Merkur, der am nächsten der Sonne steht, gilt in der Astrologie für den Verstand. jeder Anfänger in der Astrologie kann mit Leichtigkeit herausfinden, dass dies so ist. Guter Merkurstand in einem Horoskop gibt scharfen Intellekt, Geschäftsroutine, Gedächtnis usw. Körperlich hängt Merkur deshalb mit dem Gehirn zusammen. Schlechte Merkuraspekte ergeben Gehirndefekte, Neigung zu Epilepsie, Lähmungen und zeigen sich vielfach bei Personen, die eine Lähmung der Zunge oder der Stimmbänder aufweisen.

Nach der Okkulten Lehre, welche im Altertum schon bekannt war, ist nun der Planet Merkur ein Repräsentant derselben Astralen Energie, die dem Metall Quecksilber zugrunde liegt, und schon zu alter Zeit nannte man das Quecksilber wirklich auch Merkur. Sonderbarerweise zeigt nun auch Quecksilber eine ganz besondere Beziehung zur Denkkraft und zu dem Gehirn des Menschen. Es ist beweglich wie der Geist selbst, verflüchtigt sich bei geringer Hitze, um sich bald irgendwo anders niederzuschlagen.

Quecksilber im Blut zeigt eine eigenartige Tendenz, immer nach dem Gehirn zu steigen und sich dort festzusetzen, wie wenn dort seine Heimat wäre. In allopathischer Dosis genommen, wirkt es daher sehr schädlich, indem es das Gehirn übermäßig überlastet (häufig durch sogenannte Quecksilberkuren) und oft Gehirnerweichung zur Folge hat. Auch durch die Augendiagnose lässt sich feststellen, dass Quecksilber

*) Siehe: „Symbolik" von F. Schwab. Verlag Heliakon.

nach dem Gehirn zieht, indem sich in dem oberen Abteil der Iris metallisch glänzende weiße Zeichen bemerkbar machen. Quecksilber war nun auch bei den Alchemisten des Mittelalters stets das Symbol des Geistigen, Unsichtbaren, kurz des *Bewusstseins*, während Kraft und Stoff durch Schwefel und Salz symbolisiert wurden. Dies aber alles nicht willkürlich, sondern aus sehr tiefen und unvermeidlichen Gründen. Der Name Merkur bezieht sich aber auch auf einen Gott der alten Römer, welchem das Prädikat *Götterbote* verliehen wurde, denn er war der Gott der Intelligenz, bei den Griechen Hermes, bei den Ägyptern Thot. Unter diesem Gott wurde das intelligente Prinzip in der Welt verehrt, es wurde dargestellt als eine männliche Figur mit einer Schreibtafel oder anderen Utensilien, die Intelligenz und Gedächtnis, Geschicklichkeit oder Sprache andeuten. Aber nicht nur in der Mythologie war Merkur der Götterbote, sondern auch in *Wirklichkeit* ist er es. Im Menschen ist das Prinzip des Verstandes, der Diener, der Bote, der das eigene Wesen des Menschen, den Götterfunken mit den andern Prinzipien in ihm verknüpft. Wer mit den sieben Prinzipien der esoterischen Lehre vertraut ist, wird dies so begreifen, dass Mamas, das fünfte Prinzip, jenes Bindeglied ist, welches die göttliche Monade (das Strahlende) mit der Tierseele im Menschen überbrückt, und welches bei den Tieren noch latent ist. Nun ist aber auch in der Astronomie der Planet Merkur der Bote (des Strahlenden) der Sonne. Er steht ihr am nächsten, dreht sich sehr rasch, ist also sehr beweglich, gleichwie das Bewusstsein im Menschen. Er ist derjenige unter den Planeten, welcher seine Phasen am raschesten verändert, gleichwie das Gehirn des Menschen am schnellsten durch den Stoffwechsel neu ersetzt wird. Er hält sich immer zunächst der Sonne auf und begleitet sie in ihrem scheinbaren Lauf durch den Tierkreis. Er ist derjenige Planet, der das Licht zuerst empfängt und den anderen sozusagen das Dasein der Sonne ankündigt.

Diese kleine Betrachtung wird uns einen kleinen Einblick geben in den wunderbaren Zusammenhang der Dinge im Kosmos und führt uns bei reiflicher Vertiefung doch dahin, die Lehren des Okkultismus zu beachten. Aus dem oben Angeführten wird nun leicht zu ersehen sein, dass in der Mythologie noch manche wertvolle Wahrheiten zu finden wären, aber man will dieselben heutzutage nicht mehr auffinden. Deshalb geht diese heilige Wissenschaft ihrer Vernachlässigung entgegen.

Die Astrologie wird jedoch berufen sein, neues Licht zu verbreiten, und wer die Astrologie studiert hat, wird Mythologie wieder zu schätzen wissen; und als Mystiker wird er sie völlig verstehen.

Der Astrolog wird auch wissen, dass Formen Symbole sind. Er wird wissen, dass der Mensch selbst ein Symbol ist, dass jeder Mensch den Ausdruck einer bestimmten Willensform darstellt und dass das intellektuelle Erkennen und Einsehen von dieser Willensform sehr abhängig ist. Wenn der Mensch also der Ausdruck einer bestimmten Willensform ist, so ist er gezwungen, in einer bestimmten Richtung zu denken, und er wird nicht fähig sein, plötzlich eine andere Denkrichtung anzunehmen, da dies auch eine Umwandlung der Willensrichtung und selbst der physischen Gestalt voraussetzte.[*)] Eine solche Umwandlung erfordert aber Zeit. Es würde also ein Skeptiker selbst durch sogenannte *Beweise* nicht anderer Anschauung werden können, wenn er nicht *gewillt* und vorbereitet ist, denn am *Wollen* liegt es hier, nicht am Erkennen; die Willensform hindert, und nicht der Verstand. Der Verstand und die Logik ist nur Diener und der Skeptiker wird deshalb immer Gründe genug finden, um seine eigene Ansicht zu verteidigen.

Aber nicht nur der Geist des Skeptizismus (oft genannt Wissenschaftlichkeit) bietet der Astrologie Gegnerschaft, sondern auch die sektiererische Blindheit vieler Fanatiker, die jene Menschen, die die Geistesfreiheit lieben, hassen. »Astrologie treiben ist ein Frevel«, sagen sie; »es ist ein unerlaubter Eingriff in die göttlichen Geheimnisse; wir sollen die Zukunft nicht wissen«. — Schon gut; würden diese Leute einen genügend erweiterten Horizont besitzen, so würden sie sehen, dass wahre Astrologie gar keine Wahrsagerei ist; es ist nicht mehr Wahrsagerei als jede andere Kalkulation über den Verlauf gewisser Dinge. Der Arzt sagt den Tag und die Stunde voraus, wann das Fieber seinen Höhepunkt erreichen wird; er beobachtet die Körperkonstitution und sagt: diese oder jene Krankheit wird eintreten.

Durch gewisse Vorzeichen in den Augen, im Urin, in der Hautfarbe und dergleichen kündigen sich Krankheiten an und durch Kenntnis der Kopfformenkunde lässt sich diese oder jene Charaktereigenschaft feststellen. Tausenderlei Anzeichen in der Natur, im Leben und Verhalten der Tiere usw. lassen dem geübten Blick den Verlauf des ganzen Jahres und dessen Erträgnis (sowie Witterungsverhältnisse) mit Sicherheit vorauserkennen. Geologische Perioden und Umwälzungen können mit Erfolg vorausberechnet werden usw.

Dies sind sicherlich keine übernatürlichen Dinge. Und nichts Schlimmeres ist es, wenn ein Mensch den sympathetischen Zusammenhang aller Dinge mit den Himmelskörpern beobachtet und daraus die

---

*) Deshalb kann der Autor Ungläubigen gerne verzeihen.

Zukunft erkennt. Die Zukunft ist in Wirklichkeit die Gegenwart. Nur vermöge unserer Beschränktheit erscheint sie uns als etwas in der Ferne liegendes. Nur der Missbrauch dieser Kenntnisse ist zu verwerfen, die Wissenschaft selbst nicht. Missbrauch kann aber mit allem anderen auch getrieben werden. Dieser hier wäre jedoch noch lange nicht so schlimm als die *Unduldsamkeit und der Hass, den man dem freien Geiste entgegenbringt.* Selbst wenn er das heiligste Wesen wäre, würde man ihn für einen Teufel halten, gleichviel wie er sich auch benehmen möge. Ist er stille und schweigsam, dann wird man sagen: er ist ein Stoiker, er ist kaltherzig und gefühllos. Ist er aber geduldig und sanft, dann wird man sagen: er ist ein Wolf in Schafskleidern. Ist er eifrig und verteidigend, dann hört man: er ist ein Verführer der Menschheit —. Nur wer tut und glaubt wie sie[*)], den können sie begreifen, aber auch dies nur schattenhaft, da sie sich selbst nur ihrer Erscheinung nach kennen.

Das Licht scheine in die Finsternis!

*) Nämlich wie die Feinde der Geistesfreiheit und freier Entfaltung.

Wahrheit und Lüge

Die Philosophen hatten einmal einen Streit darüber, ob die Welt aus dem Feuer oder aus dem Wasser hervorgegangen sei. Heute, wo man mehr vergleichend eingestellt ist, würde man beidem eine gewisse Berechtigung geben.

Es entstand auch einmal ein Streit darüber, ob die uns umgebende Welt eine Lüge oder eine Wirklichkeit sei. Auch da wird man sagen können, beides ist richtig; was für den einen Wahrheit ist, kann für den anderen Lüge sein, und was für den einen Wirklichkeit ist, kann für den anderen Täuschung sein.

Wenn auch alles relativ ist, so müssen wir im praktischen Leben doch Unterscheidungen treffen. Wir sind in einem Mittelpunkt und die Welt um uns herum ist mit uns in Beziehung gesetzt. Lüge ist Lüge, und Wahrheit ist Wahrheit. Dies ist die astrologische Einstellung. Sie ist geozentrisch und hat damit das beste und gesichertste Fundament.

Lügen auch die Sterne?

Die ganze Natur um uns herum präsentiert sich uns zunächst als großes Geheimnis, und es dauert lange, lange, bis der Mensch zur Wahrheitserkenntnis kommt. Jahrtausende lang gingen für den Menschen Sonne, Mond und die Sterne im Osten auf, und erst seit einigen hundert Jahren weiß man, dass nicht sie es sind, die aufgeben, sondern dass wir mit unserer Erde uns bewegen.

Wie lange hat sich der Mensch täuschen lassen durch Donner und Blitz, durch Erdkatastrophen, durch allerlei Verheerungen, die er für Kundgebungen eines menschenähnlichen Wesens hielt.

So sind die großen Weltvorgänge in Geheimnisse gehüllt, und der Mensch beurteilt sie vermöge seiner Sinnenwahrnehmung immer zunächst falsch, bis er endlich nach langer, langer Zeit, wenn er durch alle Irrtümer hindurchpassiert ist, der Wahrheitserkenntnis näherkommt.

Liegt darin eine Absicht?

Ja, insofern, als die Entwicklung es erfordert, dass sich der Mensch und die ganze Natur vom Irrtum und der Nichterkenntnis zur Erkenntnis der Wahrheit und Wirklichkeit durchringen müssen.

Gewisse philosophische Systeme, besonders im Morgenland, gehen so weit, dass sie sagen, alles Irdische sei eine Illusion, ein Trug, es gebe nur Geistiges; über alles sei der Schleier der Maja (Täuschung) gezogen, der dem Auge die wahre Welt verbirgt.

Dass wir die Welt nicht so wahrnehmen, wie sie ist, ist klar, denn die Summe dessen, was wir nicht wahrnehmen, ist größer als die des Wahrnehmbaren, wir sehen nur einen Ausschnitt.

Ein guter Vergleich, der dies darstellt, ist der, dass man sich denkt, vor ein Gemälde sei ein Tuch gehängt, in welchem an verschiedenen Stellen Stücke herausgeschnitten sind. Teile des darunter befindlichen Gemäldes werden sichtbar, aber der Beschauer wird sich sicher daraus keine richtige Vorstellung machen können, was das ganze Gemälde darstellt. So nehmen wir wohl von der Welt Ausschnitte wahr, aber was wir daraus konstruieren, wird falsch sein, weil wir die Zusammenhänge nicht kennen.

Man kann daraus nicht folgern, die Welt, die Natur lüge. Wohl aber lügen unsere Sinne. Sie zeigen uns zunächst den Schein und nicht die Wahrheit. Nun ist aber die ganze Natur auch durchsetzt von gewissen direkten Lügen und Täuschungen, und darin liegt Absicht. Die schillernden Farben der Blumen und die Düfte locken Insekten an, die die Befruchtung fördern. In vielen Gebilden entstehen direkte Lügeneinrichtungen, um Täuschung hervorzurufen. Tiere nehmen die Form eines Blattes, die Farbe der braunen Erde, des Schnees, der Winterlandschaft an, um vor Verfolgung geschützt zu werden. — Der Hahn schmückt sich mit schönen Federn, um sich vor der Henne auszuzeichnen. —

Die fleischfressende Pflanze offeriert dem Schutz oder Balsam suchenden Insekt ihren Kelch, um es zu betrügen, auszusaugen und zu morden. — Die Spinne spinnt ihr Netz aus fast unsichtbaren Fäden, um Fliegen in dasselbe hinein zu locken. — Manche Vogelart unterschiebt ihre Eier einer anderen Vogelart und lässt sie dort ausbrüten (Kuckucksei). Manche Tiere nehmen eine winzige Zwischenform an, um als Schmarotzer in ein anderes Tier sich einschleichen zu können, wo sie dann wieder ihre wahre Gestalt offenbaren. Alles wird umschleiert, alles wird mit falschem Aushängeschild versehen, um eigene Interessen zu begünstigen, eigene Zwecke zu erfüllen.

So auch im Leben des Menschen.

Das Leben ist unmöglich ohne die alltäglichen Konversationslügen, Höflichkeitslügen:

Nichts ist wohl allgemeiner
Als Lug und Trug;
Verstell' dich nie — und keiner
Wird aus dir klug!
(Otto Sommerstorf.)

Jeder Tritt, jeder Atemzug ist sozusagen eine Lüge; ohne Lüge gibt es kein Leben.

Guten Tag! Entschuldigen Sie! Es tut mir leid! Gnädige Frau! Sehr geehrter Herr! Hochachtungsvoll! Wie wenige Menschen gibt es, die sich dabei etwas denken, und wie viele gibt es, die sich das Gegenteil dabei denken.

Am deutlichsten sieht man die Lüge auf dem sexuellen Gebiet bei Mensch, Tier und Pflanze. Was hat die Natur nicht alles erfunden und unternommen, um darin zu ihrem Ziel, zur Fortpflanzung zu kommen! Sie hat allen eine unersättliche Begierde eingepflanzt, um die Geschlechter gegenseitig zusammenzuführen, unbekümmert um das Leben des Einzelindividuums. Manche Insekten erblicken das Licht des Tages nur um ihre Eier abzulegen und dann zu sterben. Die Natur hat allerlei Sinnesreize geschaffen in Geruch, Farbe, Form und Ton, um Lust zu erwecken. Sie hat dem Weiblichen die Passivität, die scheinbare Gleichgültigkeit, die Abkehr, die Flucht gegeben, nur um das Männliche anzuspornen. Dem Männlichen gab sie allerlei scheinbare Auszeichnungen, um das Weibliche wieder zu fesseln.

Das sexuelle Leben ist beim Menschen mit dem Schamgefühl umkleidet. Er verbirgt die Wirklichkeit im Innern der Seele. Indessen gibt sich der Mensch sichtliche Mühe, das Verborgene in anderer Form wieder an den Tag zu legen. Er gibt die Erotik indirekt kund durch schöne Kleidung, kokettes Benehmen, Augenaufschlag. Er trägt einen schönen Schlips, sie malt sich die Lippen usw., Frisur, graziöse Haltung, Spitzen, Anhänger sind unbewusst Aushängeschilder für erotische Hintergründe.

Das ist die große Naturlüge. Sie geht durch alle Naturreiche. Sie steht unter dem Einfluss des *Mondes*. Er ist astrologisch der große Verschleierer, der die Dinge anders zeigt, als sie sind; der durch die ganze Naturverwirrung verbreitet. Er erzeugt das große Maskenfest unter allen Geschöpfen, um zu seinem großen Ziel zu gelangen, nämlich: Erhaltung der Gattung, Fortentwicklung der Rassen, Erzeugung der Nachkommenschaft. Der Mond ist Lebensbedeuter und Generationsbedeuter in allen Horoskopen und auch allgemein für die ganze Erde.

Aber auch die anderen Planeteneinflüsse sind in der Natur zu beobachten. *Mars* macht den Zorn und das Sträuben der Haare vieler Tiergattungen (Hund, Katze). *Venus* macht den koketten Gang beim Pfau, *Saturn* die List der Schlangen, *Merkur* die wirtschaftliche Abhängigkeit mancher Geschöpfe untereinander (Symbiose), *Jupiter* die Weisheit des Elefanten, *Sonne* die Würde des Löwen.

Dies nebenbei.

Wenn wir nun das Horoskop des Menschen speziell in Bezug auf Lügenhaftes oder Wahrhaftes untersuchen, so stoßen wir auf interessante Ergebnisse.

Die Stellung des Mondes in den Tierkreiszeichen zeigt uns an, in welcher Art der betreffende Mensch an dieser allgemeinen Naturlüge teilnimmt.

Mond im Krebs gibt bekanntlich Talent zur Bühne. Warum? — Diese Menschen können eine fremde Rolle spielen, sich mit der Maske eines anderen umgeben.

Der Mond im Stier oder Löwen erzeugt eine außerordentliche Gestaltungskraft des Organischen, so dass am Körper Zustände des Gemüts auffallend zur Erscheinung kommen (hysterische Symptome).

Der Mond in den Fischen gibt die Fähigkeit, um einen einfachen Kern eine fhantastische Dichtung aufzubauen, z. B. Romane und Novellen zu schreiben. Der Mond in den luftigen Zeichen Zwillinge, Waage und Wassermann gibt die Fähigkeit der Nachbildung einer Sache (Mimikri der Natur). Diese Konstellationen haben Maler und Bildhauer (siehe „Sternenmächte und Mensch").

Der Mond ist mit gestörten anderen Planeten zusammen hauptsächlich beteiligt an der Entstehung der Krebskrankheit, einer groben Lüge im gesunden Organismus. Schließlich ist schlecht bestrahlter Mond die Quelle aller hysterischen und pathologischen Lügen. Lügner, die Freude daran haben, andere Menschen irre zu führen, in ein Labyrinth zu locken, haben immer einen schlecht gestellten und angegriffenen Mond im Horoskop.

Wie wirken die anderen Planeten im Horoskop? Im Allgemeinen nimmt man den Saturn und den Neptun als Hauptverbreiter der Lüge, den Jupiter und die Sonne als Urheber der Wahrheit an. Genau genommen ist es aber anders. Jeder Planet kann in uns Lüge, jeder aber auch Wahrheit auslösen; es kommt auf die Konstellation an und auf die jeweilige Entwicklungsstufe des betreffenden Menschen.

Saturn, als Vertreter des Teufels, schafft schon in der Legende den Lügenbaum, in dessen Zweigen die Schlange lauert. Saturn, der Geist des Mephistopheles, der den Menschen um das Himmelreich betrügen will, Saturn, der Gegenplanet der Sonne, der Feind des Lichtes, der Herr der Finsternis! Er kann aus diesem Grunde die Lüge schaffen.

Für höhere Stufen ist aber Saturn nicht Finsternis, sondern unsichtbares geistiges Licht, das zur Philosophie, Reinheit und Wahrheit führt: das Abstrakte.

Die dem Saturn eigentümliche Lüge hat einen bestimmten Charakter; sie ist nie, wie die des Mondes, eine Maskierung, sondern sie zeigt das Boshafte und hat zerstörende Kraft; sie entsteht aus Lust am Bösen, welches das umgekehrte Bild des Abstrakten ist, tritt auf bei Dieben, Verrätern, Verleumdern, bei Unterweltsgeschäften, Schmuggel, Schleichhandel, allerlei Betrug. Da Saturn auf höherer Ebene scharfschneidendes Schwert der Herrlichkeit ist, so kann er auch Verneiner des Lebens sein auf dieser Erde. Vor allem will er alles Üppige und Struppige stutzen und beschneiden (deshalb Todesplanet und Lebensabschneider).

Er schafft nur die Lüge, weil er allem blühenden Leben entgegenarbeitet, zu einem geistigen Leben hindrängt. Menschen auf niederer Entwicklungsstufe, die dies nicht erfassen, verarbeiten die Saturnkräfte nur in ihrer zerstörenden Art und nach außen hin, gegen andere Menschen gerichtet.

Der Merkur schafft demgegenüber eine ganz andere Lüge, die erlaubte Geschäftslüge des Kaufmanns, die Reklamelüge, die Lüge der Presse, das Manöver von Banken, Börsen und ihrer Spekulationen, das Gebaren von manchen Konzernen.

In der Lüge des Merkur liegt selten das beabsichtigte Böse; die Merkurlüge gilt im Gefühl des Menschen als erlaubt, als offenes Geheimnis. Der Kaufmann wird stets den Eindruck erwecken wollen, als schenke er seine Ware her, und doch weißjeder, dass er daran verdienen muss.

Im Merkur liegt ein großer Wahrheitsfaktor: das ist die Rechnung und Berechnung. Deshalb sind seine Lügen nicht tragisch, sind meist sehr durchsichtig; sie sind meist so hingesagt, etwas undeutlich, vielleicht auch mal gedruckt, was man heutzutage nicht sehr ernst nimmt. Die sogenannte Gewohnheitslüge, die ohne Absicht und Zweck so hingesprochen wird, ist auch richtig merkurhaft. Man findet sie häufig bei Dienstmädchen, Schulkindern und jungem Volk. Man lügt eben, weil man mit der Wahrheit nicht weit zu kommen glaubt, eine Logik, die auf einem verdrehten Merkureinfluss beruht.

Der Gewohnheitslügner ist nichts anderes als ein kaufmännischer Typ, der mit Lügen handeln geht und sein Auskommen in der Welt zu erringen hofft. Später gewöhnt er sich dies ab. Merkur regiert ja auch hauptsächlich die Jugend, die wohl den Merkurvorzug der guten Logik haben kann, aber unter falschen Voraussetzungen leidet.

Die *Jupiter*-Lüge dagegen ergreift mehr die älteren Jahrgänge. Der Jupiter bringt das optimale Gute, wie kann er da Lügner machen? Vor allen Dingen kann, wenn man von jupiterlüge spricht, niemals Böses damit beabsichtigt sein. Jupiter gibt das väterliche Gute, die Weisheit.

Vor allem steht im Jupitergeiste erhöht die Liebe zur Wahrheit. Die in die Sphäre der Jupitermenschen hineintretende Umwelt ist aber nicht immer fähig, die Wahrheit zu ertragen. Es wäre oft sogar schädlich, sie der Umwelt zu geben. Wenn z. B. bei einem Unglück ein Mensch ums Leben kam und dies einem Hinterbliebenen schonend mitgeteilt werden muss, da muss die Wahrheit zunächst etwas verschleiert werden. Dies kann nur der Jupitermensch richtig und würdevoll ausführen.

Alle Wahrheitsverkleidungen oder -verdrehungen, die pädagogischen Zweck verfolgen, sind jupiterhaft. Auch der Arzt muss ab und zu zu einer kleinen Lüge greifen; wir wollen sie „Notlüge“ nennen. Bei einem Menschen, der ihm hoffnungslos erscheint, wird er nicht mit einer Sterbensmiene ins Zimmer eintreten und etwa ein Todesurteil sprechen, sondern er wird ihn aufmuntern, wird ihm Hoffnung machen; denn es hat sich schon wieder alles Erwarten eine Krankheit, selbst die schwerste, auch wieder gewendet. Außerdem wäre es ein Verbrechen, dem Hoffenden den Lebensfaden, den er noch krampfhaft festhält, abzuschneiden. Die Hoffnung trägt selbst zur Besserung bei.

Jupiter kann im Horoskop auch schlecht stehen, trotzdem wird dies selten einen direkt schlechten Menschen machen. Der Jupitermensch bemüht sich, über dem Allzumenschlichen zu stehen. Zwei Rechtsanwälte können sich im Gerichtssaal gegenseitig allerlei Entstellungen von Tatsachen entgegenwerfen, hinterherwerden sie sich wieder die Hände drücken, denn es war ja nicht „persönlich“.

So ist Jupitereinfluss. Die Lüge des Jupiters entsteht meist aus einem Verteidigungszustand, und es handelt sich meist um gewisse Schuldfragen. Jupiterlüge ist eigentlich Kampf um die Wahrheit. Zu diesem Kampf mit Jupiterkräften gehört auch der Eid vor Gott. Das

Schlimmste, was bei diesem Streit um die Schuld passieren kann, ist der Meineid. Meineidige haben einen sehr übel bestrahlten Jupiter, sonst wären sie dazu nicht fähig (durch ♄).

Große Diplomaten müssen Jupitergeborene sein, damit sie diplomatisch „lügen" können, d. h. ihre Sache vertreten, wobei sie immer die Ruhe bewahren, den hochstehenden und bei allen Verhandlungen den wohlwollenden Menschen erhalten. Die Ruhe, die Geduld ist Jupiter-Spross.

Auf Mächtekonferenzen trifft man typische Jupitertaktiken. Jeder Vertreter hat die Pflicht, für sein Vaterland einzutreten, zu kämpfen, eventuell den anderen energisch den Standpunkt klarzumachen. Dabei lächeln sie sich alle gegenseitig an, geben sich die Hand, laden sich zum Diner ein.

Auch das Erotische greift manchmal in die Diplomatie ein. Frauen haben oft durch ihre Fähigkeit der Bestrickung Welt- und Menschengeschicke gelenkt, Krieg und Frieden geschaffen. Da ist Venuseinfluss mit Jupiter gepaart.

Hat auch die Venus etwas mit der Lüge zu tun? Wir wollen diese Lüge einmal zunächst Zauber nennen. Der Umstand, dass die Lüge im Allgemeinen mehr beim weiblichen Geschlecht üblich ist als beim männlichen, hängt gewiss damit zusammen, dass die Frauen meist die Unterdrückten sind, an Muskelkraft dem Manne unterlegen sind, in Verteidigungsstellung rücken und zu falschen Darstellungen greifen, dann aber auch damit, dass sie mehr die Fähigkeit haben, durch ihre Erscheinung, durch ihre Reize, durch ihren Zauber zu wirken, wobei hingegen die männliche Denkkraft und Logik bei ihnen weniger vertreten ist. Sie haben dafür die wichtigen Waffen der Venus mit ihrem Glanz und ihrer Oberflächenwirkung.

Schönheit und Anmut sind noch keine Lügen, aber sie werden zu Lügen, sobald Frauen bewusst damit versuchen, Verwirrung anzurichten. Andererseits ist natürlich jeder Versuch, nicht vorhandene Schönheit künstlich nachzubilden, eine Lüge, z. B. das Schminken und Malen. Dies ist Venus-Lüge.

Dann sind zu nennen, vielmehr nicht zu nennen, die unzähligen Notlügen im sexuellen Leben der Frau, die selbstverständlich berechtigt sind, sie sind echte Venuslügen. Wie könnte sich z. B. ein charmantes junges Mädchen vor den Gefahren der Männerwelt bewahren, wenn es sie nicht manchmal irreführen, zu einem Rendezvous nicht eintreffen oder ein ja sagen würde, um sich aus der Affäre zu ziehen. Ferner bedingt das erotische Versteckspiel der Frau eine gewisse Venuslügentaktik. Sie kennen es ja alle: Nein heißt vielleicht, vielleicht heißt ja usw. Denn die erotisch-biologischen Gesetze des Weibes verbieten bei den Kulturvölkern jedwede direkte Kundgebung des Trieblebens.

Die Lüge der Venus ist wie die des Jupiters niemals etwas grundsätzlich Böses. Muss Jupiter trotz aller diplomatischen Seitenwege und Schachzüge doch das schließlich Gute und den Sieg der Gerechtigkeit im Auge haben, so will Venus die Harmonie, den Ausgleich der Welt, die Entspannung der Geschlechter, und alle Venuslügen wollen dazu dienen, das ins Einseitige gehende Disharmonische, wenn auch oft in plumper Art, durch aufgeputzte Schönheit, durch Oberflächlichkeit der Rede, glattzustreichen.

Neptun, der nächste Verwandte der Venus, geht darin allerdings bedeutend ins Extrem. Wenn Venus durch Reize Verwirrung anrichtet, dann läuft damit immer die Absicht einher, etwas aufzubauen, Getrenntes zu vereinigen, Kräfte zu sammeln, Werte zu schaffen, Kümmerliches zu schonen, Schwaches zu ernähren, Verirrtes zurückzubringen.

Die *Neptun*-Lüge ist um ihrer selbst willen da, sie arbeitet direkt für fremde, verworrene Ziele; sie passt nicht in die Welt, sie zerstört, sie sät Zersetzung. Hier ist Eifersucht oft der leitende Faktor bei verschrobener Auffassung der Sachlage. Junges Glück wird durch Klatsch und Verleumdung zerstört.

Neptun beherrscht auch jenes Reich, aus dem die meisten medialen aussagen kommen, das Reich der „Schatten". Man könnte es das Land der Verwirrung, der Lüge nennen; auf hundert Aussagen kommen nur wenige Worte Wahrheit. Nur der Erleuchtete sieht in jener Welt klar. Bei Menschen, die im Zauber alter Zeiten stecken geblieben sind, findet man oft derartige pathologische Lügen, bei Hexen und Zigeunern. Neptun soll nun nicht missverstanden werden.

Neptun kann auch Wahrheitsstreben geben. Er gibt die Fähigkeit, im Verborgenen zu forschen, hellsehend etwas wahrzunehmen. Dann biologische Arbeiten auszuführen, mit Giften nutzbringend zu arbeiten, mit Bakterien zu manipulieren und das Verderbliche zum Nutzen der Welt, zur Erzeugung einer Reaktion zum Guten, zum Gesunden zu wenden.

Und es braucht ein solcher neptunbeeinflusste Mensch nicht zu lügen, wenn er seine Forschungsresultate der Welt mitteilt. Auch gibt es neptunbeeinflusste Seher und Medien, die große Wahrheiten in die Welt getragen haben.

Wenden wir uns nun aber aus dieser etwas unbehaglichen Region zu dem erfrischenden *Mars*.

Mars ist für die strikte Wahrheit (er sagt es wenigstens), Wahrheits- und Wirklichkeitserkenntnis und allerdings auch für rücksichtslose Verkündung der erkannten Wahrheit, Mars schont nicht, Mars harmonisiert nicht.

Und doch gibt es eine Mars-Lüge. Sie ist aber unecht, sie hat kurze Beine. Der Marsmensch spricht im Eifer oft Dinge, an die er selbst nicht glaubt, und er weiß auch, dass die anderen es nicht glauben. Der Marstyp schimpft; und im Schimpfen und Beschimpfen überschüttet er seinen Gegner mit Namen, die keinesfalls zutreffen. Er hat auch gar nicht die Absicht, seinen Gegner glauben zu machen, dass sie zutreffen; es ist lediglich der Ausguss seiner Zornesschale.

Die Marslüge ist nur eine Affektlüge; ist der Betreffende wieder beruhigt, so ist sie nicht mehr vorhanden. Sie wird auch nicht als falsche Darstellung einer Sache, eines Menschen aufgefasst, sondern als Ohrfeige. Wenn die Saturn- oder Neptunlüge nicht unwiderrufen bleiben darf, eventuell eine Berichtigung erfordert, so ist dies bei der Marslüge gewöhnlich nicht erforderlich. Wenn der im Marsaffekt stehende Mensch einmal seinen Freund Kalb oder Ochse genannt hat, so braucht er nach der Wiederversöhnung dies nicht zu berichtigen, etwa zu sagen, er habe sich geirrt, der andere sei kein wirkliches Kalb, kein wirklicher Ochse, denn er hat es ja nicht gemeint, und der andere hat's auch nicht geglaubt.

So hebt sich diese Marslüge, die keine eigentliche Lüge ist, immer von selbst auf; in ihr liegt das, was man „Bluff" nennt. Der Bluff ist ein Erschreckenmachen, eine Lüge, die sehr rasch zerfällt. Im alten Vorkriegssoldatenleben herrschte der Bluff. Und der war gut. Die notwendigen Kommandos bei den Exerzitien, bei den Truppenübungen, den früheren Sprechton zwischen Offizier, Feldwebel und Mannschaft hat man als marsaffektiös aufzufassen. Das war gut. Ohne Mars kein Soldat, ohne Mars kein Schliff und keine Aufrichtung des Volkes. Der Stumpfsinn der Unteren musste durch die verschiedenen Blust der Nächstoberen hindurchgehen und geschult und geschliffen werden. Die Ausdrücke schienen oft böse, waren aber nicht böse gemeint. Das war der Krieg auf dem Kasernenhof. Aus den Krummen wurden Grade; aus den verwöhnten Söhnchen wurden wackere Menschen.

In der Marslüge liegt im Keime stets eine gewisse Reue. Ist der Affekt erloschen oder ist der Feind besiegt, was meist nur eine Frage kurzer Zeit ist, dann wird man gern bekennen, dass diese nun vorüber ist, und es ist auf beiden Seiten selbstverständlich, dass die im Affekt ausgesprochenen Lügen oder angewandten Bluffs nicht aufrechterhalten bleiben.

Zum Marsgebiet gehört noch die Agitationsrede der Politiker. Sie wird meist im Affekt gehalten und sie wirkt vielfach durch Übertreibung, durch Bluff. Alles echt manialisch! Geht das über gewisse Grenzen hinaus, dann entsteht die politische Lüge. Es wird niemand bestreiten, dass es eine solche gibt, natürlich immer nur bei der „anderen Partei". Die politische Lüge, die im Wesentlichen im affektbetonten Heruntermachen einer Sache, eines Menschen, einer Partei besteht, ist eine echte Marslüge. Wo aber nicht mit offenem Visier gekämpft — gelogen — wird, da wirkt Saturn mit (kommt natürlich auch bei der Politik vor), und das ist schlimm.

Die Marslüge ist eine echte Tendenzlüge, im Gegensatz zum Saturn, der in seiner Lüge das Böse, die Zerstörung will, aus Lust am Bösen.

Unter Mars steht noch eine ganz eigentümliche Art Lüge, die man eigentlich nicht Lüge nennen kann, es ist die Strategie. Wenn die Strategie darauf hinarbeitet, den Feind hinters Licht zu führen und auf der eigenen Seite vorteilhafte Stellungen herauszubekommen, dann ist dies keine Lüge im absoluten Sinn, für dies Verhalten passt besser der Ausdruck Manöver. Das Ziel ist nicht der Betrug, sondern der Sieg. Die in einer bestimmten Situation angewendete Strategie kann mitunter sogar dem Feind bekannt sein, oder es wird ihm anheimgestellt, sie zu erkennen, z. B. beim Schachspiel, das ja ganz offen gespielt wird. Auch beim Skat arbeitet man strategisch; es ist aber keine Lüge, wenn man sich nicht in seine Karten schauen lässt. Also bei allen Spielen, wo es sich um Besiegung eines Gegners handelt, tritt diese sogenannte strategische Lüge des Mars auf. Dann besonders auch bei jedem Turnier, beim Boxen, Ringkämpfen usw., schließlich beim Krieg der Völker. Wirken Merkur oder Saturn mit, dann handelt es sich um Falschspieler, Spione, Verräter.

Nun zum *Uranus*!

So wie Neptun als die Übertreibung der Venus aufgefasst werden kann, wie wir das gezeigt haben, so ist Uranus diejenige des Mars. Zeigt der schlecht stehende Mars das kommende Unheil noch rechtzeitig, so kommt das Uranusunglück ganz schnell und unverhofft. Will der Mars kämpfen und siegen, so geht Uranus noch einen Schritt weiter: er stürzt um. Lügt der Mars erst spät, erst im höchsten Affekt, um den anderen schließlich zu übertönen, so ist dieses Übertönen beim Uranus ein allgemeines Charakterelement, mit dem er schon den Kampf einleitet. Der Uranustyp möchte überhaupt nur bluffen.

Er gefällt sich kolossal im Verkünden eines neuen Patentes, in der Verkündung neuer Wahrheiten. Und die Gefahr besteht – bei schlechter Bestrahlung –, dass die Verkündungen fingiert sind. Er braucht stets andere, die auf ihn schauen, auf ihn deuten. Wenn ihm dieses Glück nicht durch seine Tüchtigkeit von selbst in den Schoß fällt, dann sucht er es zu schaffen. Er kolportiert allerlei Traktate, nicht gewöhnlichen Inhalts, sondern weltbewegende, aufsehenerregende Geschehnisse, und wenn er nicht selbst in deren Mittelpunkt stehen kann, so fühlt er sich doch als deren erster Verkünder außerordentlich prominent.

Die Uranuslügen können sich einige Zeit halten, stürzen aber dann mit großem Gepolter zusammen. So wie bei allen Planeten, die wir beschrieben haben, die Lüge nur als die Verdrehung, die Verkehrung oder Abbiegung des an sich guten Einflusses aufzufassen ist, und die ungebrochene gradlinige Strahlrichtung zur Wahrheit führt, so liegt auch im Uranus eine gewaltige ursprüngliche Wahrheitsbestrebung. Sie besteht darin, eine neue Idee, eine Klarheit in ein altes, morsch gewordenes System hineinplatzen zu lassen, die Welt in einen neuen Tag hineinzuführen. Diesen Vorgang nennt man Revolution. Eine Revolution kann nun eine Bringerin der Wahrheit gegenübereinem alten Lügenregime sein, ebenso natürlich auch eine Lüge an Stelle der Wahrheit setzen. Der Uranusgeborene hat stets eine große Sehnsucht nach Licht und Erkenntnis, er möchte für sich und die Welt mit neuen Errungenschaften, entweder fingiert oder echt, glänzen.

Wenn wir nun zu dem größten Licht des Systems, zu unserer Sonne, kommen, so wird es schwer halten, hier von Lügenkräften zu sprechen. —

In der Sonne selbst liegt nur Wahrheit, und wenn sie nur allein im Horoskop wäre, gäbe es beim Menschen keine Lüge. Aber sie kann im Horoskop angegriffen, kann verfinstert, kann verdrängt, kann umstellt sein. Es kann beim Sonnentyp getrübtes oder überschüssiges Licht im Charakter zum Ausdruck kommen, das als Prahlerei auftritt. Aller Schmuck, alle Auszeichnungen für Würdenträger, die keine sind, sind Sonnenlügen. In manchem Purpurmantel steckt ein Unwürdiger. Mancher behängt sich mit Juwelen und ist eine leere Nuss. Die Sonnenlügen sind etwas ganz Offizielles, Zutagetretendes. So, wie das Licht den Tag nicht zu scheuen braucht, so wird sich der Sonnentyp niemals verstecken. Seine Lüge ist deshalb das Gegenteil der Saturnlüge, die das Licht scheut. Der Sonnentyp braucht zu seinem Prahlen und Übertreiben die breite Öffentlichkeit. Er will so gut wie möglich glänzend und strahlend dastehen.

Die Sonnenlüge ist somit meist etwas Ungefährliches, sogar oft auch Wertvolles für andere, für das ganze.

Der Ausdruck „Lüge" ist auch ziemlich unpassend für das, was wir meinen. Sagen wir lieber: „Nimbus", ein Wort, das als gemilderter Ausdruck für Lüge stehen kann. Echte Sonnenkinder, z. B. Ludwig II. von Bayern, Ludwig XIV. von Frankreich, umgaben sich mit dem Nimbus, sie brauchten das zu ihrem Leben.

Die Sonne ist im allgemeinen die Wahrheit, duldet keine bewusste Lüge. Und selbst diejenigen, die sich mit einem Nimbus bekleiden, glauben, wirklich die Strahlenden, die Glänzenden zu sein, für die sie sich ausgeben. Sie brauchen ein Gefühl verstärkter Machtfülle und ausgebreiteten Einflusses auf ihre Umwelt.

Wenn aber ein Sonnengeborener zugleich das ist, wofür er sich ausgibt, z. B. wenn ein König auch ein wirklicher König der Menschenwürde und der Machtfülle ist, dann wirkt das wie ein Segen. So, wie die Sonne am Himmel Segen der ganzen Natur spendet, so wirkt sein Wesen segnend auf seine Mitmenschen, auf sein Volk.

Wir sind nun am Schluss. Wenn wir nochmals Lüge und Wahrheit als Auswirkung der Sternenkräfte in einigen Stichworten wiederholen, so ergibt sich das folgende:

Wahrheitsstreben	Planet	Lüge
Offenbarung Aufschluss Klarheit Selbstverständlichkeit	☉ Sonne	Nimbus Großtun Überschätzung
Symbol Zeichen Reklame	☽ Mond	Maskierung Gerede Gerücht
Beweis Beglaubigung Bericht Protokoll Berechnung	☿ Merkur	Fälschung Gerede Gerücht

Wahrheitsstreben	Planet	Lüge
Verbesserung Kompromiss Ausgleich Verschönerung	♀ Venus	*Bestrickung* Zauber Umgarnung
Berichtigung Beteuerung Aufrichtigkeit Agitation Korrektheit	♂ Mars	*Bluff* Trick Manöver Gebaren Übertreibung
Eid Rechtsprechung Urteil Gewissen	♃ Jupiter	*Vorurteil* Betörung Verschwörung Meineid
Prüfung Kritik Wirklichkeitsforschung	♄ Saturn	*Verdunkelung* Verschlagenheit Hinterlist Hehlerei
Aufklärung Eröffnung Erschließung	♅ Uranus	*Finte* Fiktion Umkehrung
Entdeckung Innere Schau Inspiration	♆ Neptun	*Illusion* Fabel Verwirrung Träumerei Umnachtung

Die Tierkreiszeichen geben Variationen in der Art, wie Wahrheit und Lüge zum Ausdruck kommen.

Die Feuerzeichen neigen meist zum Wahrheitsstreben, jedoch zu Übertreibungen.

Bei Wasserzeichen findet sich öfter Lügenneigung, weil sie in der Welt stets in der Verteidigung stehen. — Bei Luftzeichen werden die Äußerungen leicht gewogen, und der Unterschied zwischen Wahrheit und Lüge wird nicht scharf erfasst.

Die in Erdzeichen Geborenen neigen manchmal zum Dogma, haben Hemmungen, und machen deshalb Aussagen wider besseres Wissen.

Der Mensch steht in seinem Leben und Streben zwischen Wahrheit und Lüge. Das Leben auf primitiver Stufe braucht die Lüge, kann sich ohne die Lüge nicht halten. Die Lüge muss aber bei seiner Vervollkommnung dann den primitiv-egoistischen Charakter verlieren. Der Kulturmensch lügt aus anderen Gründen als der Naturmensch.

Noch sieht der Mensch aber nicht ein, dass jede Lüge tötet. Sie wirkt in der eigenen Seele wie ein Fremdkörper und setzt ihre Wirkung auch ins Biologische, ins Leibesleben um. Dies kann durch die Astrologie bewiesen werden, denn die schlechten Aspekte in den Horoskopen, die moralische Trübungen im Charakter ermöglichen, bewirken zugleich auch Krankheiten. Die sogenannte „Schuld", die schon in den religiösen Überlieferungen als Ursache des Todes betrachtet wurde, schafft in der Tat Krankheits- und Todeskeime. Wer andere belügt, belügt sich zugleich selbst. Hellseher sehen in der Aura eines solchen Menschen eine dunkle Wolke.

Der durch okkulte Schulung sensitiv gewordene Mensch fühlt schon das leiseste Abschwenken vom hellen Licht der Wahrheit an sich als eine Disharmonie, nicht nur der Seele, sondern direkt als körperlichen Schaden. Jeder Mensch muss dies durchmachen, früher oder später, bewusst oder unbewusst, oder er erfährt es erst nach dem Tode. Allmählich wird ihm klar, dass das vollkommene Glück nicht dadurch geschaffen werden kann, dass er sich kunstvoll durch das Leben hindurchwindet, sondern dass er immer mehr und mehr in Harmonie mit dem All kommen muss. Hat er Vertrauen in eine Oberleitung, dann wird er wunderbar durch sein Geschick geführt. Das Streben nach innerer und äußerer Wahrheitsgestaltung allein bringt den harmonischen Zusammenhang der mikrokosmischen mit der makrokosmischen Welt.

Und dadurch kommt der Mensch erst zur wahren Liebe, Weisheit und Erkenntnis. Durch Aufstieg in höhere Stufen der Daseinserkenntnis entwindet sich der Mensch dann allmählich auch den Täuschungen der Sinne und des persönlichen Intellekts. Der Schleier der Maja wird vor seinem geistigen Auge zerrissen und er sieht die ewige Wirklichkeit.

Sterne und Vaterland

In Ägypten, dem Lande nächtlicher Sternenpracht, da wurde in alten, ehrwürdigen Zeiten der Himmel von den Menschen befragt. Da sah man hinauf zu den Sternkonfigurationen und ahnte fragend das Ewige. Das Ewige gab Antwort. Wenn alles, was der Tag auf der Erde zeitigte, der Geburt und dem Tode unterworfen war, alles, was da entstand, auch wieder verfiel, dann sah man dort oben in der Nacht die Dauer, den Bestand.

Diese Sternbilder, die manchmal Tier- oder Menschenfiguren gleichen, veränderten sich nicht, sie blieben unverändert durch Jahrtausende. Da konnte sich der arme Menschengedanke festhalten, verankern an einem Seienden, einer Welt, die erhabeneren Gesetzen unterworfen war, als die alltägliche, wechselnde. So bleibt es immer.

Wenn der Tag naturgemäß und mit Recht die Seele hineinpresst in den Körper, die Sonnenwirkung den Menschen mit Sinnesleben durchtränkt und zur Tätigkeit nach außen zwingt, schließlich seinen Blick ganz an die Dinge fesselt, so darf man am Abend den Menschen zurufen: „Schau auf zu den oberen Welten, erweitere deine Seele und mache deinen Geist wieder frei!"

Die eherne Stabilität der Sternenwelt nahmen die alten Philosophen und Menschheitsführer in ihren Geist auf und sie prägten sie in die ganze damalige Kultur ein. Allen Dingen auf der Erde, die gleich bleiben sollten, wurde ein Sternsymbol gegeben. Die Wappen der Städte stellten Sternbilder dar. Grenzsteine und Grenzmarken waren Tierkreiszeichen. Die Distanz sollte gewissermaßen auf ewig die gleiche bleiben. Ein Land, ein Reich als Abglanz des Himmelszeltes. In Ägypten wurde das Land in die 36 Dekane der Tierkreiszeichen eingeteilt. Damit wurde das Bestreben ausgedrückt, das Fixe, das Ewige dem Zeitlichen, Vergänglichen aufzuprägen.

Tag und Nacht, Licht und Dunkel, Sonne und Sterne, Wachsein und Schlaf üben auf den Menschen und auf alles Leben dieser Erde eine kolossale Kontrastwirkung aus. Den Tag kennt der heutige Mensch, aber die Nacht mit ihren Geheimnissen hat er in ihrer wahren Bedeutung zu schätzen vergessen. Ja, oft möchte er die Nacht zum Tage machen, um noch mehr Tageserleben zu haben und um die eine Seite des naturgewollten Doppellebens zu genießen. Er trägt den Tag in die

Nacht hinein. Der Tag wird von der Sonne regiert. Da vollbringt der Mensch seine Tagewerke, wie Muskelarbeit, Ernährung. Da herrscht das bewusste Ich mit Verstand und Denken. Die Sinne sind wesentlich auf Äußeres, auf Produktion, auf Erwerb gerichtet. Das Hauptorgan des Tages ist der Kopf mit dem zerebrospinalen Nervensystem.

In der Nacht ist die Sonne weg. Manche Geschöpfe empfinden die Sonne als Störung und sehnen sich nach dem Mond. Alles Leben auf der Erde befindet sich nun im Schattenkegel der Erde und das unendliche Meer der Sterne wird sichtbar. Da kehren die Kräfte des Menschen zurück zu sich selbst. Im Schlaf erneuert sich alles Verbrauchte; es spielt sich nun im Organismus im Gegensatz zur verbrauchenden eine erneuernde schöpferische Produktion ab. Das Hauptorgan des nächtlichen Daseins ist das Drüsensystem und das sympathische Nervensystem.

Wenn man Tag und Sonne mit dem Väterlichen vergleichen kann, das anregend auf die Kräfte wirkt und sie nach außen drängt, dann hat die Nacht etwas Mütterliches. Der Mensch geht im Schlaf in den Mutterschoß der Welt ein, um daraus an jedem Morgen von Neuem geboren zu werden. Die großen Empfindungen von Heim und Herd sind mit der Nacht, mit dem Mond und mit dem Sternenhimmel verknüpft. Unsagbare Sehnsüchten, Gebete, Seufzer und Hoffnungen hat seit Äonen der Mensch schon in diesen Sternenhimmel hinaufgeschickt. In diesem Aufblick zu den Sternen liegt ein Geheimnis. Der Mensch erweitert sein Bewusstsein, er nimmt Ewiges in sich auf.

Was ist das Heimweh? Dieses Web, das jeder kennt, ist ein Teil eines ganz anderen Wehs. Der Mensch hat von Kindheit an ein Sehnen nach einem unbekannten Etwas, das versteckt auf ihn wartet, sich aber nur in symbolischen Gestalten ihm im Leben zeigt. Der Mensch ist in seinem Sinnesbewusstsein wie in einem Käfig eingeschlossen, aber durch verschiedene Luken blickt dieses Etwas hindurch, erzeugt in ihm ein dämmerhaft dumpfes Gefühl; einmal zeigt es sich als Sehnsucht, ein andermal als Angst vor einer großen, übermächtigen Gewalt oder als Angst vor der Nacht, Angst vor Abgründen, ja Angst vor etwas übermächtigem, nicht zu ertragenden Schönen. Oder es tritt auf als ein wundersames Tönen wie aus weiter Ferne, wie ein aus weiter Ferne vom Wind verschwommen hergetragener Harfenton, oder ein unsterblich gebliebener Ton aus uralten, längst verblichenen Welten, auch wie ein lockender Ruf aus dem Meeresgrund oder der Abgrundtiefe einer Unterwelt. Heimweh ist die stumme, große Frage unserer Seele, das große Wo und Wann!

Die Psychologie hat gefragt, ob des Menschen unstillbare Sehnsucht etwa nach dem Mutterleib selbst gerichtet sei, weil der Mensch da in einem leidenslosen Gleichgewichtszustand gelebt habe, oder ob sie noch weiter zurückgeht zur Urzeit, aus der alles Leben herkommt, wo der Mensch in der Tertiärperiode der Erde in einem paradiesischen Milieu im Frieden mit den Naturelementen, ohne Kampf gegen Kälte, gegen Hunger, gegen alles gelebt hat. Andere, mehr oberflächliche Denker meinen, da, wo der Mensch seine Nahrung, sein Auskommen habe, da sei seine Heimat. Nein! Befriedigung durch Speise und Trank, Unterhaltung, Geselligkeit und Liebe sind nur vorübergehende Beruhigungen und Abstumpfungen dieses Suchens und Sehnens.

Die Psychoanalyse hat eine Gestalt erfunden, die zugleich Geliebte, Mutter, Schwester, Fürsorgerin und Ernährerin vorstellen und alle Sehnsüchten stillen soll. Das ist noch keine Lösung des Rätsels. Weit über diese Komposition erhaben, steht das uralte Madonnen-Symbol, die Seele des Himmelszeltes darstellend, die Königin der Nacht. Sie wird in vielen Kirchen mit Sternen umgeben dargestellt oder als Jungfrau, auf der Mondsichel stehend. Sie ist das Gegenteil zum Herrn des Tages. Alle Andacht, die es gibt im Menschengemüte, steigt auf zu ihr, die uns so nah, die für das Sterbliche ewig Unerreichbare. Im Saturn-Erdhaften steckt der Mensch, gottverloren, er sehnt sich nach der Allmutter zurück.

Wir Astrologen wissen, dass alle Lebensvorgänge in unserem Körper mit den Sternenkräften in Verbindung stehen, es fließt etwas aus dem Kosmos in uns hinein und auch wieder zurück. Wir haben dementsprechend in uns einen fluidalen Organismus (früher Astralleib = Sternenleib) genannt. Für unsere fünf Sinne zwar unwahrnehmbar, ist er dennoch die Triebfeder für alle biologischen und physiologischen Vorgänge im irdischen Leibesleben. Dort sind die geheimnisvollen Beziehungen, die wir fühlen zu Mutter und Geburt, zugleich auch zur Nacht. In der Nacht erlebt dieser zarte Organismus seine geheimnisvollen Beziehungen zur Sternenwelt. In diesem Seelenleib ist auch der Sitz des Heimwehs, denn das, was in uns durch die Sterne geschaffen worden ist, will zu den Sternen zurück. Wir kennen im gewöhnlichen Leben die Gesetze dieses ätherischen Organismus nicht, ja, wir arbeiten ihnen unbewusst sogar oft entgegen. Wenn wir aber lernen, die bewusste Verbindung mit diesen Himmelskräften herzustellen — ein unerlässlicher Faktor dabei ist die Andacht, von gelehrten und „klugen" Leuten oft verpönt — dann wird uns unser Sternenleib fühlbar und nach und nach erkennbar. In den Himmel kommen heißt, seine wahre Sternenheimat selbst erleben. Wenn wir bewusst immer mehr Geisteslicht in uns aufnehmen, dann wird dieser Seelenleib leuchtend und hellstrahlend.

Die Mondkräfte stellen im Horoskop das Mütterliche dar, die Sonnenkräfte das Väterliche. Die Psychoanalyse, die in Mutter- und Vaterkomplexen steckenbleibt, müsste sich vervollständigen, indem sie diese Komplexe über die Geburt hinaus nach rückwärts und in den Raum hinein verfolgt. Dann würde sie finden, dass dieselben in die Sternenwelt hinaufreichen, zu Mond und Sonne. Der Mensch hat dementsprechend einen geistigen Vater und eine geistige Mutter und er muss sich im Laufe seiner Entwicklung mit diesen verbinden, wie schon Hermes Trismegistos sagt. Der Mensch muss in sich Sonne und Mond zu einer Vermählung bringen, wie die Rosenkreuzer lehren, dann ist er das geworden, wozu er als Erdenbürger in seiner Laufbahn bestimmt ist.

Die Menschheit lebt vorerst als Ganzes wie auch im Einzelnen in einer fruchtbaren Zerrissenheit. Sonne und Mond sind nicht vereint, es dominieren Mars und Saturn und stehen miteinander im Kampf. Einerseits strebt der Mensch zur Urkraft zurück, andererseits soll er aber Freiheit, Selbstständigkeit, Persönlichkeit entwickeln. Keine dieser Strebensrichtungen kann ganz ohne die andere sein. Beide müssen sich ergänzen, sich die Hand reichen und allmählich zu einem harmonischen Ziel führen. In der Legende von Kain und Abel ist diese Zwiespältigkeit in kurzen markanten Strichen wunderbar illustriert. Unergründliche Wahrheiten liegen in dieser Erzählung verborgen. Sie zeigt uns nicht nur die Zweinatur des Menschen, sondern weist auch hin auf die ganze Menschheitsentwicklung, die in zwei einander entgegengesetzten Strömungen verläuft, die sich ständig auszulöschen suchen, sich aber endlich auszugleichen haben. Wenn Abels Opferrauch den Himmel steigt, während derjenige Kains zur Erde gedrückt wird, dann sind damit nicht primitive Gegensätze von Gut und Böse angedeutet, sondern etwas viel Tiefliegenderes. Ganz abgesehen davon, dass Gut und Böse gar keine absoluten Größen sind, sind sie auch keine Gegensätze, die sich ausschließen. In jedem von uns ist ein Abel, in jedem ein Kain. Beide haben Mängel, sie sind — getrennt betrachtet — unzureichend für das, was den Begriff Mensch umfasst. Beide haben aber auch Vorzüge. Wohl sind im biblischen Sinne die Abelskräfte diejenigen der Aspiration zu einer Lichtwelt, des Aufblickes. Wohl entstehen in der Abelseele gerader Sinn, Ordnung, Sitte, Ehre, Gottverbundenheit. Aber der Mensch wäre mit diesen Abelskräften allein nie zur Freiheit im Handeln, zur klaren Selbsterkenntnis und zur vollen Verantwortung gekommen, er hätte wohl eine starke Bindung an eine Stammesgottheit behalten, der Rauch seines Opfers wäre direkt zu ihr aufgestiegen, aber er hätte nie die Macht gehabt, zwischen Gut und Böse zu unterscheiden, er wäre in einer Naturgebundenheit stecken geblieben und so auf Erden wie ein Medium durch sein Leben geführt worden.

Den Anstoß zur Heranbildung der freien Persönlichkeit bildeten die Kainskräfte, die zunächst von den Göttern abführten, wegführten. Kains Opferrauch blieb auf der Erde, stieg nicht auf. Durch Irrtum und Finsternis musste das Menschengeschlecht gehen, um den Weg zum Selbstbewusstsein zu finden und zuletzt den Pfad der Weisheit zu betreten, der wieder zum Göttlichen führt, sodass dann zur Liebe und zum geraden Sinn des Abel noch die Freiheit und Selbsterkenntnis hinzukommt.

Diese zwei Kräfte sehen wir wirken im alltäglichen Leben, in allem, was der Mensch tut und denkt, und auch in dem, was das Schicksal von außen an den Menschen heranbringt. Astrologisch kann man die Abeltypen der Sonne und dem Mars zuteilen, die Kaintypen dem Mond und dem Saturn; einerseits, weil Sonne und Mars die offenen, das Tageslicht liebenden, im offenen Kampf ums Dasein stehenden, eventuell auch mit gerechtem Zorn ausgestatteten Charaktertypen abgibt, andererseits Mond und Saturn die grübelnden, nach Freiheit und Lostrennung strebenden, aber oft verschlagenen und mit versteckten Waffen kämpfenden und auf Schleichwegen durchs Schicksal sich windenden Seelen schafft. Wohl ist Saturn astrologisch auch der Stern der Weisheit und der kristallklaren Wahrheits- und Selbsterkenntnis. Seine Einflüsse reihen hinauf bis zum Reiche des Abstrakten. Aber diese Tendenz nach dem Abstrakten führt, wenn sie auf niederer Ebene stecken bleibt, zum Nihilismus, zum Feind aller Ordnung, zum Zerstörer alles Bestehenden, ohne etwas Besseres dafür hinstellen zu können.

Findet man die Saturntypen häufig unter winterlichen Tierkreiszeichen h i j k l a geboren, so stehen die Sonne- und Marstypen mehr unter Sommerzeicheneinfluss (b c d e f g). Durch Saturn ist der Mensch zur Gottverneinung gekommen, ist ein verlorener Sohn. Durch Mars hingegen bleibt er im Erotisch-Sinnlichen, im Blutleben stecken.

Des Menschen Seele ist dementsprechend polarisch angeordnet. Am einen Pol stehen die Saturnkräfte (Ahriman), am anderen Pol die Mars-Venuskräfte (Luzifer). Bei der Höherentwicklung der Seele muss die Polarität sich ausgleichen. Dies geschieht durch Merkur, den Götterboten, den Sonnenboten. Schon die Alchimisten haben gesagt, die im

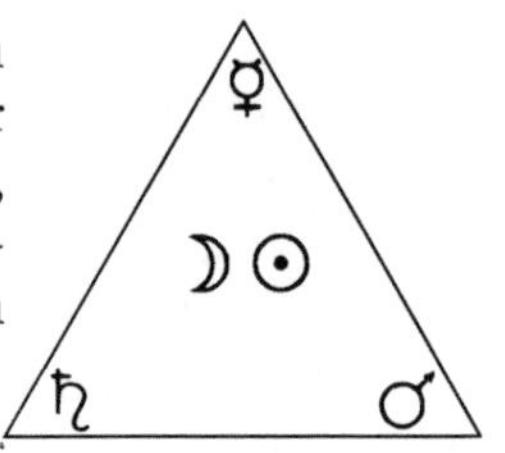

Kontrast stehenden niederen Qualitäten des Saturn und Mars (Blei, Schwefel) müssen durch Merkur (das Quecksilber, das Spirituelle) gehoben werden, damit die Vermählung von Sonne und Mond (Mystische Hochzeit), das ist eine Heiligung der ganzen Seele, Ihre Heimkehr zu Gott, erfolgen könne.

Schon im Zustand des Urmenschen sehen wir diese Zweiheit das Leben regieren: bei dem Hang zur Scholle, den strengen Stammesregeln, dem Tabu, die Neigung zur Geschlossenheit des Lebensablaufes. Andererseits steigt aber da etwas auf, das die engen Grenzen zerschlägt, den Bruch mit alten Traditionen bewirkt, die Einheirat in fremde Stämme fordert, es wächst die Sehnsucht, aus Naturgebundenheit frei zu werden.

Durch das Zusammenwirken der beiden Grundkräfte sind aus Stämmen und Sippen Volksgemeinschaften entstanden. Immer größer wurde der Kreis. Kain hat bewirkt, dass die engen Bande zerrissen und dass Fremdes zufließen konnte. Abel hat aber dafür gesorgt, dass das Ganze nicht der Zerspaltung anheimfiel, nicht an Systemlosigkeit zugrunde ging.

Immer noch wirken, im Volksgeist der Menschen deutlich erkennbar, diese zwei Bruderkräfte. Aus der einen Tendenz (E) kommen die konservativen Strömungen, die an der Vergangenheit festhalten, das Gegenwärtige erhalten wollen, aufbauen, an der Tradition sich festklammern, wir wollen sie mal rechtsgerichtete Kräfte nennen, — aus der anderen das Freiheitsstreben (G), das umstürzlerische Streben, das Durchbrechen herkömmlicher Bande, die Erweiterung des Gesichtskreises. Es sind die Linkskräfte. Die Bezeichnung rechts und links hatte in der Geschichte der Menschen immer ein und dieselbe Grundbedeutung. Abel, der weibliche Typ, rechts, — dagegen links die Kainsseele, der männliche Typ, der in ein fremdes Land ging und dort ein Weib nahm.

So auch die Begriffe Licht und Finsternis in der Bibel, Ormuzd und Ahriman bei den Persern, die Schafe und die Böcke in dem biblischen Gleichnis. Ähnliches findet sich in der Edda und in allen Mythologien. Die Gestalt des Thormit dem Hakenkreuz und die des finsteren Loki, seines Gegners, kehrt überall wieder. Sie deuten alle auf diese Gegensätzlichkeiten hin, die aber nicht als Qualitätsunterschiede aufzufassen sind. Der Mensch selbst ist danach gebaut: links regiert Saturn die Milz, rechts der Mars die Galle. So entspricht dem Leibesaufbau auch die Seele und schließlich die Weltanschauung der Menschen. Wir haben diejenigen Denksysteme, die zum Glauben an eine Weltordnung neigen, an eine Gottheit appellieren, die schließlich auf ein Jenseits bauen, die den Menschen eingliedern in übergeordnete Gemeinschaften, und wir haben die gegenteiligen Denkarten, die das Heil der Zukunft auf den Menschen allein setzen, die die sogenannte Objektivität betonen, zum Materialismus und Monismus neigen, den Menschen, isoliert aus der Familie, aus der Gemeinschaft und aus dem Volksverband als einen Kosmos für sich betrachten. In ihren Extremen zeigen sich die Gegensätze meistens so scharf, dass eine Verständigung der Menschen nahezu unmöglich ist, da der eine sich in den Zustand des anderen nicht hineindenken kann.

Dies ist besonders da der Fall, wo sich der Kontrast in Klassenunterschieden und in Politik auswirkt. Es ist ganz gesetzmäßig und verständlich, dass wir bei allen Nationen zwei große extreme Parteilager haben, die man die Radikalen nennt. Und es ist kein Zufall, dass ihre Bezeichnung *links* und *rechts* sich mit dem deckt, was wir oben angeführt haben. Die Links- wie die Rechts-Radikalen verdienen beide ihre Namen. Denn in der Tat arbeiten die Linksradikalen immer gegen das feste staatliche Gefüge, ihre Mitglieder neigen zum Parlamentarismus und Pazifismus, wogegen die Rechtsradikalen die Führerschaft betonen, für Gott, König und Vaterland eintreten und die Landesgrenzen schützen.

In ihrer Verschärfung sucht die Linke das Kapital zu stürzen, das Bürgertum abzuschaffen, eine Arbeiterregierung zu errichten. Letzterem ist der unbewusste, natürlich unmögliche Gedanke unterschoben, dass jeder Einzelne sich selbst regieren könne, herausgelöst aus jedem Verband. Tendenz: alles Vorhandene zu stürzen, die Landesgrenzen zu öffnen, mit Parteigängern fremder Länder sich zu verbinden, internationale Bewegungen zu schaffen.

Die Rechtsradikalen hingegen in ihrer vollen Auswirkung möchten immer zurück zu alten Systemen, das Land in festen Grenzen erstärken, aber auch ersticken lassen, sich mit einer chinesischen Mauer umgeben, die Masse in bürokratische Systeme einzwängen.

Wenn beide Extreme sich einigen und ausgleichen, dann haben wir den idealen Zustand: Selbstbestimmung, Ertüchtigung der Nation, Zucht, starke und scharfe Landesgrenzen, dabei möglichste Freiheit des Einzelnen, Förderung des Talents des Einzelnen unabhängig von der Gesellschaftsschicht, Anknüpfung von Beziehungen zu anderen Ländern.

Kain ging in ein fremdes Land und nahm dort ein Weib. Die Völker können nicht für alle Zeit getrennt bleiben, sich abgrenzen, getrennte Sprachen haben, sie streben einem großen Ziele zu, und das ist die universelle Menschenvereinigung aller Rassen und Nationen, Erstrebung allgemeiner Menschenrechte und absoluter Freiheit. Der Pazifismus ist eine Frage der Zukunft, aber das vorschwebende Ziel kann nur erreicht werden, wenn die Welt ein geistiges unsichtbares Reich anerkennt, eine Jenseitswelt.

„Mein Reich ist nicht von dieser Welt", sagt Christus, als das Volk meinte, er solle ein Reich auf Erden gründen. Bis dies so weit ist, gilt noch lange der andere Ausspruch „Gebt dem Kaiser, was des Kaisers ist." D. h. alle internationalen Bestrebungen bilden, sobald sie politisch werden, für die Menschen eine Gefahr. Die Menschen sind dazu nicht reif. Sie werden stets der Versuchung zum Opfer fallen, dass sich Sonderinteressen in ihre Ideale einschleichen. Und damit kippt das ursprünglich human gerichtete Streben ins Satanische um. Nämlich durch das Verlangen nach Macht. Die Menschenverbrüderung kann nur mit Hilfe fest gefügter Staaten ermöglicht werden, nicht durch eine allgemeine Verschwommenheit aller Grenzen. Reich ohne Grenzen! Reich ohne Land! Eine Utopie, auf der Erde nicht denkbar. Es gibt nur zwei Möglichkeiten: entweder als Reich Gottes, das über den Menschen steht, oder als Reich des Satans, in das alle Bestrebungen zusammenfließen, die auf ungeistiger atheistischer Basis die Menschheit zusammenschmieden wollen. Diese Bestrebungen bewirken ein Zurücksinken in frühere Stadien, die die Menschheit bereits überwunden hat. Die Nomadenvölker, die Zigeuner in ihrer Heimatlosigkeit sind z. B. solche Überbleibsel aus früherer Zeit, sie haben verpasst, sich zu rechter Zeit zu konsolidieren und sind dadurch ins Schmarotzerstadium hinabgesunken. Auch das Judentum lebt in einem gewissen Atavismus. Es ist in seinem internationalen Gebaren nur so weit gekommen, die Völker zu vampyrisieren. Einige seiner hervorragenden Mitglieder leben in der Utopie, eine Weltrepublik gründen zu müssen. Reich ohne Land, Reich ohne Gott, Reich auf materialistischer Grundlage und das ist Reich des Satans.

Für das Judentum gibt es nur zwei Lösungen seiner Zukunft; entweder es vermischt sich vollständig mit den anderen Völkern durch Einheirat, oder es gründet ein eigenes Heimatland. Zu diesen Schlüssen muss man kommen, auch ohne Antisemit zu sein. Ja viele Juden sind selbst dieser Ansicht, sie wollen nicht ewig Sauerteig sein, nicht ewig heimatlos bleiben.

Der Kommunismus, der auch als Weltreich gedacht war — Reich ohne Land auf atheistischer Grundlage — schneidet sich von vorn herein schon die Existenz ab, indem er sich vom Geistigen abschnürt. Das Reich Gottes in umgedrehter Form auf dem Kopf stehend. Symbol: ein auf der Spitze stehendes verkehrtes Pentagramm. Alle für Alle. Aber der Einzelne denkt nur an die andern um durch sie zu existieren. Wie das Lotteriespiel, man zahlt nicht, damit die anderen etwas gewinnen, sondern man lebt in dem Gedanken, dass die anderen für uns zahlen. Auch das ganze Versicherungswesen ist, wenn zwar auch augenblicklich notwendig, eine auf demselben Gottlosensystem aufgebaute Einrichtung. Diese Dinge verschwinden alle wieder von der Erde nachdem sie sich selbst ad absurdum geführt haben. Alles für Alle! Ja! Das kann man aber von den Menschen nur dann erwarten, wenn sie an eine höhere Weltordnung glauben. Sonst gehen diese Systeme alle an der schließlichen Korruption zugrunde. Der Kommunismus ist insofern schon an seinem Ende angelangt, als er in Russland anstatt zu einer Arbeiterregierung zu einer Diktatur geführt hat, also zu einem Umschlag nach der äußersten Rechten. Ähnliches sehen wir jetzt auch in der Sozialdemokratie, soweit sie internationale Bruderschaftsideale hat.

Der Hilferuf geht von links in die Welt und von rechts kommt die Antwort. Mit anderen Worten: die Marxisten im Inlande, um mal von Deutschland zu reden, die an ihre Brüder im Ausland appellieren, müssen sich sagen lassen, dass sie zunächst nur Deutsche sind. Die Echos, die von Frankreich und England kommen, sind ganz national gefärbt. Dem Kain im Land antwortet Abel im Auslande, der nur an sein Land denkt. Die Linkskräfte bandeln, um zur Herrschaft zu kommen oder darin zu bleiben, immer mit dem Ausland an, aber ein Rechtsausland antwortet, das die Gelegenheit benutzt, das Land zu bedrohen, es zu versklaven, die Grenzen zu schwächen (Beispiel: Verrat Deutschlands an Polen, Frankreich usw.).

Auch die katholische Kirche hat in ihren Interessen das Internationale. Sie wollte das Heilige Römische Reich aufrichten, das Reich Gottes auf Erden. Sie hat aber vielfach nach äußerer Macht gestrebt und politische Interessen verfolgt, hat versucht, Landesgrenzen zu zerreißen, Kriege anzufachen, Machthaber zu unterjochen. Damit hat sie ihre kainistische Richtung dargetan, die in ihrer auflösenden, zersetzenden Wirkung vielfach zu weit gegangen ist.

Freilich schlagen auch die Rechtskräfte in Linkskräfte um, wie wir dies bei den großen Weltreichen alter und neuer Zeit sehen, wo durch

Ausdehnung einer Macht mit Unterjochung anderer Völker, die andere Sitten, anderes Denken, anderes Empfinden hatten, schließlich Zerfall und Abbröckelung entstanden und ganze Kulturen wieder erloschen. (Das Weltreich Alexanders d. Großen, das römische Weltreich usw.)

So pendelt die Welt hin und her zwischen Abel und Kain, zwischen Nation und Internation, zwischen eigenem Herd und fremdem Wesen. Es bleibt aber die Welt dabei nicht gleich. Kain hat die Aufgabe, von Zeit zu Zeit Gärungen hervorzurufen. Er ist der Sauerteig, der das Gleichgewicht und den Stillstand nicht zu einem toten Punkt werden lässt. Kain ist aber nie zeitgemäß und er darf niemals die Oberhand gewinnen. Die Kainskräfte brodeln stets unter der Decke, sie geben stets vor, nach allgemeinen Menschenrechten und Freiheit hinzuwirken. Aber in ihrer Primitivität suchen sie das staatliche Gefüge zu schädigen und in ihrem Extrem kämpfen sie gegen jede Ordnung, kämpfen gegen jede Obrigkeit, schaffen Attentate, führen wahnwitzige Menschen in einen Blutrausch. Ihr Ruf gipfelt immer in einem „Nieder", nieder mit allem, was regiert, was oben sitzt. Nieder mit Familie, nieder mit Gesetzen, nieder mit Gott, nieder mit allem, was hoch und heilig ist. So gleitet die kainistische Kraft, wenn ihr die Zügel fehlen, auf eine schiefe Bahn und führt, anstatt zur Befreiung, zu einem Chaos. Sie führt die Menschheit in Satans Hände.

Der Weg zur Menschenverbrüderung geht durch die eigene Scholle, durch die Familie, durch die Heimat. Und jeder einzelne Mensch muss zuerst für sich allein zu seinem Gott kommen, ehe das Ganze eine gesunde Einheit werden kann. Wenn das Aufrührerische in der Weltgeschichte auch wohl seinen Sinn und Nutzen hatte, so darf es doch niemals zur Herrschaft kommen.

Im biologischen Gleichgewicht unseres Körpers sind die rechten Wege wunderbar vorgezeichnet. Da ist in den Säften etwas Aufbauendes und etwas Abbauendes, Hemmendes. Mit dem Aufbau hängt der Mars zusammen mit seiner oxydierenden Tendenz, er aktiviert die roten Blutkörper, schafft Sauerstoff und Eisen, schafft die Wärme, schafft Bewegungsenergie und Wachstum. Mars kämpft in uns für das Leben, für das Dasein. Mit Mars allein aber würde der Körper in einem gewissen Stadium stecken bleiben und höheren Daseinszwecken nicht dienen können; er würde wohl blühen, wachsen, gedeihen, aber er würde an einer Überwucherung wenig wichtiger Teile leiden. Gewisse Prozesse, die gehemmt werden sollten, würden immer wieder ungehindert ablaufen und das Gesamte über ein gewisses Niveau nicht hinauskommen lassen. Dies besorgt Saturn, der Antagonist des Mars. Er schafft Hindernisse, Verhärtungen, ersorgt, dass gewisse Organe aus der Entwicklung herausfallen. Saturn ist im Körper der Anarchist, möchte am liebsten alles Wachstum hemmen und würde, wenn ungehindert, erreichen, dass der Mensch bereits im Kindesalter zu einem Greise würde und mit einer Art Mumifizierung des ganzen Leibes endet. Saturn schafft Isolierung, schafft Tod. Er schafft Vereinsamung und Ausschaltung einzelner Organe, wodurch diese verkalken, einschrumpfen oder absterben. So entstehen Saturnkrankheiten, wie Steine, Verknöcherungen, Schrumpfungen, geschlossene Eiterherde, Tuberkulose, Taubheit, Versteifungen usw.

Durch *den ständigen Sieg des Mars über Saturn wird das Leben erhalten. Saturn darf nie zur Herrschaft* kommen, sonst entsteht das Chaos, und das Leben wird bedroht.

Wir sehen das biologische Verhältnis zwischen Mars und Saturn schon im Blut ausgeprägt. Die roten Blutkörperchen stehen unter Mars und bringen die für den ganzen Zellenstaat nötigen Stoffe in Umlauf. Die weißen, die von der Milz kommen und unter Saturneinfluss stehen, sind bedeutend in der Minderzahl. Sie geben nichts, sondern sie nehmen. Sie sind die Verschlinger von überflüssigen Stoffen in den Geweben. So sind sie nützlich. Sie können ab und zu häufiger auftreten. Würde dies aber dauernd so bleiben, dann würde ein biologischer Kommunismus entstehen (Alle für Alle, aber kopfgestürzt). Dann würde der Körper durch Oxydationsmangel zerfallen, wie das bei der Weißblutkrankheit der Fall ist; die Einheit des Körpers fällt auseinander.

Der Körper gleicht einem Staat, in welchem die Rechtskräfte regieren, die Linkskräfte auf ein Minimum herabgedrückt sind und lediglich die Funktion von Polizeiorganen ausüben.

Ist dies Verhältnis im Körper vorhanden, dann kann Gesundheit entstehen und Glück. Und in diesem Verhältnis steht der Mensch auch in der Welt drin. In diesem Verhältnis findet der Mensch den Weg zu sich, zu den anderen und zu Gott, ohne irgendwie zu scheitern, zu zerschellen. Das biologische Gleichgewicht ist aber nur dadurch gewährleistet, dass über Mars und Saturn, Sonne und Mond stehen. — Dem Mars ist die Sonne übergeordnet, die die Lebenskraft einfließen lässt und den Blutlauf reguliert. — Dem Saturn ist der Mond übergeordnet, dem der Ätherleib gehört, der das sympathische Nervensystem beherrscht und dadurch regulierend besonders nachts im Schlaf auf alle Organe und Absonderungen einwirkt. Sonne und Mond arbeiten im

Körper nach weisen Gesetzen, höherer Ordnung, und dadurch wird der ewige Krieg zwischen Mars und Saturn zu einem Frieden.

In diesem Biologischen ist deutlich vorgezeichnet, wie die Menschen im Völker- und Staatenleben sich weiterbilden sollen. Ein gesunder Staat ist der Abdruck des Biologischen. So wie die Sterne im Biologischen ihre Rolle verteilen, so wirken sie auch im Leben eines Staates. Die Psyche des Menschen überträgt ja auch unwillkürlich die in ihr wirkenden Gesetze und Gewalten auf die Umgebung. Die Begriffe Heimat, Mutter, Vaterland; Krieg, Führer, Gott, sind ja tief im Biologischen begründet.

Und Verrat an diesen ureingeborenen Werten ist Verrat an sich selbst. Staudenmeier, der mit seinen Komplexen wie mit Persönlichkeiten verkehren konnte, beschrieb sehr ausführlich den Komplex „Kaiser". Dieser „Kaiser" trat als ein außerordentlich ehrwürdiges, erhabenes, durch prunkvolle Gewänder und Hoheitsgesten ausgestattetes Wesen auf. Man muss annehmen, dass in einem jeden Menschen ein solcher Komplex naturgegeben sitzt, wenn er ihn auch nicht in sich isolieren kann, nicht mit ihm sprechen kann.

Man muss annehmen, dass für die hauptsächlichsten kosmischen Gewalten, die in uns arbeiten, gewisse Symbole solcher Art in unserer Psyche leben. Für die Sonne der Vater, der König, der Kaiser oder Führer, für den Mond Heim und Herd, die Mutter oder die Mutter Gottes, Maria.

So kann man sich denken, daß in einem biologisch wohlgeordneten Staat mindestens diese Grundsäulen des Seelenlebens eine Rolle spielen, dass mindestens die Familie, die Scholle und die Heimat geachtet und geliebt werden müssen, dass andrerseits Führertum, Zucht und Ordnung herrsche und dass in demselben Sinne zwei wichtige Zentren im Staate gesetzt werden, einerseits ein Ort der Weihe, der Andacht, der Gottesverehrung mit einem Mutter-Gottes-Tempel (dies gilt auch für „Evangelische") andererseits aber auch ein Führerhaus, ein Herrscherhaus mit den entsprechenden Reichsinsignien. Und alles dies „von Gottes Gnaden".

Kain ging aber in ein fremdes Land. Er hatte sich mit dem Gott seines Landes entzweit. Was ist nun mit ihm? Kain braucht das Heimweh, um seinen Gott wiederzufinden. Das Heimweh, das zunächst an der Scholle klebt und durch Mutterschoß, Vaterhaus und Vaterland genährt wird, wacherhalten wird und von dort die Verbindung mit den höheren Welten erlangen kann.

Die Untreue gegen das Vaterland bewirkt eine Lostrennung der Seele von ihren heiligsten Gütern. Bismarck hat die Liebe zu seinem Vaterlande der Liebe zu seinem Weibe gleichgesetzt, was er in einem denkwürdigen Ausspruch zum Ausdruck brachte.

Die edelsten Eigenschaften erwirbt sich der Mensch durch die Vaterlandsliebe. Die universelle Menschenverbrüderung wird nicht durch Abschweifen erreicht, sondern dadurch, dass jeder Einzelne zunächst in sich selbst erlöst wird, d. h. die Urheimat findet.

Bis dahin sind streng abgegrenzte Nationen auf der Erde nötig mit fester Wahrung der Grenzen, so wie es der Himmel, die Tierkreiszeichen vorzeichnen, mit starker Betonung der Nationalität, mit Sicherung des Familienstandes mit Gründung der Heimatliebe auf Heimatboden, mit Führern, denen das ganze Vertrauen geschenkt wird, mit Symbolbezeichnung ihrer Mission durch bestimmte, sie allein auszeichnende Insignien, Wappen, Kleidung usw.

Dies ist astrologisch begründbar und als zweckmäßig zu betrachten. In der Nation lebt ein Nationalgeist, der mit kosmischen Mächten Beziehungen unterhält. Und der Führer kann astrologisch bedingt sein und ist von Mächten geschickt.

Vertritt er die Stimme des Volkes, wenigstens der Majorität, ist er von der Majorität gewählt, dann kann er als Führer von Gottes Gnaden betrachtet werden. Er ist ein Abgesandter der Volksseele, der Gruppenseele.

Eingebettet in diese kosmisch-nationalen Strömungen eines Landes ist jeder einzelne Bürger. Sein Weg zu Gott geht über die Gruppenseele seines Volkes. Und seiner Vorstellung, dass der Führer etwas Großes ist, kann der Gedanke zugrunde liegen, dass hinter diesem Führer, den er persönlich gar nicht zu kennen braucht, eine geistige, leitende Macht steht, zu der er unbedingt aufblicken muss.

So verstehen wir das Gedicht „Die beiden Grenadiere“ von Heinrich Heine:

Nach Frankreich zogen zwei Granadier,
Die waren in Russland gefangen,
Und als sie kamen ins deutsche Quartier,
Sie ließen die Kopf bringen:

Da hörten sie beide die traurige Mar,
Dass Frankreich verloren gegangen,
Besiegt und geschlagen das tapfere Heer
Und der Kaiser, der Kaiser gefangen!

Da meinten zusammen die Grenadier
Wohl ob der kläglichen Kunde;
Der eine sprach: „Wie weh wird mir,
Wie brennt meine alte Wunde."

Der andere sprach: „Das Lied ist aus,
Auch ich möcht mit dir sterben,
Doch hab ich Weib und Kind zu Haus,
Die ohne mich verderben."

„Was schert mich Weib, was schert mich Kind,
Ich trage weit beß'res Verlangen.
Lass sie betteln gehn, wenn sie hungrig sind,
Mein Kaiser, mein Kaiser gefangen!

Gewähr mir, Bruder, eine Bitt:
Wenn ich jetzt sterben werde,
So nimm meine Leiche nach Frankreich mit,
Begrab mich in Frankreichs Erde.

Das Ehrenkreuz am roten Band
Sollst du auf's Herz mir legen,
Die Flinte gib mir in die Hand
Und gürt mir um den Degen.

So will ich liegen und horchen still,
Wie eine Schildwach' im Grabe,
Bis einst ich höre Kanonengebrüll
Und wiehernder Rasse Getrabe:

Dann reitet mein Kaiser wohl über mein Grab,
Viel Schwerter klirren und blitzen,
Dann steig ich bewaffnet hervor, aus dem Grab,
Den Kaiser, den Kaiser zu schützen."

Was hat sich Heine bei Abfassung dieses Gedichtes gedacht? Heine war Jude. Vielleicht ist es zynisch gemeint, indem es den zweiten Soldaten für eine Utopie, nämlich den Kaiser sterben lässt, während es doch vernünftiger und naheliegender wäre, er ginge mit dem Freunde zu Weib und Kind zurück. In Wirklichkeit bestehen aber zwischen eigener Familie und Kaiser gar nicht die Gegensätze, die Heine hervorheben wollte. Heine hat den tieferen Sinn seines eigenen Gedichtes nicht begriffen. Alles liegt in einer Linie. Von der Familie bis zum Führer gehen alle Wege. Der Kaiser ist eben alles, birgt alles für diesen Soldaten. Er will nicht sterben für einen einzelnen Menschen, der zufällig gerade Kaiser ist, sondern für eine Idee, für den höchsten Komplex, den er als Mensch in seiner Seele tragen konnte. Und das steht über der Familie. In dem Kaiser mit dem kaiserlichen Rock, der Würde, liegt die äußere Vertretung dessen, was in seiner eigenen Seele stets gesucht und verehrt wird, das über seine eigene Persönlichkeit Hinausgehende. Das hat die alte Astrologie gewusst, indem sie die Führer und Könige dem Einfluss der Sonne unterstellte. Die Adeptkönige in alter Zeit wurden als Sonnenkönige bezeichnet, deren Lebensgang dem Laufe der Sonne gleichkam (Ägypten, Griechenland, Persien), die sich mit Sonnensymbolen umgaben. Sogar noch Ludwig XIV. Schon in der Mythologie sind in den Sonnenhelden (Herkules) die ersten Vorbilder dazu gegeben.

Die gegenwärtige Zerrissenheit des Menschen wie des ganzen Volkes deutet immer noch auf den Kain-Abelzwist, was astrologisch bedeutet: Saturn-Mars-Kontrast.

Sonne und Mond müssen darüber stehen und den Zwiespalt einigen. Wenn die Weltanschauung des Menschen wieder vergeistigt wird, dann wird der Mars des Abel durch die ihn beherrschende Sonne geadelt werden. Dann haben wir feste, abgegrenzte Nationen und Führer von Gottes Gnaden, ein Bürgertum, Zucht, Schliff, Ordnung, Gesetz.

Der Saturn des Kain hingegen wird von der Milde des Mondes erweicht werden und wird den Menschen das Heimweh wiedergeben, und Heimatlieder werden zum Himmel, zu den Sternen aufsteigen. Die Völker werden neben Beibehaltung ihrer Eigenart sich offenhalten für Art und Interessen der Nachbarvölker und den Weltfrieden gewährleisten. In der Einzelseele wird der Weg zu dem Allgemein-Menschlichen offen bleiben.

Wenn wir nun einen Blick auf Deutschland werfen, und die ganze Welt blickt auf Deutschland, erwartet etwas von Deutschland, dem Land Goethes, so sehen wir, wie es sich jetzt aus einem kainischen Wirrwarr erhoben hat. Die linken Kräfte, die von Osten her die Welt in ein Chaos zu stürzen drehten, haben in Deutschland einen Gegenwall gefunden. Sie haben nicht vermocht, die Menschheitsverbrüderung zu schaffen, weil sie auf atheistischer Basis vorgegangen, nicht von Spiritualität getragen waren. Dem Kain setzt sich der wiederauferstehende Abel gegenüber. Die Arbeit am Menschheitswerk muss jetzt von den

Abelkräften in die Hand genommen werden. Familie, Heimat, Staat, Führer, Gott, Kultur der Persönlichkeit und zugleich Gemeinschaftssinn, Aufblick zu einem Höheren müssen betont werden. Der Deutsche muss aufblicken können zu einem Führer, der sich seinerseits einem höheren unsichtbaren Führer gegenüber verantwortlich fühlt.

Und jeder Einzelne muss sich an eine spirituelle Welt angliedern, in der die zukünftige Menschheitsuniversalfamilie schon vorbildlich vorhanden ist, und er muss von sich aus in seinem Seelenleben an ihrer Verwirklichung arbeiten. Deutschland kann für die ganze Menschheitsentwicklung von ausschlaggebender Wirkung sein, weil seine Erneuerung jetzt von einem Umschwung der Weltanschauung und Kulturauffassung begleitet ist; wir stehen in einer Reformation des Denkens und in einer Besinnung auf die hinter der Menschen- und Weltgeschichte stehenden Mächte. Alle Verträge und Verhandlungen mit dem Auslande haben auch nur dann einen Sinn, wenn neben dem nationalen Sinn in Deutschland eine spirituelle Welle von Deutschland in die Welt geht.*) Dann ist die Welt gerettet.

*) Nachwort des Herausgebers: Die spirituelle Welle wurde im „Dritten Reich" planmäßig vernichtet.

Verkettungen

(Ein Fall einer „Bezüglichkeit" zu einer historischen Persönlichkeit)

Von unseren Psychologen und Parapsychologen sind die Tatsachen der „auffallenden Zusammenhänge" hervorgehoben und bearbeitet worden. Dahin gehören vor allem die sogenannte Duplizität der Ereignisse, und allerlei „Zufälle", die keine sind, weil eine verdeckte Bezüglichkeit der Dinge, Gegenstände oder Personen untereinander bestehen kann (Personen haben mit einer gewissen Kategorie von Dingen Verwandtschaft, sie ziehen sich gegenseitig an). Man hat versucht, gelungene Fälle von Telepathie, Hellsehen und Prophetie (Auguren, Kartenleger) als Bezüglichkeit aufzulösen. In der Analyse des Schicksals ist man auch weitergeschritten, besonders von psychoanalytischer Seite her, indem man annimmt, der Mensch ziehe gewisse Dinge und Ereignisse als Symboläquivalente seines inneren Lebensrhythmus, seiner unterbewussten Seelendynamik in seinen Erlebnisbereich, so dass Dinge und Geschehnisse, die von außen zu kommen scheinen, in Wirklichkeit von ihm — allerdings unbewusst — gesucht und gefunden werden. Über diese Fragen habe ich in „Sternemächte und Mensch" Ausführlicheres beim Kapitel „Analyse des Zufalls" geschrieben und nahegelegt, dass viele solcher „Zufälle" keineswegs durch die Psyche des Menschen, durch sein unterbewusstes Handeln oder durch verständliche Gegebenheiten erklärt werden können. Der Versuch gewisser Analytiker, alles Okkulte seines übersinnlichen Gehaltes zu entkleiden, muss als zu weitgehend bezeichnet werden; es bleibt ein großer Rest von Tatsachen, die nur metapsychisch erklärt werden können. Und wenn man schließlich bei dem Ausdruck „Bezüglichkeit" bleiben will, dann muss man eben in diesen Fällen von „parapsychischer Bezüglichkeit" sprechen. Einen solchen Fall von „Beziehung", der ganz parapsychisch anmutet, möchte ich hier mitteilen.

Ein Freund Dr. F. erzählt mir folgende Geschichte:

Als Schuljungen durften wir, mein Bruder und ich, die Ferienzeit alljährlich bei einer Tante in einem kleinen württembergischen Städtchen verbringen. Es waren von anders her immer noch Vettern und Basen angekommen und gab es immer reichlich Umtrieb. Das Häuschen wurde von uns sozusagen auf den Kopf gestellt, und die arme Tante war herzlich froh, wenn alle wieder fortwaren. — Beim Druchstöbern alter Kisten und Körbe auf dem Dachboden fielen mir einmal — ich war damals 12 Jahre alt — zwei alte vergilbte Bücher in die Hand: Jung Stillings „Theorie einer Geisterkunde" und „Szenen aus dem Geisterreich". Von dieser Zeit an machte ich mich oft von den anderen frei und las Stilling. Auch durch andere Hände gingen die Bücher. Obwohl die Tante uns das Lesen verbot, immer wieder die Bücher wegnahm, ich fand doch wieder ihr Versteck.

Das war meine erste Bekanntschaft mit Stilling. — Obwohl ich nun Stilling nicht mehr suchte in meinem Leben, immer wieder wurde ich auf eine merkwürdige Art an ihn erinnert oder er an mich herangebracht, oder es passierten Dinge, die wie ein Parallelismus meines Schicksals mit Stillings, dieser längst verstorbenen Persönlichkeit, anmuteten. Heinrich Jung, genannt Stilling, weil er die Stillen, die Einkehr in ihr Inneres hielten (Pietistische Gemeinden) schätzte, lebte von 1740 — 1817, war Schulmeister, dann Schneider, dann Kaufmann. Schließlich studierte er Medizin in Straßburg, befreundete sich mit Goethe, erwarb einen großen Ruf als Arzt.

Er war mystisch-pietistisch eingestellt und kämpfte gegen die heraufdämmemde Aufklärung. Seine Schriften erfuhren eine große Verbreitung, sie durften in den zwanziger bis vierzigerjahren in keiner Hausbibliothek fehlen. Vor allen Dingen hielt er den Nachweis vom Fortleben nach dem Tod für erste Grundlage eines Glaubens; er berichtet in seinen Werken über eine Menge beglaubigter Fälle von Spuk, Hellsehen, Vorahnungen, Todesanmeldungen. Im Übrigen ist seine Literatur mystisch-religiös. Hervorragende Verbreitung fand sein Buch „Das Heimweh". Stillings zwei Bücher, die ich als junge las, waren dann wohl der Anlass meines vom 18. Jahr (1896) an betriebenen eifrigen Studiums der gesamten modernen okkulten Literatur.

Stillings Schriften selbst habe ich mich nicht mehr zugewendet, sie schienen mir zu langatmig und umschweifend, ich habe außer den beiden Büchern nichts mehr gelesen bis zum Jahr 1925, wo ich erstmalig die Biografie Stillings in die Hand geführt bekam.

Seit 1918 wohne ich in Berlin. Im Jahr 1919 studierte ein Berliner Bekannter von mir (jetzt Dr. F. K) ein Semester in Heidelberg. Als er wieder nach Berlin kam, brachte er mir ohne direkten Anlass einen alten Holzschnitt mit, den er in einem Heidelberger Antiquariat gekauft hatte. Das Bild stellte dar: Jung Stilling auf dem Totenbett. Vielleicht hatte Dr. K. mal in meinen Vorträgen gehört, dass ich Stilling erwähnte. Aber dies kann nur beiläufig gewesen sein, ich erwähnte eher andere Autoren.

Ich habe mich nun (Mai 1936) an Dr. K. gewandt mit der Bitte, mir über die Motive des damaligen Geschehens etwas Näheres mitzuteilen. Er schrieb (13.5.1936) zurück:

»... Ich selbst hatte mir jenes Bild aus folgendem Grunde gekauft: Vor meiner Geburt war meine Mutter von meinem Vater veranlasst worden, sich im Hinblick auf mein Kommen mit Stilling zu beschäftigen; ich betrachtete denn auch später den Mystiker Stilling als einen geistigen Paten meiner eigenen esoterischen Veranlagung. Als ich 1919 zuerst in Berlin in Beziehung zu Ihnen trat, erlebte ich wiederum in Ihnen eine erste geistige Patenschaft für meine inzwischen bewusst erwachten esoterischen Interessen. Das Stilling-Bild, das mich in seiner ruhevollen Schönheit tief ergriffen hatte, gab ich Ihnen, um Ihnen meinen Dank für die Begegnung mit Ihnen auszudrücken. Das Geschenk war für mich ein Symbol der Verbundenheit. Das Bild hatte ich 1919 in Heidelberg gekauft, aus persönlichem Interesse, ohne zu wissen, dass Sie selber in tieferer Beziehung mit Stilling verbunden sind. Noch jetzt muss ich sagen, dass das Bild in meiner Erinnerung so lebt, als wenn ich es gar nicht weggegeben hätte. Und sie selbst erscheinen mir in einer ständigen Nähe, die zu der äußeren räumlichen und zeitlichen Entfernung in keinem äußerlich erklärbaren Verhältnis steht.«

Soweit der Brief. Nun bin ich, Dr. F. selbst gar kein besonderer Stilling-Verehrer, es fällt mir schwer, seine Sachen zu lesen. Das Hauptwerk, „Das Heimweh", besitze ich wohl, aber ich muss zu meiner Schande gestehen, ich habe es noch nicht gelesen.

Nun starb im Jahre 1921 meine Tante in dem württembergischen Städtchen. Ich fuhr hin, um den Nachlass zu ordnen. Bei dieser Gelegenheit fand ich einen gut erhaltenen Originalbrief Jung Stillings, gerichtet an einen Freund, dem er in vertraulicher Weise etwas über sein inneres Leben erzählt. Wie dieser Brief in den Besitz meiner Vorfahren gekommen ist, ist nicht bekannt. Es ist möglich, dass der Empfänger selbst einer meiner Vorfahren irgendeiner Seitenlinie war. Die zahlreichen Bücher mystischen und pietistischen Inhaltes, die sich dann noch vorfanden, lassen darauf schließen, dass meine Vorfahren mütterlicherseits wohl zu dem Kreis der Stillingverehrer gehört haben. Ihre Einstellung zu solchen Dingen kann ich außerdem noch daraus ableiten, als sie Verwandte der Seherin von Prevorst waren.

Nun kam das Jahr 1925, wo mir eine Dame, Fräulein v. H., die Biografie Stillings (Reklameausgabe) dedizierte. Neugierig darüber, warum sie mir gerade dieses Buch schenkte, fand ich auf der ersten Seite von ihr geschrieben das Zitat von Morgenstern: „Man versteht den Menschen erst — sub specie reincarnationes". Auf Befragen nach ihren damaligen Motiven, mir dieses Buch zu schenken, teilte sie mir (22.5.36) mit, dass sie dieses Buch aus einem gewissen inneren Zwang für mich gekauft habe, ein anderes wäre überhaupt nicht in Frage gekommen. Stilling und ich seien seit damals immer in ihren Gedanken assoziiert.

Aber durch dieses Buch erfuhr ich nun zum ersten Male Näheres über Stilling, dabei auch dessen Verwandtschaft mit "Pfarrer Schwarz" in Heidelberg.

Als ich 15 Jahre alt war (1893) ersteigerte mein Vater, der in Heidelberg ein Geschäft hatte, ein altes Pfarrhaus, das wegen Neubaus frei wurde. Viele Jahre hatte darin mein Seelsorger Pfarrer Schwarz gewohnt, der, wie ich erst 1925 nach dem Lesen der Biografie Stillings erfuhr, der Ur-Enkel Jung Stillings direkter Abstammung war. Diesen Pfarrer Schwarz hatte ich als Religionslehrer in meiner Schulzeit außerordentlich respektiert (1885 – 92) und ihn fast wie einen Heiligen empfunden, ohne zu ahnen, dass Stillings Blut in ihm floss und dass er selbst ein großer Verehrer seines Vorfahren Stilling war. Dies habe ich erst nach 1925 durch Rücksprache mit der noch lebenden Witwe des Pfarrers Schwarz erfahren, die ich nach dem Studium der Stilling Biografie aufsuchte. Wir wohnten bis zum Jahr 1918 in diesem Haus, ohne etwas davon zu wissen.

In den Jahren 1926 – 30 fuhr ich mit meiner Familie öfter im Frühjahr nach Wiesbaden jedes Mal, als wir an Marburg vorüberkamen, dachten wir, diese malerische Stadt müsste man einmal ansehen, einen Zug wenigstens aussetzen. Als wir dann wirklich einmal ausstiegen, war unser Hauptaugenmerk auf Besichtigung der Burg, der Universität und der berühmten Elisabethkirche gerichtet. Aus einem gekauften Plan erfuhr ich, dass da auch ein Stillinghaus zu besichtigen war. Wir hatten etwas knappe Zeit, mit Burg und Universität waren wir fertig, es blieb vor Abgang des Zuges nur noch Zeit, die Kirche, die nahe dem Bahnhof steht, anzusehen. Diese war aber dann leider schon geschlossen. Wir liefen in der noch übrigen Zeit in der Stadt umher. Da fragte ich einen Herrn, ob man das Stillinghaus besichtigen könnte. Dieser deutete mit den Worten: »Da ist es ja« auf ein Haus, das gerade vor mir stand. Und ich las die Inschrift „Seelig sind, die das Heimweh haben, denn sie sollen nach Hause kommen!"

Isoliert betrachtet, ist natürlich diese Sache bedeutungslos, ich halte sie aber im Zusammenhang mit allem anderen für erwähnenswert.

Das plötzliche Auftauchen des Wahlspruches Stillings an diesem Haus hat mich damals sehr gerührt, weil ich selbst dieses Thema schon seit Jahren bearbeitete und auch heute noch mit einer Veröffentlichung eines „Heimweh“ beschäftigt bin. Mit diesem „Heimweh“ hat es eine eigentümliche Bewandtnis.

Als ich mit dem Sammeln dieser Aufzeichnungen begann (Dezember 1935), fiel mir ein kleiner Aufsatz von mir in die Hände, gedruckt im Jahr 1907 im Verlag R. Rohm in Lorch. Es ist eine meiner ersten Veröffentlichungen. Auf der Rückseite annonciert dieser Verlag „Das Heimweh“ von Stilling, das gerade damals bei ihm in einer Neuauflage erschien. Die dazu gesetzte Besprechung füllt die ganze Rückseite meines Büchleins aus. Auch so ein „Zufall“.

Im Jahr 1935 gab ich einer berühmten Somnambulen (Frau Ral…) den Stillingschen Originalbrief im Tieftrans in die Hand. Sie beschrieb Stilling als ehrwürdigen alten frommen geistreichen Mann, seinen Charakter und sein Äußeres. Auch schilderte sie trefflich das Milieu damaliger Zeit (Möbel, Häuser, Kutschen). Dann fragte sie plötzlich: »Er ist ja oft bei dir und interessiert sich für die literarische Arbeit, die auf deinem Schrank zu Hause liegt (auf meinem Schrank lag mein angefangenes Manuskript über „Das Heimweh“). Frau K... war niemals bei mir gewesen und wusste im Tagwachen nichts von einer Arbeit, kannte mich auch damals selbst noch nicht. Als ich hinkam, war der Trans schon eingetreten, und als ich wegging, war er noch nicht aufgehoben.

Etwa im Jahre 1924 hatte ich eine Plauderei mit einer Hellseherin (Frau Kar...). Sie sagte, sie sehe in meiner Umgebung die Gestalt eines ehrwürdigen Mannes, der früher in einer Stadt gelebt habe, die von Bergen umgeben sei, und an seinem Fensterbrett sehe sie eine große Anzahl Glasdeckel, so wie etwa Uhrengläser (es waren vielleicht die Brillengläser Stillings, der bekanntlich Augenarzt war).

Im Herbst 1935 besuchte ich Vorträge über Rosenkreuzertum und magische Philosophie des Herrn Dr. Birven. Nach einem dieser Vorträge bat eine mir fremde Dame, mir vorgestellt zu werden. Sie behauptete, hinter mir gesessen zu haben. Dabei hätte sie beim Blick an mir vorbei immer an Stilling denken müssen, von dem sie selbst kaum etwas gehört habe. Sie sagt auf meine Aufforderung hin über diese Begebenheit folgendes:

»Anfang Dezember 1935 besuchte ich auf Veranlassung einer mir befreundeten Ärztin, die auch während des Vortrages neben mir saß, einen Vortrag von Dr. Birven über Magiosophie. Zu Beginn des Vortrages erschien ein Herr, der in der Reihe vor mir Platz nahm, dessen Gesicht ich aber nur von der Seite — Kinn, Ohrenpartie, Hinterkopf — sah. Plötzlich, durch keinerlei äußere Ursache hervorgerufen, kam mir „Jung Stilling" in den Sinn, und zwar immer, wenn ich in dieser Richtung an dem vor mir sitzenden Herren vorbei sah. Ich fragte mich vergebens, was Jung Stilling, von dessen Existenz ich einmal vor Jahren durch ein Buch hörte, mit diesem Herrn und mit diesem Vortrag zu tun habe, denn der Vortrag stand auch in gar keinem Zusammenhange dazu. Aber der Gedanke kam immer wieder mit so großer Hartnäckigkeit, dass ich einen Zettel nahm, den Namen Stilling aufschrieb, um auf diese Weise den Gedanken loszuwerden und mich wieder auf den Vortrag zu konzentrieren, der in ganz anderer Richtung ging. Es nutzte aber nicht viel, und auf dem Heimwege sprach ich davon zu meiner Bekannten, die mich dann dahin aufklärte, dass der Betreffende Dr. F. sei, der wohl diese Gedanken in mir ausgelöst habe, der auch irgendwie mit Jung Stilling zusammenhänge. Wie — wusste sie nicht genau. Bei dem nächsten Vortrage wurde mir Herr Dr. F. vorgestellt und ich sprach mit ihm über den Vorgang, der mich immerhin stark irritiert hatte, und so erfuhr ich um die Zusammenhänge. Ich erkläre nochmals, dass ich von Jung Stilling nie ein Porträt gesehen habe, auch von seiner Biographie nichts wusste, dass mir auch Dr. P. bis dahin unbekannt gewesen ist und ich ihn an diesem fraglichen Abend zum ersten Mal, und zwar nur von hinten sah, ohne zu wissen, wer er ist.«

Seitdem hat sich nun nichts weiter ereignet.

Es sei im Anschluss über das bis jetzt von Herrn Dr. F. Mitgeteilte noch etwas über Charakter und Schicksalsbeziehung zwischen Stilling und F. gesagt.

So wenig Interesse F. auch für Stillings Arbeiten bekundet, so besteht doch eine gewisse Beziehung zu Schicksal und Strebensart Stillings selbst. Beide tragen seit Kindheit ein unstillbares Heimweh in sich nach einer fernen unbekannten besseren Welt. Beide hat dies zu einem stillen Suchen geführt, zuerst auf kirchlichem, dann auf okkult-wissenschaftlichem, zuletzt auf mystischem Wege. Beide hatten das innige Bestreben, Religion und Wissenschaft zu vereinigen, besonders strengten sie sich erheblich an, ein Fortleben nach dem Tod zu beweisen, was sie als Grundlage alles moralischen und religiösen Strebens betrachteten. Die Weichheit, Empfindlichkeit und Sensitivität Stillings in der Jugend kommt auch bei F. zum Vorschein. Beide wurden in der ersten Lebenszeit auch gequält von einer steten Angst vor der Zukunft, vor etwas Schlimmem, das passieren könnte, doch bestand jeweils wieder ein Vertrauen in eine weise Lenkung des Geschicks von oben, was wohl als Kompensation der stets herandrängenden Angst aufzufassen ist. Visionäre Anlagen, frühzeitige Neigung zur Zurückziehung von Gesellschaft, zu einsamen Spaziergängen im Wald oder auf Friedhöfen liegen beiderseits auffallend vor.

Im Lebensgang selbst ist ebenfalls ein Parallelismus zu erkennen. Stilling wurde mit 15 Jahren Lehrer (verschiedene Ahnen waren Lehrer), dann lernte er den Beruf des Vaters (Schneider), war abwechselnd wieder Lehrer, wurde noch Kaufmann, studierte aber mit 30 Jahren Medizin. F. ging mit 15 Jahren ins Lehrerseminar (verschiedene Ahnen waren Lehrer), trat dann dort aus und lernte den Beruf des Vaters (Tischler), studierte aber mit 32 Jahren Medizin. Beide haben nur durch einen Gönner die Gelder zum Medizinstudium aufbringen können. Beide haben sich mit Beginn des Studiums verlobt, als Student geheiratet und lebten in dieser Zeit in ärmlichen Verhältnissen. Stilling ist am 12.9. geboren, F. am 12.1., hat aber am 12.9. geheiratet. Stillings Neigung zur Forstwirtschaft ist bei F. als Interesse für Gartenbau wiederzufinden; er hatte in der Jugend den Wunsch, Gärtner zu werden.

Beide arbeiten in okkulten und mystischen Dingen, hatten auf diesem Gebiet einen Anhängerkeis, unterhielten darin eine ausgedehnte Korrespondenz, hielten Vorträge und schrieben Bücher. Im Mittelpunkt standen persönliche Belehrungen und Ratschläge. Bei Stilling war diese Epoche erst in der zweiten Hälfte des Lebens, bei F. fiel sie noch in die erste. Große Konflikte fanden bei Stilling in der Jugend statt. Mit dem Vater war er nicht sehr in Harmonie; die Wahl eines Berufes war unmöglich, er hatte in der ersten Hälfte seines Lebens nie zielbewusst einem solchen zugestrebt, hatte zwischen mehreren Berufen geschwankt, bis im 30. Jahre die Neigung zur Medizin durchbrach.

Bei F. bestand ebenfalls ein schwerer Konflikt mit dem Vater. Der Lehrerberuf wurde zwangsläufig gewählt. Da diese Wahl ein Versagen brachte, wurde zum Beruf des Vaters zurückgegriffen, bis dann später das ausgesprochene Interesse für die Medizin wach wurde.

Was den Vergleich der Körperkonstitution betrifft, so werden beide Persönlichkeiten als schmächtig beschrieben. Ähnlichkeit ist nach Aussagen verschiedener Beobachter vorhanden. Betreffs Krankheitsneigung kann vielleicht erwähnenswert sein, dass beide an Nierensteinen litten.

Der Vergleich der Horoskope wurde erst von Herrn Studienrat S. versucht. Er sagt am 26.12.1935: »Die Ähnlichkeit mit dem F'schen Horoskop liegt lediglich im Aufbau, besonders in der überragenden Bedeutung des Spannungsbeherrschers Uranus in der Höhe.«

Ich habe nun aus dieser Anregung heraus weiter geprüft und einen ganz eigentümlichen Parallelismus in den Konstellationen der Planeten gegenüber Uranus festgestellt. Wenn auch die Tierkreiszeichen ganz verschieden besetzt sind und auch die Aspekte andere sind, so ist doch beiden Horoskopen gemeinsam, dass alle Himmelskörperunterhalb des Horizontes stehen, mit Ausnahme des Uranus, der hoch oben unweit der Himmelsmitte platziert ist. Alle anderen Himmelskörper befinden sich ihm gegenüber und bilden sozusagen eine Gesamtopposition gegen ihn, sie stehen Visavis in einer bestimmten Streuung, die im Grund die Reihenfolge ☉ ♀ ♄ ♂ ☽ zeigt. Nur geht die Reihe bei Stilling von rechts nach links, bei F. von links nach rechts. Auch die Abstände der einzelnen Himmelskörper untereinander zeigen eine auffällige Entsprechung, so dass man sagen kann, die Konstellationen der beiden Horoskope verhalten sich wie Spiegelbilder:

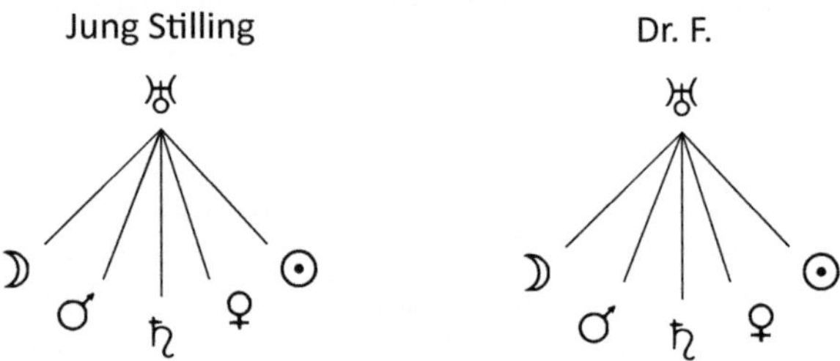

Die Abstände sind, in Graden ausgedrückt, von Sonne bis Mond folgende:

J. St.	☉	30	♀	16	♄	31	♂	17	☽
Dr. F.	☉	42	♀	12	♄	32	♂	9	☽

Also beide Horoskope haben:

Sonne bis Venus großer Abstand
Venus bis Saturn kleiner Abstand
Saturn bis Mars großer und gleicher Abstand
Mars bis Mond kleiner Abstand.

Weiterhin ist erwähnenswert, dass Neptun in beiden Horoskopen unweit des Mitternachtspunktes steht, und zwar bei Jung Stilling östlich, bei F. westlich von demselben.

Ein Laie wird mit diesen astrologischen Feststellungen nichts anzufangen wissen, aber der Fachmann in Astrologie und selbst der Astronom wird darin etwas ganz Ausfallendes finden, das er niemals dem Zufall zuschreiben wird. Er muss es in Zusammenhang bringen mit der ganzen hier vorgebrachten Tatsachenreiche.

Für astrologisch Orientierte mag noch erwähnenswert sein, dass Stilling das Trio ♂ ♆ ♃ nahe des 4. Hauses, F. das Trio ♂ ♆ ☽ an derselben Stelle hat. Stilling hat ♅ △ ☉, F. hingegen ♅ △ ☽. Die beiden Horoskope haben gegenseitig Sonne. Damit wollen wir den Bericht dieses Falles schließen.

Ein Versuch, die ganze Angelegenheit zu erklären, soll hier nicht unternommen werden. Aber es sei doch darauf hingewiesen, an welche Möglichkeiten Leser dieses Falles von Bezüglichkeit etwa zu denken hätten, zugleich sollen einige kritische Bemerkungen versucht werden.

Der Erklärung einer bloßen Bezüglichkeit im Sinne eingangs erwähnter unterbewusster Vorstellungen steht zunächst nichts im Weg, da F. mit 12 Jahren Stilling gelesen hat.

Er kann dadurch später Menschen, die sich für Stilling interessiert haben, auf sich gelenkt haben, ohne dass etwas mit diesen Menschen über Stilling besprochen wurde. Aber nicht zu dieser Theorie passt die Erbschaft eines Originalbriefes, denn dieser lag doch schon bereit, ferner die Aussage des Hellsehers, der Hauskauf seines Vaters, die Beziehung zu Pfarrer Schwarz, die vorher schon bestimmt war, dadurch, dass Schwarz Religionslehrer an der Schule war, die F. als Kind besuchte. Und das Horoskop hatte ja F. auch schon bei der Geburt.

Oder sind unsere Psychoanalytiker etwa geneigt zu glauben, die Horoskopähnlichkeit könne zu dem Lesen der Stillingbücher Anlass gegeben haben? Dann sind sie vollwertige Astrologen!

Die Astrologen ihrerseits könnten geneigt sein, die Erklärung aller Zusammenhänge für sich in Anspruch zu nehmen. Dem steht aber entgegen, dass Horoskope einander viel ähnlicher sein können (in einer Minute werden eine ganze Menge Menschen geboren, deren Horoskope nahezu identisch sind), und doch werden sie niemals sich kennenlernen oder in Beziehungen zueinander treten.

Man ist in diesem Fall zu der umgekehrten Frage berechtigt, nämlich ob die Horoskope Verwandtschaften zeigen, weil Beziehungen vorhanden sind — die Verwandtschaften prädestiniert sind? Woher kommt die Beziehung zu Stilling?

Telepathie und telepathische Beeinflussung aller Beteiligten ist als Erklärung sehr bequem, aber unzureichend, weil damit nicht die ganze Schicksalsähnlichkeit, die schon prädestiniert sein muss, berücksichtigt wird.

Die Spiritisten möchten, dass Jung Stillings Geist das alles veranlasst habe, was sich ja wohl mit vielem auch mit den Hellseherangaben decken würde. Wenn man diese Theorie schon annehmen wollte, dann muss aber noch anderes zur restlosen Erklärung herbeigezogen werden. Stillings Geist kann wohl veranlasst haben, dass F. mit 12 Jahren seine Bücher findet, aber der Brief, die Beziehung zu Schwarz? Dies war doch alles vorher schon gegeben, das wäre auch gekommen, wenn Stillings Geist nicht auf F. gewirkt hätte. Auch die Horoskopähnlichkeit kann bestehen ohne persönlichen Kontakt. Es handelt sich um Schicksalsverkettungen, die auch da wären, ohne dass ein Geist einwirkte.

Die Anhänger der Reinkarnation aber dürften Anhalte finden in der Widmung, die Fräulein K... in das Buch geschrieben hat und in dem Brief von Dr. K., in der Wiederkehr von Schicksalserlebnissen und Lebensepochen. Die Hellseher könnten sich ja getäuscht haben, indem sie ein imaginativ wahrgenommenes Erinnerungsbild Stillings für dessen Geist gehalten haben. Indessen wird die Zeitspanne zwischen zwei Inkarnationen viel länger als nur 61 Jahre angenommen. Außerdem wird behauptet, dass eine neue Inkarnation einer alten nicht ähnlich sei.

F. hat auch Stilling gegenüber kein Gefühl irgendwelcher Identität, er findet im Gegenteil Stilling „ganz anders". Aber dass er etwas Verwandtschaftliches empfindet, wie gegenüber einem Blutsverwandten, kann er nicht bestreiten.

Nachtrag: Aus Schwabs Briefen an Herbert Fritsche.

4.10.45 „Sie kennen die Stelle, wo es heißt, dass mein Vater das Pfarrhaus Kettengasse 23 im Jahr 1893 gekauft hat, in dem der Urenkel Stillings, Pfarrer Schwarz bis dahin gewohnt hat. Nun habe ich vor drei Tagen, also am 01.10.45 folgendes erhoben, was zwar keine Verkettung ist, aber doch einen seltsamen Zusammenhang andeutet: Ich selbst hatte einen Schulkameraden, in dessen Pension, später Geisbergstraße 31 wir seit 1920 bei unserem alljährlichen Reiseaufenthalt immer wohnen. (Und auch jetzt bereits drei Jahre.) In dem Anbau dieses Hauses Geisbergstr. 31A wohnt eine Ärztin, die mir über dieses Haus folgendes (vor 3 Tagen) berichtete: dieses Haus war früher ein evangelisches Pfarrhaus, mein Vater hat es von der Gemeinde vorjahrzehnten gekauft. Bis dahin hat Pfarrer Schwarz, der Urenkel Stillings hier gewohnt. Also eine auffallende Wiederholung, und von mir erst vor 3 Tagen entdeckt. Meine Stillingschen Sachen, Bücher, Toten-Holzschnitt, Originalbrief sind im Jahr 1943 alle verbrannt."

*

Erwähnenswert ist an dieser Stelle vielleicht noch die Theorie der Theosophen, wonach Teil-Inkarnationen stattfinden können. Die Monade senke nicht immer ihre ganze Wesenheit in einen irdischen Leib hinein, sondern sende manchmal nur einige, die Ganzheit nicht umfassende Kräftekomplexe zur zeitlichen Auswirkung, so dass es in solchem Falle nicht zulässig wäre, zu sagen: der So und So war früher mal Der und Der, weil da eben wirklich keine Identität der Persönlichkeit besteht. Es werden aber vielleicht verwandte Beziehungen zu merken sein.

Dann soll es noch außerdem vermöge einer gewissen Ökonomie in der Jenseitswelt möglich sein, dass Erstrebtes und schwer errungenes Geistesgut hochstehender Menschen automatisch nach deren Tod zurückfließt zur Welt des irdischen, und dort Menschen beeindruckt. Ein hochentwickelter astraler oder psychischer Organismus könne sich spiegeln und anderen zur Nutznießung dienen.

So wird behauptet, dass von hohen Welterlösern, die gelebt haben, Duplikate ihres Astrals vorhanden seien, wodurch es möglich wäre, dass Menschen, die in deren Sinne den Weg der Heiligung beschreiten, tatsächlich deren Leben mit seinen Ereignissen und Epochen annähernd kopieren. Sie werden mit deren ausgestrahlten Wesen, deren Idealbild imprägniert.

Die Nachfolge Christi wäre demnach kein leeres Wort. Man findet tatsächlich ein solches Nachleben von vorbildlich großen Menschheitsführern bei christlichen wie auch orientalischen Mystikern.

Demnach gäbe es die Möglichkeit einer direkten überphysischen Vererbung; sie hat ihre bestimmten Ahnen, verläuft unter bestimmten Gesetzen, die die generative Vererbung durch die Eltern durchkreuzen.

Paracelsus schon leitet das Leben nicht nur von der Vererbung durch die Eltern ab, sondern spricht auch von einer *Ens astrale* (Gestirne) und einer *Ens spirituale* (Geisteswelt).

Sobald wir einmal wissen, dass die Vererbung durch die Erbmasse (generative Zelle) selbst nicht rein physisch erklärbar ist, sondern die Annahme von ätherischen Formbildekräften erfordert (siehe auch *Drieschs* Entelechie), die die Rhythmen geben und Epochen im Leben bestimmen, dann kann es auch möglich sein, dass aus einer feinstofflichen Welt direkt Kräfte in Lebewesen einstrahlen, die den Rhythmus ihres Urhebers übertragen und im Dasein dann Schicksalsähnlichkeit, gewisse Lebensrhythmen und scheinbare Wiederholungen von Lebensdaten dieses Urhebers zeitigen.

Rätselhafte Menschen

Man kann mit Recht behaupten, je weiter ein Himmelskörper von der Erde entfernt ist, desto tiefere und feinere Kräfte spricht er im Menschen an. Vom Mond gingen wohl die primitivsten Wirkungen aus, er wirkt allgemein auf alles organische Leben im Wachstum ein. Er beherrscht die Anfänge des Lebens in den frühesten Zeiten und auch bei jedem Menschen in der ersten Kindheit. In den tierischen und menschlichen Organismen zeigt sich auch noch der Rest einer uralten Mondwirkung in seiner Beziehung zu dem vegetativen System. Venus, Merkur, Sonne hingegen haben Beziehung zu dem Sinnesartigen und Nervenartigen. Mars geht weiter und wirkt auf das Triebartige, schafft Bewegungsorgane und den Instinkt. Jupiter wirkt auf das Zweckmäßige und schafft Ordnung und damit im Menschen das Denken.

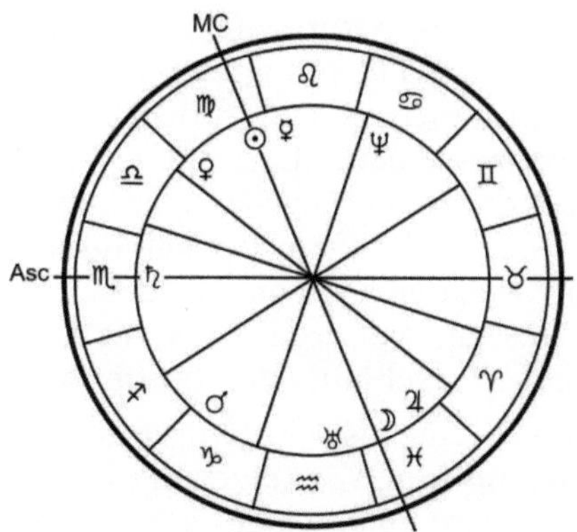

Saturn geht darüber hinaus oder drängt alles bisher Gewordene wieder etwas zurück, er bringt in den Dingen den Abbau, damit den Tod zustande, aber allmählich entstand durch Saturn im Menschen eine neue Geisteseigenschaft, das Denken über das Denken, die Kritik. Saturn schafft einen zweiten Menschen im Menschen.

Jupiter- und Saturnwirkung zeigt sich selbstredend in allen Wesen und in allen Menschen, aber nicht in allen Menschen kommt die höhere Strahlung des Geistigen zum Durchbruch.

Die Jupiter-Typen sind für uns noch gut verständlich, aber unter den Saturn-Typen gibt es mitunter ganz rätselhafte Persönlichkeiten.

Sie fühlen „zwei Seelen“ in ihrer Brust. Derjenige, der dies Wort geprägt hat:

> „Ach, zwei Seelen wohnen in meiner Brust
> Die eine will sich von der anderen trennen“

hat Saturn im aufgehenden Zeichen seines Horoskopes. Es ist Goethe.

Saturn schafft den Drang ins Geheimnisvolle zu schauen, den ja Goethe schon als Kind stark verspürte und in allen seinen Bestrebungen später zum Ausdruck gebracht hat.

Viele große Gelehrte und Genies haben den Saturn an erster und hervorragendster Stelle ihres Horoskopes. Saturnmenschen sind großartige Naturbeobachter und Menschenkenner, aber in ihnen selbst tobt sich ein Kampf aus zwischen Licht und Finsternis, zwischen dem Natürlichen und dem Abstrakten.

Im Altertum wurde dem Saturn schon das Attribut des Düsteren zugeschrieben, zugleich auch des Todes. Bei den Griechen ist er Chronos, der die anderen Götter samt ihrer Herrlichkeit verschlingt. Aber damit ist die Aufgabe des Saturn nichtvollständig beschrieben; er schafft gerade innerhalb des Düsteren auch eine Erhebung zu höheren Klarheiten und Erkenntnissen, er schafft durch Zwiespalte höhere Einheiten, durch Todesprozesse neues Leben. Die Titanen (Chronoskräfte) werden in der Mythologie ja auch wieder später in den Hintergrund gedrängt. Rhea, die Schwester des Chronos, gab dem Verschlinger an Stelle des zu opfernden Zeus, der noch ein Kind war, einen in Windeln gewickelten Stein zu fressen, wodurch Zeus am Leben blieb; er zwang später den Chronos, die verschlungenen Götter wiederzugegeben.

Das Symbol des Steines ist ein typisches Saturnsymbol. Der Saturn, welcher Verhärtung und Versteinerung bewirkt, wird durch sein eigenes Produkt (den Stein) auch wieder aus dem Werdeprozess, nachdem er ihm die nötige Stabilität gegeben hat, ausgeschaltet; oder in auf das psychische Gebiet übertragener Bedeutung: Die finsteren Mächte im Menschen, die den Zwiespalt hervorrufen und alles Lichte zu verschlingen drohen, werden durch sich selbst zu Fall gebracht, oder führen zu einer Abstraktion und das Licht strahlt hinterher umso leuchtender und reiner.

Saturn bewirkt, wie jeder andere Planet, Gutes oder auch Schlechtes. In üblicher Auswirkung bringt er die Lüge und die Hinterlist hervor, was seiner allgemeinen oben beschriebenen Grundeigenschaft des Zurückziehens und Reservierens nicht widerspricht. In einer gewissen Überschattung, die Saturn gibt, bleiben niedrig stehende Menschen stecken glauben durch eine Beschattung von Tatsachen (Lüge) im Leben vorwärts zu kommen, sie erleiden durch Saturn eine Verdüsterung des Gemüts und kämpfen sich nicht zu einer erlösenden Lebenspraxis durch. Statt der tiefgehenden Wissensschätze, die Saturn geben kann, begnügen sie sich mit List, Schlauheit; statt objektiver Kritik entwickelt sich Verurteilung, Hass, Neid.

Soeben bekomme ich von authentischer Quelle eine Verbrecherliste mit Geburtsdaten. Wir wollen gleich die darin angegebenen Diebe, Betrüger und Schleichhändler herausgreifen und sehen, wie der Saturn gestellt ist.

a) Diebe

M. G.	05.07.1900	♄ ☍ ☉
H. W.	26.08.1903	♄ □ ♂
E. F.	10.04.1877	♄ ☌ ☽
P. A.	01.03.1877	♄ ☌ ☉☊
W. A.	29.10.1879	♄ ☍ ☽
G. F.	01.01.1888	♄ ☌ ☽☊
R. F.	14.07.1896	♄ ☌ ♅ ⚻ ☽
F. Q.	11.12.1897	♄ ☌ ♅♂♀
R. V.	03.05.1884	♄ ☌ ☿
K. Sch.	26.04.1869	♄ ⚻ ☿♀

b) Betrüger

W. F.	11.04.1901	♄ ☌ ☽ ☌ ♃ f. ♑(♄ □ ♀☉)
L. H.	20.11.1894	♄ ☌ ♂ ☿ f. ♏(♄ ☿♅♀☉ f. ♏

c) Schleichhändler

G. A.	17.12.1885	♄ ☍ ☿ □ ♅♃
P. Sch.	05.01.1896	♄ ☌ ♅
K. Sch.	02.09.1870	♄ ☌ ☽ ☍ ♃
G. R.	22.12.1856	♄ ☍ ☿
H. W.	31.08.1882	♄ ☌ ♆☋

Wir sehen, wie auffallend der Saturn bei diesen zufällig zusammengestellten und nicht ausgesuchten Horoskopen in den Vordergrund tritt. Es treten hauptsächlich seine Aspekte mit Merkur und mit Mond hervor. Soweit der Saturn mit seinen bisweilen sehr rätselhaften, verschlungenen Charaktertypen.

Uranus nun geht über das Bisherige hinaus, er bringt in die Organismen so plötzliche und starke Einflüsse, dass alle Ordnung und aller Rhythmus durcheinandergeworfen wird, selbst die Macht des Saturn wird erschüttert. Wenn Saturn in einem bestimmten Rhythmus Leben und Tod regiert, so erschüttert Uranus diesen Rhythmus, ja er macht mitunter aus Totgeweihtem Lebendiges. Dies dank seiner Beziehungen zu geheimnisvollen Drüsenorganen, zu elektrischen Spannungen und zum sympatischen Nervensystem. Das geistige Äquivalent im Menschenhirn, das er entfaltet ist ein unmittelbares Wissen über die Dinge, wie es etwa auf dem Wege der Intuition erworben wird. Uranus scheint aber die Aufgabe zu haben, direkt Sinnesorgane für das bis jetzt noch Übersinnliche zu entwickeln. — Noch weiter ins Unbekannte, Entlegene geht die Neptunwirkung, wie wir nachher sehen werden.

Es gibt sehr wenige Menschen, die durch diese feine Strahlung des Uranus wirksam berührt werden. Meist erfahren alle, die den Uranus stark vertreten haben im Horoskop, nur dessen zerstückelnde Wirkung auf Geist, Seele oder Körper. Sie werden Verbrecher, oder sie haben neurotische Zustände, sind hysterisch, hören eingebildete Stimmen oder werden von Dämonen geplagt. Ab und zu entstehen jedoch durch diese Uranuswirkungen recht rätselhafte Menschen, sie sind Genies oder haben sichtliche über das gewöhnliche Verständnis hinausgehende, an das Übersinnliche grenzende Fähigkeiten (Eingebungen, starke imaginative Kraft).

Wir wollen uns einige Uranusbeeinflusste vor Augen führen.

Sämtliche schweren Verbrecher, die in der Sammlung von A. Leo (1001 H) sind, haben in ihren Horoskopen auffallende Uranusaspekte, vielfach Opposition des Uranus mit Merkur oder Mond.

Mörder	♅ □ ☽	79
Mörder	♅ ☍ ☽	80
Mörder	♅ ☌ ♄	189
Mörder	♅ ☍ ☿	341
Attentäter	♅ ☍ ☿	42
Verbrecher	♅ □ ♄☿	969
Mörder	♅ ☌ ♂	636
Verbrecher	♅ □ ☽	794
Schwindler	♅ □ ♄	391
Mörder	♅ ☌ ☉ ☍ ☽	626

Giftmörderin	♅ ☌ ☉ ☍ ☽	271
Verbrecher, 11 mal eingesperrt	♅ ☌ ☉☿♀	653
Politischer Mörder	♅ □ ☉☿	209
Mörder	♅ ☌ ☿	134
Mörder	♅ ☌ ♃ □ ♀♆	332

Diese Liste könnte man auch durch massenhafte Beispiele noch ergänzen. Die jugendlichen Mörder Sommer und K. Müller haben beide die Sonne mit Uranus-Konjunktion. Vor einigen Monaten berichtete die Zeitung von einem Raubmord in Sommerfeld, an dem Karl Sommer, geb. 1.1.1900, vorm. 1 Uhr, beteiligt war, dem zwei Menschenleben zum Opfer fielen. Das Horoskop zeigt die Sonne mit Uranus und Merkur im Steinbock, in Opposition gesetzt zu Neptun. Der Mars im 2. Haus, in Opposition zu Algol (ein berüchtigter Fixstern) kam am Tage der Tat gerade zur Konjunktion mit Algol.

Ob die Tat geschehen musste durch Sommer, ist eine astrologisch-pädagogische Frage, die nicht hierher gehört, die ich aber durchaus nicht nach fatalistischer Richtung hin beantworten würde.

Auch der Mordgenosse von Sommer, der Führsorgezögling F. Liebrenz hat ein durch Uranus stark beeinflusstes Horoskop; er hat die Doppelopposition:

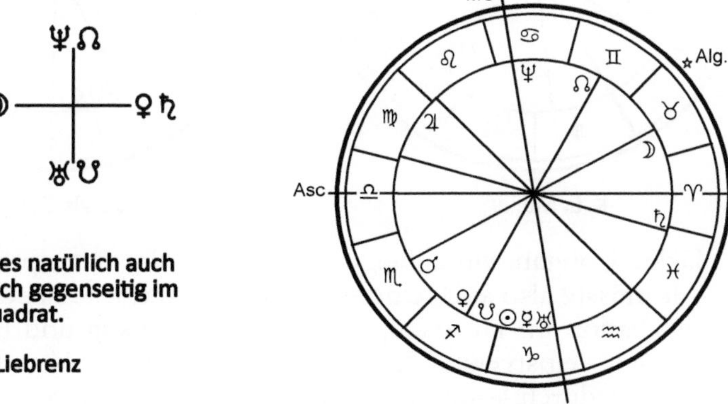

Alles natürlich auch noch gegenseitig im Quadrat.

F. Liebrenz

Sommer

Das zweite Horoskop ist dasjenige des K. E. Müller, der, fünfzehnjährig aus dem Erziehungshaus entsprungen, eine Familie von drei Köpfen ums Leben brachte, um sie ihrer Barschaft zu berauben. Wir haben ☉ ☌ ♅ □ ♄ die Sonne mit Uranus im 8. Haus, Mond, Venus, Mars in Quadrat und Halbquadrat gestellt, usw.

Wie sollen wir uns die Uranuswirkung hier erklären? In andern Fällen schafft er doch Gutes und Großes. — Uranus, der Rhythmusstörer, schafft gewissermaßen Lücken im Charaktergebilde, sodass (man stelle sich dasselbe vergleichsweise als Gemälde vor), Felder entstehen, die den Zusammenhang der einzelnen Teile stören oder unkenntlich machen. Dadurch kann ein Zerrbild des Seelenlebens zustandekommen und wir haben den Irrsinn. Oder es werden in diese Lücken falsche, dem Ganzen widersprechende Teile hineingebaut, dann haben wir den Verbrecher. Oder aber es bauen sich in diese Lücken Dinge ein, die unter sich, unabhängig von den übrigen Charakterteilen, ein zusammenhängendes Ganzes bilden, dann haben wir das Genie. Die neuen Teile beherrschen das Leben und Schaffen, während die anderen Charakterbildteile zu einem unwesentlichen Rest verblassen, das neben dem Leben hergeht.

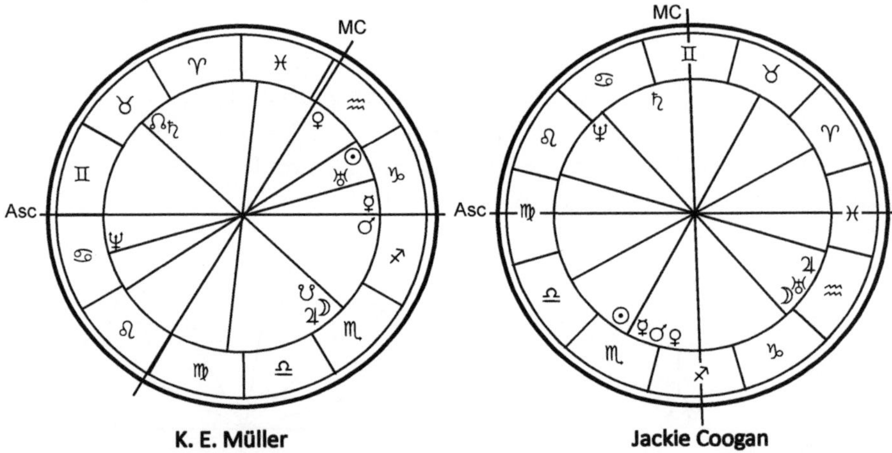

K. E. Müller **Jackie Coogan**

Jackie Coogan, ein äußerst talentierter Filmschauspieler, hat ♃ ♅ ☽ in ♒; er müsste also auch eine solche Charakterlücke haben. Die übrige Konstellation im Horoskop ist aber sehr günstig und harmonisch. Auch spielen selbstverständlich Erziehung, Milieu, Vererbung dabei eine Rolle. Dadurch konnten sich durch die Uranuslücken seiner Seele neue Kräfte äußeren, ohne dass diese Seele selbst krankhaft zerspalten wurde. Kräfte fanden hier eine Passage, die über das bloß Gelernte hinausgehen, sogenannte Talente.

Nehmen wir nun Horoskope von Menschen, die innere Stimmen hören oder von Dämonen verfolgt werden, so finden wir häufig, dass der Uranus den Mond angreift. Die Seherin von Prevorst hat ☽ ☍ ♅ und

☉ ☌ ♅, ja sogar ♂ und ☿ sind dem ☽ noch gegenübergestellt. Sie hörte Geister sprechen und kämpfte ihr Leben lang gegen Dämonen an. Allgemein galt sie als hysterisch. Man könnte ihren Zustand sich so plausibel machen, indem man denkt, dass durch ☽ ☍ ♅ ☉ bei ihr eine innere Kluft (Uranuslücke) entstand, um deren Besitz sich die Kräfte stritten. Im Laufe dieses Kampfes suchte sich eine höhere Einheit (Synthese oder Sublimation?) durchzuringen. — Dieselbe behielt auch die Oberhand unter Entfaltung rätselhafter, mystischer Fähigkeiten, aber leider ging dabei der Organismus zugrunde. — Die Seherin war sehr fromm und stand moralisch auf sehr hoher Stufe. Wäre sie in niedriger Umgebung aufgewachsen, oder sagen wir besser, wäre dies Horoskop dasjenige eines Menschen aus niedriger Umgebung mit schlechter Erziehung, schlechten Vererbungskräften, so wäre daraus ein Irrsinniger oder ein Verbrecher hervorgegangen.

Bei den Geistesgestörten, Kretins und Wasserköpfigen finden wir ganz auffallend viele Uranuseinflüsse. Die folgende Tabelle enthält Daten aus dem schon erwähnten Buch von A. Leo. Es ist ganz charakteristisch, wie hier der Uranus zu Tage tritt. Diese Liste könnte durch massenhaft weitere Beispiele vergrößert werden; es ist aber vielleicht überzeugender, wenn schon bekannte, nicht zu diesem Zweck veröffentlichte Horoskope hier angeführt werden.

Geistesschwach	♅ ☌ ☉	159
Geistesschwach	♅ ☍ ☽	673
Geistesschwach	♅ ☌ ♂ Asc.	145
Geistesschwach	♅ ☌ ☽	146
Idiot	♅ ☌ ☽	351
Mikrozephalus	♅ ☌ ♄	86
Idiot	♅ ☌ ☉☽	742
Epilepsie	♅ ☍ ☉	668
Zwerg	♅ ☌ ☉	64
Zwerg	♅ ☌ ☽	916
Zwerg	♅ ☌ ☽	622
Zwillinge verwachsen	♅ ☌ ☽	241
Gehirnerschütterung	♅ ☌ ☽	890
Wasserkopf	♅ ☍ ☉	669
Gelähmt, blind, taub	♅ ☌ ☽	843
Idiot, gelähmt	♅ ☌ ☽ ☍ ☿	351

Hier sind die Lücken, die Uranus schafft, nicht überbrückt worden. Und zwar wirkte der Einfluss schon sehr früh in der Kindheit auf die Ausbildung der Organe (Gehirn und Drüsen). Es entstand eine falsche Verbindung der im Gehirn platzierten Apparate, zum Teil auch durch Verkümmerung von Drüsen, so dass ein normales Seelenleben sich nicht offenbaren konnte. Und statt der „übernatürlichen" Kräfte und großen Talente äußern sich durch solche unglücklichen Menschen nur „unternatürliche" Funktionen und verworrene Triebe.

Betrachten wir nun diese genannten Uranusmenschen alle noch einmal zusammen, die Verbrecher, die Genies und Wunderkinder, die Hellseher und die Geisteskranken, so finden wir, dass sie alle etwas Gemeinsames haben, das ist das Abrupte ihrer Art, das Unberechenbare ihrer Taten, das Exzentrische ihres Geisteslebens, die Zwie-Natur ihrer Seele.

Sie alle haben es, deutlicher als die übrigen Menschen, mit einem Dämon zu tun; einmal ist es die Stimme, die zum Verbrechen aufreizt, oder es ist ein belehrender Geist, der beim schöpferischen Schaffen des Talentes zu dem Menschen spricht, oder es ist die Stimme der Weisheit, die Zukünftiges dem lauschenden Ohr des Weisen zuraunt und Welträtsel löst (Dämon des Sokrates), oder es ist der niedrige Dämon des Besessenen, dessen eigenes Wesen vollständig unterdrückt und krankhaft zerspalten ist.

Die Psychologie kennt gut den Zusammenhang dieser vier Menschengruppen, ebenso auch der Volksmund. Aber eine Erklärung gibt es bis jetzt wohl noch nicht.

Gehen wir nun zur Betrachtung des noch rätselhafteren Neptuns über:

Vom Neptun können wir erwarten, dass seine Wirkung noch einen Schritt weiter geht; sie reicht in der Tat, wo sie ausgesprochen ist, ins Fabelhafte. — Organisch scheint Neptun mit in die Organismen hineinkommenden Fremdstoffen und Giften (auch Bakterien) zu tun zu haben. Wo er auf die Psyche wirkt, scheint er diese mehr oder weniger ausschalten zu können, bringt scheintotähnliche Zustände, Trancezustände. Neptuneinfluss bringt das, was jenseits des physikalisch und physiologisch Begreiflichen liegt. Von ihm weht ein Hauch aus einer anderen, jenseitigen Welt.

Neptun ist in seiner biologischen Beziehung ungemein interessant, er liebt nicht die Zelle, die sich zum Zellenstaat und zu Organen aufbaut, hierin einklemmt und opfert, er begünstigt lieber *die* Zelle, die ihre Freiheit bewahrt hat, die ganz im Primitiven geblieben ist, die sich vorbehalten hat, nach jeder Richtung beliebig und fantastisch auszuwachsen, z. B. Algen, einzellige Wesen. (Es soll damit nicht gesagt sein, dass sein Einfluss sie auch einst erzeugt habe.) Dieses fantastisch sich auslebende Etwas, das in jedem Augenblick jede beliebige Form anzunehmen sucht (und es auch kann — Pseudopodien bei Einzellern, die aus ihrer homogenen Leibesmasse blitzartig Füße, Fangarme, und andere Organe formen), scheint auch jene Kraft zum Hintergrund zu haben, die bei Medien das Teleplasma erzeugt, jene Stoffmasse, die aus dem Körper des Mediums während einer Sitzung heraustritt, beliebige Formen bildet und sich wieder in Nichts auflöst. — Ja, Neptun ist der Planet der Medien, jener rätselhaften Menschen, durch die eine andere Kraft, als die wir kennen, wirkt. Er verwandelt vorübergehend die Psyche dieser Menschen ebenfalls, um in obigem Sinne zu sprechen, in eine homogene Masse, in einen Einzeller (sagen wir lieber Kein-Zeller), wodurch andere Kraftströme, die nicht dem Menschen angehören, durch ihn wirken. Es ist natürlich sehr verschieden, auf welcher Entwicklungsstufe eines Menschen dieser Vorgang, diese Ausschaltung, stattfindet.

Ich habe in meinem Buch „Sternenmächte und Mensch", die Neptun- und Uranusstellungen von 54 Medien, Sehern, Visionären und prophetisch Begabten zusammengestellt und zeigen können, dass in der Tat die Aspekte dieser Planeten mit ☉, ☿, ☽, ♀, ♂, ♃, bei diesen Menschen durchweg auftreten. Auf sehr niedriger Stufe entsteht dadurch Vampirismus, sowie die Besessenheit (in einer etwas anderen Forrn als beim Uranus-Einfluss).

Viele Medien sind besessen, ein Spielball von allerlei unkontrollierbaren Einflüssen. Man könnte mit psychoanalytischen Fachausdrücken diese Zustände sehr geistreich beschreiben, ich halte jedoch eine solche Beschreibung für unzureichend und irreführend. Sie gilt schließlich noch für Uranus-Beeinflusste. Bei genauer Kenntnis der vorliegenden Tatsachen des Neptun kommt man jedoch unbedingt zu der Überzeugung, dass hier Einflüsse wirken, die von einer transzendentalen Welt kommen.

(Siehe Tabelle auf Seite 86)

Der niedrig wirkende Einfluss von Neptun kann auch so sich äußeren, dass zwangsläufige Handlungen, ja Verbrechen ausgeübt werden und zur Geistesumnachtung führen. Das beiliegende Horoskop ist dasjenige eines Menschen, der lange in sich den Zwang verspürte, einen

Nr.	Name	Datum	Fähigkeit	Konstellation
1	F. M.	07.02.65 p.m. 11	Physikal. Med	♆♀
2	Ohlhauer	30.03.66 p.m. 1	Physikal. Med	♆♀☉.
3	Weinert	21.02.72 a.m. 2	Physikal. Med	♅☽, ♆□☽
4	Frau M. R.	06.06.64 a.m. 3	Physikal. Med	♆♀, ♅☉
5	E. F. Dietersheim	23.08.11 a.m. 11:30	Physikal. Med	♆//☽, ♅☍♆
6	L. K.	26.02.08 a.m. 6	Physikal. Med	♅ im Asc. ☍☽
7	Willi Sch.	15.05.03 a.m. 1-2	Physikal. Med	♆♀, ♅☽, ♆☍☽
8	Frl. J. S.	05.07.07 a.m. 12:30	Physikal. Med	♆☉, ☽ im Asc.
9	Cook	(Siehe Leo 841)	Physikal. Med	♆♃, ♅♀, ♆□☽
10	Herr K.	20.05.80 a.m. 1	Physikal. Med	♆♀☿
11	Herr f.	26.03.84	Physikal. Med	♆♀
12	Herr V. S.	14.04.92	Sensitiver Halluzinant	♆♀, ♅☽
13	Dr. O.	01.03.84 p.m. 4:45	Hellhören	♆☽ (15°)
14	Frau M.	05.05.81 a.m. 8:45	Psychometrie, Hellsehen	♆♀☉; im ♉:☉☿♀♃♄♆
15	Herr K.	07.07.62 p.m. 4	Exteriorisation Hellhören	♆♂☽ Asc.
16	Herr S.	12.01.78 a.m. 6	Hellsehen	♆☽♂
17	Frau M.	03.12.78 p.m. 1:30	Hellsehen	☽ im Asc. in ♓
18	Baronin B.	02.02.88 a.m. 2	Psychometrie, Hellsehen	♆☍ Asc.
19	Herr N.	08.05.80 p.m. 2	Hellsehen	♆☉☽♀, alle in ☽
20	Herr D.	18.03.80 p.m. 5:30	Trancereden	♆☿ im Asc.
21	Nostradamus	14.12.1503	Prophet. Hellsehen	♆☉☿
22	Leadbeater	(Siehe Leo 866)	Hellsehen	♆☉☿
23	Dr. Steiner	(Siehe Leo 753)	Hellsehen	♆☿ in ♓
24	A. J. Davis	11.08.26 p.m. 7	Hellsehen	♆♅ im Asc.
25	Swedenborg	(Siehe Leo 23)	Visionäres Sehen	♆☉ (17), ☽♅
26	A. Besant	(Siehe Leo 40)	Hellsehen	♅ im Asc. ☍☉☿♀
27	Frau S.	24.11.90 a.m. 6	Personifikation	♆☍☉☿
28	Somnam.	20.05.96 a.m. 7-8	Somnambules Hellsehen	♀☿
29	A. Fabr.	07.12.81 p.m. 6	Hellsehen	♆♃♄
30	Frau Jordan	01.04.63 a.m. 6:45	Trancehellsehen	♆☉
31	Frau Koch	13.05.73 a.m. 3	Trancehellsehen	♆☿ im Asc.
32	Stilling	12.09.1786	Visionär	♆♃♂
33	J. Kühl	31.10.08 p.m. 12:55	Psychometrie	☽☍♆, ☽♅ Asc.
34	M. Kr.	03.02.91 p.m. 7:30	Hellsehen	☽☍♆, ♆ in M.C.
35	Herr H.	16.11.77 p.m. 7	Hellsehen	

Nr.	Name	Datum	Fähigkeit	Konstellation
36	Kath. Emmerich	08.09.1774	Visionäres Hellsehen	♆☉
37	Seherin V. Prevorst	23.11.1801	Hellsehen	♅☉♂☿☍☽
38	Frau Krüger	10.12.71 p.m. 1:30	Psychometrie	♆ im Asc.
39	Home	20.03.33	Psysik. Medium	☉☽ in ♓
40	Elington	10.07.57	Physik. Medium	☉♄☿♂ in ♋
41	Frl. H.	23.03.93 p.m. 9:30	Psychometrie	♆☽, ♅ Asc.
42	Frau Frankel	16.09.89 a.m. 5-6	Psychometrie	♅ im Asc.
43	Frau Ablaß	26.05.88 p.m. 1:30	Hellsehen	♆♂☿
44	Charubel	Leo 195	Hellsehen	♆♀
45	Clairvoyante	Leo 322	Hellsehen	♆☽
46	Wahrträumer	Leo 312	Wahrträumer	♆☽
47	Medium	Leo 253	Wahrträumer	♅ im Asc.
48	Medium	Leo 966	Wahrträumer	♅ im Asc. ♆☍☉
49	Vorhersager	Leo 979	Wahrträumer	♅☽♃
50	A. Hildebrand	08.08.95 p.m. 1:30	Psychometrie	♅ im Asc.
51	B. Z.	21.06.88 a.m. 6	Psychometrie	☽☍♆
52	Frau Rudolf	03.10.76 p.m. 10	Fernsehen	☽♆, ♆☍☿
53	E. D.	26.02.78	Psychometrie	♆□☉
54	P. I.	14.07.78 früh 1	Psychometrie	♆△☽

anderen zu ermorden, ohne dass er wusste, warum und wie. Eines Tages führte er die Tat aus, indem er auf der Straße einen ihm unbekannten Menschen von hinten einschoss. Der Täter sitzt seitdem im Irrenhaus und ist geistig nahezu völlig umnachtet.

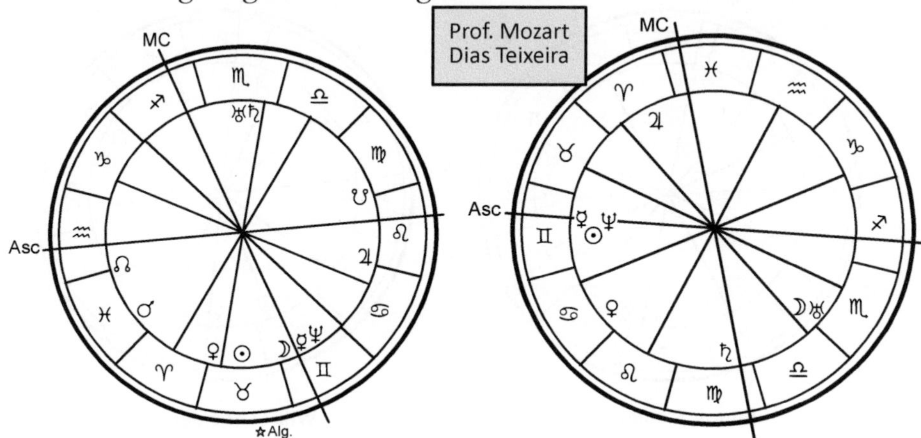

Ob man den Zustand **Dementia praecox** oder anders benennt, erklärt nichts in dieser Angelegenheit.

Das Horoskop zeigt ☿ ☌ ♆ in ♊, ferner ♅ ☌ ♄ im ♏ außerdem noch ♅ ☍ ☉. Dies sind Konstellationen, die den nötigen Spielraum zu der Art der Tat gegeben haben.

Nun das Horoskop eines Menschen, der diese Kraft des Neptun zum Heil seiner Mitmenschen verwendetc, ein in den letzten Jahren in Brasilien unter dem Namen Professor Mozart Dias Teixera aufgetretenes Heilmedium.

Das Horoskop zeigt die fabelhafte Stellung ☉ ♆ ☿ im Aszendenten, sowie ♅ ☌ ☽.

Durch diese Persönlichkeit scheinen Kräfte übernatürlicher Art zu strömen.

Zu Tausenden sind die Kranken zu ihm gepilgert, wie mir berichtet wird. Reisend von Stadt zu Stadt empfängt er sie in Schulen, Kirchen, kurz wo gerade Platz ist. Mit Krücken und in Fahrstühlen kommen sie an, er betet mit ihnen, berührt sie, und gebessert oder plötzlich geheilt treten sie wieder aus. Die meisten werden geheilt, einige bedürfen einer nochmaligen Behandlung, wenige ziehen wieder ungeheilt von dannen. Wie weit die Heilung auf Suggestion beruht, können wir allerdings, ohne die Kranken selbst zu kennen, nicht feststellen. Ich möchte aber darauf hinweisen, dass das Wort Suggestion gar nichts besagt nicht erklärt, warum gerade dieser Mann mit seiner Neptunstellung diese Kraft ausübt, und dass man gern damit Dinge abzutun versucht, von denen man nichts versteht.

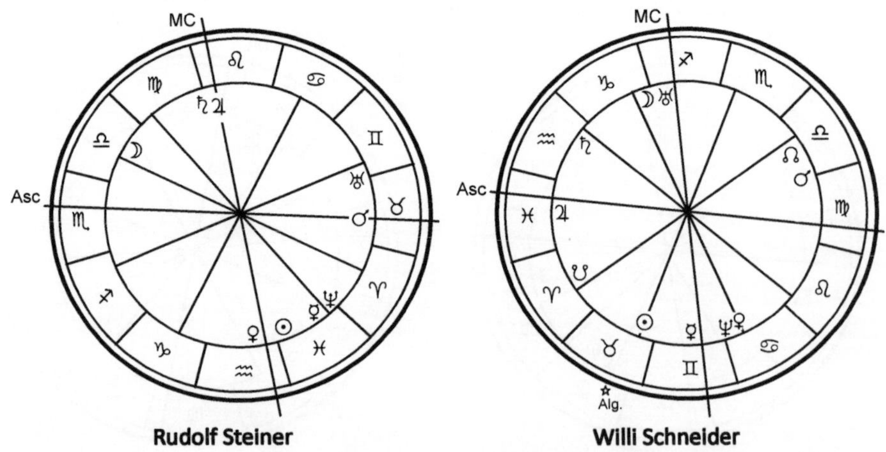

Rudolf Steiner **Willi Schneider**

Meist sehr deutlich ist die Neptunwirkung bei den physikalischen Medien zu sehen. Femme Masqúee, Frau Ohlhaver, Willi Schneider, Stanislawa P. haben ♆ ☌ ♀, Frau Vollhardt ♆ ☌ ♂.

Eine ganze Reihe psychometrischer Medien haben Neptun beim Monde.

Das Horoskop von Wlli Schneider, dem berühmten, durch v. Schrenck-Notzing bekannt gewordenen Medium, hat den Neptun bei der Venus, den Uranus beim Mond, und den Mond in Opposition zu Neptun.

Und wenn wir nun noch die Horoskope der großen klassischen Seher betrachten, die nicht dem Spiel der Kräfte sich planlos aussetzten, sondern deren Bewusstsein bei Erhaltung der Klarheit hinaufreicht bis in jene Sphären, in denen die Seherschaft ihre Wurzel hat, so finden wir auch bei ihnen den Neptuneinfluss. Nostradamus hat ♆ ☉ ☿, Swedenborg ♆ ☉, ☽ ♅, Jung Stilling ♆ ♃ ♂, Kath. Emmerich ♆ ☉, A. G. Davis ♆ ♅ Asz., Leadbeater ♆ ☉ ☿, Dr. Steiner ♆ ☿.

So haben wir nun die Neptuneinflüsse gezeichnet in ihrer Stufenleiter, von der Besessenheit bis zur Heiligkeit. Die beiden Gegensätze hier vereint, zeigen uns wieder die sehr zu beherzigende Tatsache, dass Planeten und Himmelskörper nie gut oder böse sind, sondern es kommt auf die Menschen an, wie sie sie auf sich wirken lassen, was sie aus den Einflüssen machen.

Diese Tatsache wird uns klar durch Betrachtung des Horoskopes von Dr. R. Steiner, das angefüllt ist mit Kontrasten und Gegensätzen. In dieser Persönlichkeit hat ein hoher Geist nach Ausdruck gerungen.

Ihr gelang es, die widrigen Kräfte in Schach zu halten, ja, durch die Schulung einer höheren Alchemie sich von ihnen emportragen zu lassen zu reingeistigen Bewusstseinsstufen, zu reingeistiger Tat.

Schlussbetrachtung

Die rätselhaften Menschen, durch Saturn, Uranus oder Neptun beeinflusst, sind Zeiterscheinungen.

Es ist wohl anzunehmen, dass die Einflüsse dieser Planeten im Laufe der großen Menschheitsevolution allgemeiner und geregelter werden dürften. Was heute als rätselhaft und selten gilt, wird es später nicht mehr sein.

Vom Saturn empfangen die meisten Kulturmenschen von heute schon die höheren Einflüsse. Uranuswirkung hingegen liegt noch in der

Zukunft. Die meisten Menschen werden von seinen Strahlen gar nicht erreicht, oder sie wirken bei ihnen störend.

Das Neptunzeitalter muss noch weiter in die Zukunft hinausgerückt werden. In den meisten Horoskopen von heute gilt der Neptun so viel wie gar nichts. Dies ist ein Glück, denn die Menschheit ist für seine Wirkung noch nicht reif. An exponierter Stelle im Horoskop tritt eine Wirkung auf; aber unter Millionen von Menschen ist vielleicht einer, der davon etwas profitiert, die höheren geistigen Qualitäten von ihm absorbiert und normal verarbeitet. Wenn ein Zeitalter kommt, wo die Menschen nicht mehr so stark im Materiellen verstrickt sind, die Sinneswahrnehmungen nicht als Erkenntnisquelle allein maßgebend geschätzt wird, dann kann Neptun eine allgemeine Wirkung voller und harmonischer äußern und die Menschheit beglücken, ja, sie zu den höchsten Stufen des magisch-geistigen, selbstbewussten und selbstbeherrschten Daseins führen.

Die drei Ursachen des Schicksals

Von Gottfried Buchner

Auf dreierlei Ursachen wird das Schicksal des einzelnen Menschen zurückgeführt. Jede dieser drei Ursachen ist so grundverschieden von den andern, dass es scheint, dass jede Theorie die andern zwei aufhebt. Und doch ist es so, dass für jede Theorie der Schicksalskausalität eine solche Fülle von Wahrscheinlichkeitsmerkmalen vorhanden ist, dass jede für sich als zurecht bestehend angesprochen werden kann. Es handelt sich also darum, entweder eine der drei Theorien festzuhalten und die beiden andern fallen zu lassen, oder aber zu versuchen, herauszufinden, welche Zusammenhänge zwischen den einzelnen Theorien bestehen.

Die erste Theorie über die Schicksalskausalität ist die der körperlichen Abstammung. Das Kind ist nach Geist, Seele und Leib ein Produkt, ein Aspekt der Eltern, wobei es zunächst nebensächlich ist, ob von väterlicher oder mütterlicher Seite die stärkeren Merkmale der Abstammung herrühren. Für jeden aufmerksamen Beobachter ist es eine erwiesene Tatsache, dass die Kinder zu einem hohen Prozentsatz die deutlichen Abstammungsmerkmale von Eltern, Großeltern oder Urgroßeltern tragen. Je mehr man in einer Geschlechterreihe von bewusster Auslese und Rassenzüchtung sprechen kann, desto präziser werden sich die Abstammungsmerkmale in den Nachkommen zeigen. Ausnahmen bestätigen nur die Regel. Aber auch für die Ausnahmen lassen sich im Sinne der folgenden Ausführungen einleuchtende Erklärungen finden.

Die zweite Theorie über die Schicksalskausalität ist die buddhistische der Reinkarnation (Wiederverkörperung) fälschlicherweise Seelenwanderung genannt. Nach dieser Lehre ist die geistige Wesenheit des Menschen von dauerndem Bestand, und ein Erdenleben ist für sie nur eine Episode ihres Gesamtdaseins. Sie tritt durch die Geburt in die Erscheinlichkeit der Welt und scheidet mit dem Tod wieder aus, einem Meteore vergleichbar, das, wenn es die Erdatmosphäreschneidet, für das menschliche Auge sichtbar aufleuchtet, um zu verschwinden, wenn es die Erdatmosphäre wieder verlässt. Nach der Reinkarnationslehre hat das menschliche, auf der Erde verkörperte Ich sein Schicksal vorherbestimmt durch seine Entwicklung und durch seine Taten in einem früheren Erdenleben, während sein jetziges Erdenleben bestimmend ist für sein Schicksal beim nächsten Leben. Nach der Reinkarnationstheorie ist also die Präexistenz die Kausalität des Schicksals.

Die dritte Theorie über die Schicksalskausalität ist die planetarische Gestirnkonstellation. Das erfahrungsmäßige Wissen hierüber mit dem Kunstwort „Astrologie" bezeichnet, ist uralt. Nach dieser Lehre ist für das Schicksal des Menschen nicht Abstammung von den Eltern und nicht Präexistenz des Ich maßgebend, sondern der Einfluss, welchen gewisse Sterne, je nach ihrem Stand im Tierkreis auf den einzelnen Menschen ausüben, wobei der Gestirnstand im Geburtsaugenblick von entscheidender Bedeutung ist.

Wer sich nun die Frage stellt: welche von diesen drei Theorien ist die richtige, und welche ist falsch? wird zu keinem befriedigenden Ergebnis kommen, wenn er sich nicht entschließen kann, alle drei Theorien als gleichwertig anzuerkennen, und die Verbindungslinien zwischen diesen drei Lehren zu suchen. Eine befriedigende Lösung des großen Rätsels, das über dem menschlichen Schicksal liegt, ist, wie wir im Folgenden zeigen werden, möglich, wenn man nachforscht, ob diese drei verschiedenen Lehren nicht ineinander greifen, wie das Räderwerk einer Uhr, das ebenfalls aus verschiedenen Einzelursachen besteht, um dennoch ein einheitliches Ganzes zu bilden.

Über die körperliche Abstammung an sich ist nichtviel zu sagen. Ihre Richtigkeit liegt so klar zu Tage, dass man sie nicht erst zu beweisen braucht. Das Interessanteste hieran sind die Ausnahmen, die den nachdenkenden Menschen zwingen, außer dem Naturgesetze der körperlichen Abstammung noch andere verborgene Gesetze anzunehmen. Denn wäre das Abstammungsgesetz ein absolutes und ausschließliches, so wäre es nicht möglich, dass manche Kindervollständig aus der Art schlagen, und dass in ganz guten Familien Taugenichtse auftreten, deren eigenartige Existenz im Charakter der Voreltern nicht begründet ist.

Wenden wir uns nun der Reinkarnationslehre zu. Hier hilft uns eine neutestamentliche Wundererzählung zum einleuchtenden Verstehen. Wir setzen voraus, dass die Geschichte vom *Kranken am Teiche* Bethesda (Joh. 5, 2 – 4) allgemein bekannt ist. Betrachten wir diese Erzählung esoterisch, dann ist „der Teich Bethesda" der *Mutterleib*. „Der Teich hat 5 Hallen", das ist der Hinweis auf die 5 Sinne des Menschen, mit denen dieser sich in der Erscheinungswelt zurechtfindet. „In den Hallen des Teiches liegen viele Kranke", bedeutet, dass *viele Seelen eine mütterliche Frau umlagern*, um durch ihre Vermittlung wieder ins Erdenleben eintreten zu können. „Von Zeit zu Zeit fährt ein Engel herab in den Teich und bewegt das Wasser“, bedeutet, dass von Zeit zu Zeit der Augenblick eintritt, wo *eine Empfängnis stattfindet.* „Welcher nun der Erste, nachdem das Wasser bewegt war, hineinstieg, der war gesund“ bedeutet, dass *ein Wettbewerb unter den wartenden Seelen* stattfindet, um als erster in das lebendige Wasser (Leben!) hineinzusteigen. Denn nur „Einer“, nur „der Erste“, der hineinstieg, wurde gesund, d. h. er wurde dem vollen Leben wieder gegeben. Die anderen hatten (in der Regel — Zwillingsgeburten ausgenommen —) keinen Raum, keine Existenzmöglichkeit mehr, neben dem „Ersten“. Diese Auffassung bestätigt der weitere Verlauf der Erzählung. „Daselbst war ein Mensch, 38 Jahre lang krank gelegen, der konnte nicht gesund werden, weil, wie er sagte, wenn das Wasser sich bewegte, immer ein Schnellfüßiger vor ihm hineinstieg“; das heißt: *jahrelang* können geistige Wesenheiten, Iche, die wartend sind wieder in die Erscheinungswelt einzutreten, *eine Mutter umlagern*, und in ihren Hallenwohnen, ohne dass es ihnen gelingt, zum Ziel, d. h. *zur Einzeugung zu kommen.* Was bedeutet nun der Satz, dass „zu seiner Zeit ein Engel herabfährt, und das Wasser bewegt?“ Nicht zu jeder Zeit ist das Wasser lebendig, bzw. der Mutterleib fruchtbar, nicht zu jeder Zeit findet eine Empfängnis statt.

Da ist nun vor kurzem eine kleine Schrift erschienen „Der Schlüssel der Empfängnis“ von Erich Wesel. Wenn die in diesem Buch mitgeteilte Entdeckung eines Naturgesetzes der Nachprüfungstand hält, dann stehen wir vor einer bisher unbekannten wunderbaren kosmischen Gesetzmäßigkeit, die ungeahnte Perspektiven eröffnet. Erich Wesel sucht in seinem Buch den Nachweis zu erbringen, dass die Empfängnisfähigkeit jeder Frau, auch der gesündesten, nicht eine dauernde, sondern nur eine an bestimmten Tagen gegebene ist, nämlich nur in den 5 Tagen vor dem Übergang des laufenden Mondes über dem Aszendenten oder nur in den 5 Tagen vor dem Übergang des Mondes über dem Deszendenten im Horoskop der betreffenden Frau. In jedem Intervall von einer Menses zur andern wäre also nur ein Zeitraum von zweimal 5 Tagen gegeben, an welchem eine Konzeption möglich ist. Der Verfasser geht sogar noch weiter in seiner Theorie; er behauptet, dass im ersteren Fall (Übergang des Mondes über dem Aszendenten) ein *Knabe* und beim Mondübergang über dem Deszendenten ein *Mädchen* späterhin geboren werde.

Wir hatten also hier nicht nur die Ursache für die Tatsache, dass und warum nicht jede Vereinigung eine Empfängnis zur Folge hat, sondern auch für die weitere Tatsache, dass für die Empfängnis selbst kosmische Einflüsse maßgebend sind. Das wäre also die Zeit, wo im oben angeführten Bericht „ein Engel niedersteigt, und das Wasser des Teiches Bethesda bewegt, dass es lebendig wird." Lassen wir weiter die theosophische Erklärung gelten, dass nach dem Gesetze „Gleiches zieht gleiches an und gesellt sich mit ihm zusammen" geistverwandte harrende Seelen von mütterlichen Menschen angezogen werden, so haben wir hier einen absolut harmonischen Zusammenhang gefunden zwischen der Abstammungs- und der Wiederverkörperungslehre. Sie schließen sich nicht mehr gegenseitig aus, sondern sie ergänzen einander.

Es bleibt uns noch übrig, den Faden zu suchen, der auch die dritte Theorie, die *astrologische*, mit den beiden ersten verknüpft. Das ist uns im Zeitalter der Radiowellen und Empfangsapparate leicht gemacht. Sind die Voraussetzungen zur ersten und zweiten Theorie gegeben, so würde analog der Wisel'schen Theorie über die Empfängnis-kritischen und Empfängnis-freien Tage jede Gestirnkonstellation, gleichnisweise gesprochen, bestimmte Wellenlängen, ins All aussenden, Wellenlängen, die nur von gleichgestimmten Apparaten (Mutterleibern) aufgefangen und aufgenommen würden und nur bei solchen Ichen *aktiv* würden, die der Wellenlänge bzw. dem bestimmten Einfluss *seelisch* und *charaktermäßig entsprechen.*

Beispielsweise würde das auf eine Inkarnation wartende Ich eines Genies erst in dem Augenblick in den Strudel eines neuen Erdenlebens hineingerissen werden, wann die kongruenten Einflüsse der Planeten und ihrer Konstellationen *es erfassen*, und die harrende Psyche wird eben *nur dann* erfasst, wenn die Ströme und Einflüsse *ihrem Wesen entsprechen.* In gleicher Weise ist dann auch der Geburtsmoment *nicht* eine willkürlich körperliche Lebensäußerung und zeitliche Aktion, sondern ein mit dem Empfängnismoment ursächlich zusammenhängendes Intervall, das sein Ende in dem Augenblick findet, wo die Weltalls-Schwingung den zeitgemäßen Einfall taktiert. Bekanntlich ist zwischen Empfängnis und Geburt eine Spanne Zeit von 7 bis 10 Monaten. Und wenn auch mit einer gewissen Regelmäßigkeit hier eine bestimmte Tageszahl festgestellt ist, so beweist doch auch hier die sehr häufige *Ausnahme* von der Regel, dass Gesetzmäßigkeiten vorhanden sind, die auf einem *anderen* Gebiete als dem rein physischen liegen. Die Charaktermerkmale des Menschen und sein Schicksal sind also *nicht* abhängig von der Zufälligkeit der Gestirnkonstellation im Geburtsaugenblick, sondern umgekehrt, die Charaktermerkmale und das Schicksal des werdenden Menschen ist bereits festgelegt auf Grund seiner karmischen Vergangenheit bzw. Vorexistenz. Im Unterbewusstsein und triebmäßig lauernd liegt das werdende Kind im Mutterleib und wenn es die seiner seelischen Eigenart entsprechenden kosmischen *astralen Ströme verspürt, dann* drängt es zur Geburt. *Die besonderen Einflüsse* der Gestirnkonstellationen im *Geburtsaugenblick* sind also *nicht* bestimmend für das Schicksal des Menschen, und befreien ihn deshalb von einer unmotivierten blinden Willkür, sie sind vielmehr zu werten als kosmische Gradmesser und Zeugnisableger von der Beschaffenheit eines Ichs, das deshalb unter ihrer Herrschaft in die Erscheinungswelt eintrat, *weil es* dem *Geiste dieser Herrschaft wahlverwandt* ist.

Wenn wir in diesem Sinne die drei Einzelfäden der verschiedenen Schicksalsursachen zu einem Garn zusammenspinnen, so ist das Rätsel des Menschenlebens zu einem großen Teil gelöst. Drei ganz verschiedene Ursachen treffen zusammen, um ein Menschenleben zu bilden, und sein Schicksal, mehr oder weniger deutlich ablesbar, schon mit seiner Geburt ihm in die Wege zu legen: *Die Abstammung* von den Eltern, die *Gestirnkonstellation**) bei seiner Geburt, und die Präexistenz seines unsterblichen Ichs.

*) Frage des Herausgebers:
Vorauf bezieht sich die Gestirnkonstellation?
Auf den Augenblick der Zeugung
Auf den Augenblick der Befruchtung
Bei der Geburt auf den ersten Atemzug
Nach der Geburt auf den Augenblick der Abnabelung.

Frage: Welches ist der wichtigste Augenblick oder bewirken sie alle einen Einfluss und in welchem prozentualen Verhältnis?

Dieser Vortrag von Gottfried Buchner wurde vom Herausgeber eingefügt um das Verständnis für das astrologische Gesamtbild abzurunden.

Horoskope des Erfolges

Was die meisten Menschen zur Astrologie zieht, sind die allernächstliegenden Lebensfragen: wie wird sich meine Zukunft gestalten? Werde ich vorwärts oder rückwärts kommen? Werde ich arm oder reich werden? Erreiche ich ein hohes Alter? Werde ich berühmt, werde ich populär werden? Als Horoskope des Erfolges müssen solche bezeichnet werden, die Fragen solcher Art in günstigem Sinne beantworten lassen.

Fasst man das Wort „Erfolg" relativ auf, so könnte allerdings fast jedes Horoskop als Erfolgshoroskop bezeichnet werden, denn es kommt ja darauf an, was der Horoskopeigner vom Leben erwartet, was für ihn speziell Erfolg heißt. Für einen Mönch liegt der Erfolg auf rein geistigem Gebiet, im inneren Erleben. Für einen Naturforscher liegt der Erfolg zunächst im glücklichen Experiment, nicht notwendigerweise in der Richtung des Gewinnes oder des Ansehens. — Bleibt man bei dem allgemeinen landläufigen Begriff Erfolg, den der Durchschnittsmensch anstrebt, so ist darunter das sich Emporarbeiten zu Geld, Besitz, Ansehen, Autorität zu verstehen.

Wir wollen zunächst nach dieser Richtung hin unser Thema bearbeiten. Die Überlieferung verlangt von einem solchen Erfolgshoroskop ganz bestimmte Konstellationen. Ruf und Ansehen soll z. B. in der Beschaffenheit des 10. Hauses erkennbar sein, es soll durch führende Zeichen besetzt sein; auch dem ersten Haus wird ein starker Einfluss zugeschrieben.

Hinweise auf Geld und Besitz wurden in das zweite und vierte Haus verlegt. Gute Planeten in diesen Häusern sollen ausschlaggebend dafür sein. Von den Gestirnen müssen besonders Sonne, Mond und Jupiter an prominenter Stelle stehen und gut aspektiert sein. Wir wollen untersuchen, inwieweit die Angaben sich bewahrheiten.

Der Begriff Erfolg ist nicht nur nach einer Richtung relativ, wie dies oben schon angedeutet wurde, sondern noch nach einer anderen, was nie gründlich genug beachtet werden kann, nämlich im Zusammenhang mit der Geburt selbst. Eine hohe Geburt ist an sich noch kein Erfolg. Kaiser und Könige können ganz schlechte Horoskope haben. Ob jemand als Führer eines Volkes geboren ist oder aus bürgerlicher Abstammung sich zu einer solchen Stellung heraufarbeitet, ist ein gewaltiger Unterschied. Dieser Unterschied ist im Horoskop zu sehen. Der geborene Fürst braucht im Horoskop keine Anzeichen für seine Stellung zu haben, der gewordene Führer wird sie jedoch stets haben. (Geburt und Abstammung selbst sind im Horoskop nicht niedergelegt; es sind nur ganz verschwommene Hinweise auf Eltern und Geschwister darin zu finden.) Wir wissen, dass zu der Minute, in der ein König geboren wird, auch ein gewöhnlicher Mensch geboren werden kann und oft auch wird, vielleicht gar ein Bettler. Die Geschicke der zu gleicher Zeit Geborenen mögen vermöge der gleichen Horoskope parallel gehen, sie sind aber nicht identisch, weil Geburt, Abstammung und Milieu trotz gleicher Horoskope verschieden gewesen sind.

Als illustrierendes Beispiel ist an die bekannte Geschichte von einem König von England zu erinnern, in dessen Geburtsstunde zugleich ein einfaches Bürgerkind geboren wurde. Der Bürger wurde nie König, aber er verlobte sich zur gleichen Zeit wie der König, und als der König gekrönt wurde, fing der Bürger ein Geschäft an.

Das wahre Erfolgshoroskop können wir kennen lernen, wenn wir das Horoskop eines Kaisers von Geburt mit dem eines zu gleich hoher Würde aus untersten Stufen emporgestiegenen Menschen vergleichen. Wir wählen dasjenige Wilhelms II. und dasjenige Eberts. Diese beiden Horoskope sind bereits in meinem Buche „Sternenmächte und

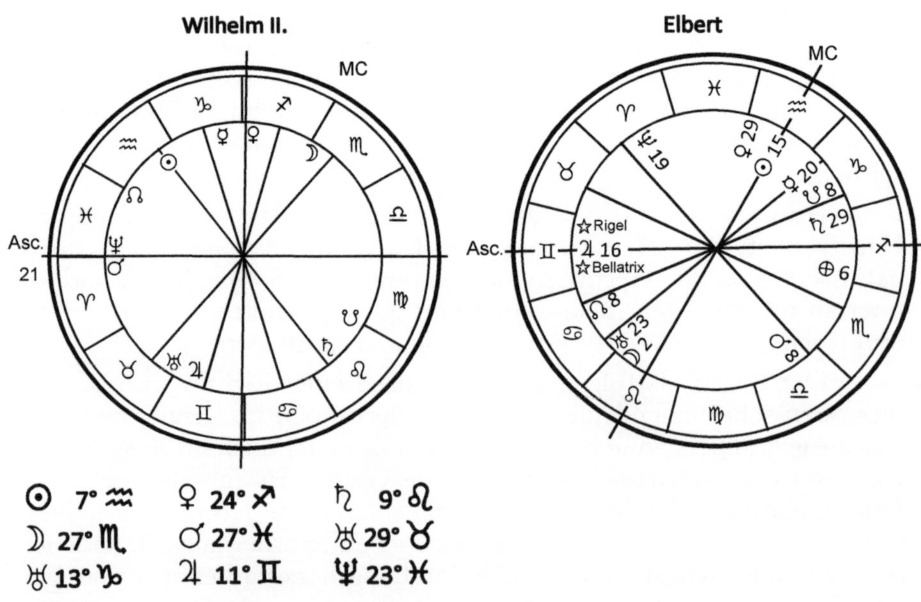

Mensch“ (Verlag Heliakon), miteinander verglichen. Bei Wilhelm II. ist die übliche Geburtsstunde von nachmittags 3 Uhr nach privater Mitteilung von Augenzeugen auf vormittags 9½ zu verlegen. Das Horoskop zeigt Wilhelm II. als Widdertyp.

Die Sonne steht im Wassermann am östlichen Himmel, dort viele Unternehmungen andeutend. Jedoch fällt sie auf die Spitze des XII. Hauses, steht in Opposition zu Saturn, was Sturz, übles Ende der Dinge und Exil bedeutet. Desgleichen steht der Mond im VIII. Haus im Skorpion in Opposition zu Uranus, dort ebenfalls einen Zusammenbruch der Hauptinteressen andeutend.

Nach jedem astrologischen Lehrbuch symbolisieren diese beiden Konstellationen gewaltige Erschütterungen und Verluste. Nahe dem I. Haus steht Mars, der Genius Wilhelms, der ihm den Krieg brachte. Mit Mars zusammen steht der Neptun in den Fischen, der den Mars nach der ungünstigen Seite hin modifiziert und verstimmt. Dass dieser Krieg verloren gehen musste, kann nicht nur aus den Gesamtkonstellationen geschlossen werden, sondern noch daraus, dass Mars-Neptun mit Venus (nahe dem Meridian) ein Quadrat bilden.

Die schlechte Qualität der ganzen Himmelsfiguren würde nicht gebessert werden, wenn wir auch die andere bekanntgegebene Geburtsstunde von 3 Uhr nachmittags oder jene noch genannte von 11 Uhr vormittags annehmen würden.

Dies Horoskop bestätigt in jeder Hinsicht das Schicksal Wilhelms II.: Trotz hoher Geburt zeigt es Sturz, Katastrophen, Missgeschick.

Ganz anders sieht das Horoskop Eberts aus. Es ist direkt ein Gegenstück zu dem vorigen, wie auch das Schicksal Eberts ein Gegenstück zu dem Wilhelms II. genannt werden kann.

Als Sattlergehilfe hat er sein Leben begonnen und es bis zum Reichspräsidenten gebracht. — Wir haben in diesem Horoskop ganz glänzende Konstellationen für Aufstieg, Erfolg, Ruhm, Ehre. Vor allem die Sonne in der Himmelsmitte, Jupiter im Aszendenten; beide sind durch Trigonalaspekt verbunden. Dazu kommt noch ein Marstrigon! Es gibt kaum eine bessere Himmelslage für Aufstieg und Erfolg.

Simmonite betont in seinem Werk „Arcana of Astrology“, dass in einem Erfolgshoroskop besonders die „Lichter“ (Sonne, Mond) und die Spitze des X. Hauses gut stehen müssten. Besonders günstig sei es, wenn sie in männlichen Zeichen und Eckhäusern stünden. Unter „Eckhäuser“ versteht man das I., IV., VII. und X. Haus.

Hier stehen nun ☉, ☽, ♃, ♂, ♏, alle in männlichen Zeichen, und ☉ und ♃ in Eckhäusern.

Wenn man annimmt, dass Ebert statt 12 schon um ½12 geboren wurde, (was möglich ist, da meist die Geburten spät notiert werden), sodass der Aszendent in das Zeichen Stier fiele (was nach dem Äußeren Eberst wahrscheinlich ist), so würde der Mond ins IV. Haus und dadurch auch noch in ein Eckhaus kommen. Die wenig schlechten Aspekte, die in Eberts Horoskop zu finden sind, hinderten seinen Aufstieg nicht.

Ich habe schon im Jahre 1923 (siehe „Sternenmächte und Mensch", Verlag Heliakon) betont, dass diese Aspekte nicht auf Sturz oder Abdankung zu deuten seien, sondern auf Krankheit. Dies betrifft die Quadratur zwischen Mars und Saturn. Der rasche Tod Eberts nach einer Operation ist dadurch nun in der Tat horoskopisch belegt. Bei Korrektion der Geburtszeit auf ½12 würde der Mars ins vierte, Saturn ins achte Haus fallen.

Indem wir nun in unserer Untersuchung der Erfolgshoroskope weitergehen, müssen wir zunächst einen Punkt besonders würdigen.

Es gibt Erfolg durch Tüchtigkeit und Erfolg durch Schicksal. Dies ist sofort zu erkennen bei Betrachtung des praktischen Lebens. Mancher erreicht nur im Kampf ums Dasein etwas, ein anderer kommt, ohne etwas zu tun, zu hohen Ehren. Tüchtigkeit und Schicksal können allerdings auch einander entgegenstehen. Jemand kann tüchtig sein, aber das Geschick lässt ihn nicht vorwärtskommen. Im Horoskop ist der Unterschied zwischen Tüchtigkeitserfolg und bloßer Schicksalsbegünstigung deutlich zu sehen.

Die Glückhoroskope zeigen wenig Kontraste und geringe Reibungen. Trigonalaspekte und Sextile schmücken die Nativität. Alles ist ausgeglichen, die *bösen* Planeten, die Zerstörer, sind zum Schweigen gebracht. Schönheit und Harmonie waltet im ganzen Aufbau. Das Horoskop Eberts kann in dieser Kategorie eingereiht werden. Es soll damit nicht gesagt werden, dass Ebert nicht auch Tüchtigkeit besaß. Aber die Eigner solcher Horoskope werden vorwärts geschoben, ohne dass sie darum viel kämpfen; sie werden wie von unsichtbaren Händen ihrer Bestimmung entgegengetragen.

Das ausgesprochene Tüchtigkeitshoroskop ist mehr ein Kampfeshoroskop, enthält scharfe Kontraste. Menschen, die nur durch große Mühen, untervielen Misserfolgen, endlich hohe Stellung und Ansehen erringen, haben neben einer Konstellation der Autorität und Popularität auch scharfe Oppositionen und Kontraststellungen. Man muss ja von vornherein annehmen, dass Leute, die durch Tüchtigkeit einen Ruf erlangen, stets Kämpfe haben. Es liegt ja im Wesen der Tüchtigkeit schon selbst ein gewisses Maß von Überwindungskraft. Tüchtige Menschen sind kämpfende Menschen. Dies kämpfende Element wird in solchen Horoskopen auch sichtbar angezeigt sein.

Ein Beispiel sei das Horoskop Rudolf Steiners.

Steiner ist arm geboren, verlebte seine Schul- und Studienzeit in bitterer Not, kämpfte inneren und äußeren Kampf um Erkenntnis und Wahrheit, wurde schließlich Träger einer Welt und Mensch befreienden Weltanschauung. Es gelang ihm, das Interesse Tausender von Menschen des In- und Auslandes für seine Lebensweisheit zu gewinnen. Er stellte eine voll abgerundete Persönlichkeit dar, von der nicht nur seine Freunde, sondern auch abseits Stehende aussagen, dass sie zu den interessantesten unserer Zeit gehöre. Selten ist ein Mensch von einer Seite so hoch verehrt und von der anderen zugleich so sehr verleumdet worden, wie Steiner.

Die Tüchtigkeit und Durchsätzlichkeit Steiners zeigt sich im Horoskop einesteils in dem schaffenskräftigen Skorpion als Aufgangszeichen, andererseits in den schweren Opposition (☉ ☍ ♄, ♃ ☍ ♀, ♂ ☍ Asc.) und Quadraturen (☉ □ ♅, ♄ □ ♅).

Jupiter im Löwen, nahe dem Meridian, thront jedoch gebietend über dem ganzen kontrastreichen Bilde und verleiht dem Kämpfenden hohe Ehre und Ansehen mitten im Gewühl der Anfeindungen, die wohl durch Mars in der Nähe des VII. Hauses am stärksten gekennzeichnet sind.

Ein ähnliches Horoskop hat Edison. Er ist auf dem Gebiet der Erfindungen berühmt geworden.

Aszendent und X Haus stehen wie bei Steiner; Skorpion im I., Löwe im X. Haus. Auch die Sonne mit Merkur und Neptun ähnlich wie bei Steiner, was Inspiration und Intuition schafft (das Geniale). Daneben auch gefährlich aussehende Konstellationen (☽ ☌ ♂, ♀ ☌ ♄, ♀ □ ♃, ☽ ♂ □ ♅).

Es scheint, dass der Skorpion im Aufgang eine unverwüstliche Energie liefert, die alles zu überwinden vermag. Skorpiongeborene setzen sich durch. Edison ging aus ärmlichen Kreisen hervor, war zuerst Zeitungsausträger, kam durch Tüchtigkeit und Erfindergeist trotz aller Schwierigkeiten, die sich ihm in den Weg stellten, vorwärts.

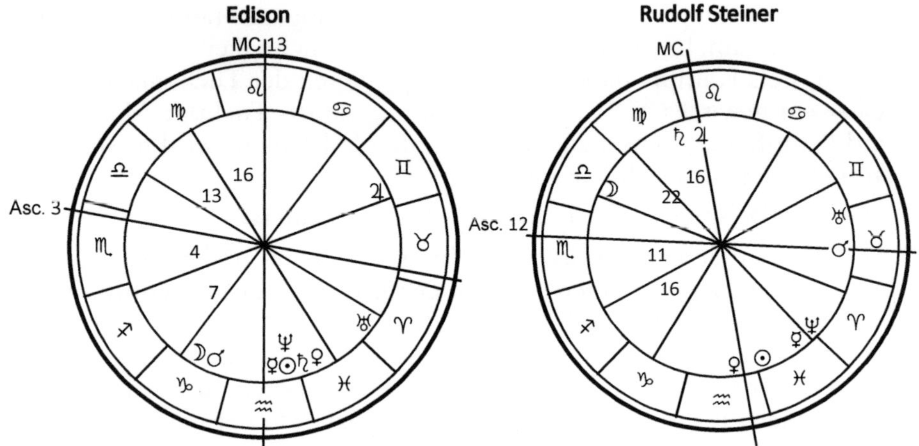

Wir wollen nun Horoskope von hohen Staatspersonen betrachten. Es ist interessant, zu sehen, wie häufig bei denselben das X. Haus (Haus für Ehre, Popularität) von guten und starken Planeten besetzt ist; seltener das I. Haus. Es scheint also zu stimmen, dass das X. Haus nicht nur den Erfolg als solchen begünstigt, sondern auch entsprechende Würde und Popularität schafft.

Tabelle:

Namen	X Haus Tierkreis	X. Haus Gestirne	I. Haus Tierkreis	I. Haus Gestirne
Bismarck	♉ 4	♀ 4	♌	—
Ebert	♒ 15	☉ 15	♊	♃
Harding	♐ 21	♃ 17	♓	—
Hindenburg	♏ 29	—	♑	♄, ♆
Carnot	♏ 22	—	♑	—
Mac Mahon	♊ 22	☉ 22	♍	—
Grévy	♒ 6	♃ 5	♊	—
Thiers	♉ 28	♂ (♊1)	♍	♅
Périer	♍ 20	♀ (♎5)	♏	—
Loubet	♓ 23	—	♋	—
Fallière	♐ 17	♃ 21	♓	♅
Poincaré	♏ 16	—	♑	♂
Coolidge	♊ 6	☽ 29	♍	—

Freilich ist Obiges noch keine Statistik Dazu sind die Beispiele zu wenig. Indessen sind sie nicht ausgesucht für diesen Zweck, sie sind eine zufällige Sammlung. Hinzugefügt sind Ebert und Hindenburg. Das erste Haus fällt in der Planetenbesetzung deutlich gegen das zehnte ab. Nicht nur in der Anzahl der Planeten, sondern auch in der Art.

Im Allgemeinen werden mit Recht die Eckhäuser als charakteristisch für Popularität bezeichnet.

Bei 42 Kardinälen und Päpsten aus der Sammlung von A. Leo sind die Gestirne in folgender Weise auf Eckhäuser verteilt:

Päpste und Kardinäle:

	X. Haus	I. Haus	IV. Haus	VII. Haus	Summe
☉	12	14,3	4,8	9,4	39,7
☽	7	4,8	4,8	2,4	19,0
☿	14,3	9,4	2,4	9,4	35,5
♀	9,4	4,8	2,4	2,4	19,0
♂	7	9,4	2,4	2,4	21,9
♃	7	9,4	14,3	4,8	35,5
♄	7	17	7	4,8	35,8
♅	4,8	7	7	14,3	33,1
♆	2,4	2,4	7	26	37,8
Summe:	70,9	78,5	52,1	75,9	

Die obige Tabelle zeigt das prozentuale Vorkommen der Planeten in den 4 Eckhäusern (X., I., IV. und VII. Haus). Das durchschnittliche prozentuale Vorkommen eines Planeten in einem Hause ist 8%. Beim Vergleich dieser Grundzahl mit den obigen Zahlen sehen wir, dass diese Norm in einigen Fällen eingehalten ist; in anderen Fällen wird sie nicht erreicht, aber in wieder anderen Fällen wird sie in auffallender Weise überschritten.

Die Sonne kommt z. B. im I. und X. Hause gehäuft vor, ein Hinweis darauf, dass die Fähigkeit zu führender Betätigung in diesen Horoskopen niedergelegt ist. Auch Merkur tritt im X. Haus besonders hervor. Sehr charakteristisch ist das überaus reichliche Auftreten des Uranus und Neptun im VII. Haus (Haus der Ehe). Diese beiden Planeten, besonders Neptun, gelten dort als Störer. Diese Konstellation findet wohl darin ihre Erklärung, dass der Lebensgang und die Aufgabe, die diese Würdenträger hatten, mit dem Eingehen einer Ehe unverträglich sind. Man könnte es auch anders ausdrücken: In ihrer ganzen Psyche lag (durch Uranus, besonders aber Neptun im VII. Haus) ein Konflikt, der sie von Jugend an schon verhinderte, mit dem anderen Geschlecht in Berührung zu kommen oder quasi veranlasste dessen Widerspiegelung im rein Geistigen zu suchen.

Des Weiteren zeigt die Tabelle noch das sehr häufige Auftreten des Saturn im I. Haus, wogegen der Mond und die Venus dort besonders zurücktreten.

Am Erfolge dieser Individualitäten ist also besonders Saturn beteiligt, der im I. Hause ernste, strenge, würdevolle und gegen sich selbst unerbittliche Menschen macht, wogegen die weich machende Venus und der Phantasie gebende Mond zurückweichen.

Diese Erfolgshoroskope gelten, wie beachtet werden muss, nur für eine bestimmte Kategorie von Strebensrichtungen. Der Erfolg besteht in einem immer mehr sich steigemden Würdegrad des Priesters. Die Eignung zeigt die. Beschaffenheit des I. und des VII. Hauses. Ihre Wahl und die Begünstigung des Schicksals zeigt das X. Haus.

Diese Erfolgshoroskope sind also nur relativ solche. Erfolge als Liebhaber, Kavaliere oder als Kaufleute hätten diese Horoskopträger schwerlich erwarten können. Vielleicht noch als Philosophen oder Universitätsprofessoren.

Die Gesamtsummen unten an der Tabelle zeigen noch, dass das IV. Haus (Heim und Herd) gegen das I., VII. und X. Haus in der Planetenbesetzung bedeutend zurücktritt.

Wir wollen nun noch den von den meisten Menschen begehrten Erfolg einer Betrachtung unterziehen: nämlich den von Geld und Gewinn.

Die Überlieferung rühmt in dieser Beziehung eine gute Besetzung des II. und IV. Hauses, im Übrigen gute Stellungen der „Lichter“ (Sonne und Mond), ein Hervortreten der Venus, des Jupiter, sowie eine besondere Bevorzugung des sogenannten Glückrades ⊗, dessen Bedeutung allerdings noch nicht genügend wissenschaftlich geklärt, dessen Wirksamkeit noch nicht statistisch erfasst und nachgeprüft ist.

Das II. Haus ist nach meiner Erfahrung nicht immer bedeutsam für Geld; es bedeutet ja nicht nur Geld und Besitz, sondern noch vielerlei andere Dinge (siehe „Sternenmächte und Mensch“); oft sind nur seelische Kräfte und Charakterelemente darin niedergelegt; Gedächtnisreichtum, aber kein Geldreichtum. Es mag interessant sein, die Horoskope einiger Persönlichkeiten, die in auffallender Weise zu Geld und Besitz gekommen sind, vorzuführen.

Es sind folgende acht Persönlichkeiten:

1. F. K. Sehr mit Glücksgütern gesegneter Abgeordneter.
2. Dr. H. K. Reicher Großkaufmann.
3. Herr L., München, der sich dort einen Palast bauen ließ.
4. J. P. Morgan, Eisenbahnmagnat.
5. W. P. Großkonfektionär.
6. Hugo Stinnes.
7. Barnato, Multimillionär.
8. J. B. Großkonfektionär.

Die Tabelle enthält die wichtigsten Besetzungen.

Auffallend wirken darin eine ganze Reihe Wiederholungen, die die eingangs zitierten Forderungen an ein Glückshoroskop bestätigen. Außerdem vielerlei andere wichtige Momente.

Der Aszendent fällt allein viermal auf das Zeichen Löwe, zweimal auf Waage.

Die Tierkreiszeichen der Sonne und des Meridian sind indes ziemlich gleich verteilt, woraus nichts Bestimmtes (wenigstens bei dieser kleinen Anzahl von Beispielen) hervorgeht.

Auch das Haus, in dem die Sonne steht, scheint wenig maßgebend für Gewinn zu sein. Dagegen ist das Haus der Venus fast überall ein Eckhaus oder das zweite.

Nr.	Asz	MC	☉	Haus der ☉	Haus der ♀	Haus des ☽	II. Haus	Konjunkt. der ☉	⊗
1	♎	♋	♑	IV	II	XII	♃♀☊	—	IX
2	♌	♈	♓	IX	X	XII	☊	☉♃	X
3	♎	♋	♈	VII	VII	X	☋	☉♀	X
4	♌	♉	♈	IX	IX	II	☽	☉♀☿	IX
5	♍	♌	♓	IV	IV	III	⊗	☉♀☿♆	II
6	♓	♐	♒	XII - I	I	IV	♃	☉♂	VII
7	♌	♈	♊	XI	I	X	♂	—	III
8	♌	♉	♏	IV	III	I	—	☉☿	X

Der Mond blasst gegen diese Sonderstellung der Venus wieder deutlich ab. Das II. Haus ist auffallend gut von Gestirnen besetzt, (von ♃ ♀ ☽ ☊ ⊗). Schließlich ist es nicht unbedeutend, dass die Sonne bei acht Horoskopen dreimal eine Venuskonjunktion hat. Das Ergebnis dieser Beispiele Wäre also, dass besonders der Venus in Verbindung mit den Eckhäusern und der Sonne eine wichtige Rolle beim Glückshoroskop beizumessen ist.

Dann dem I. Haus und II. Haus; in zweiter Linie spielt dann noch der Jupiter und der Mond eine Rolle. In Bezug auf Lotteriegewinne ist bereits eine interessante Arbeit von Herrn Koppenstätter in diesem Kalender vorigen Jahrgangs geschrieben worden, wo besonders auf die Jupiterstellung und seine Transite über harmonisch angegliederte Plätze hingewiesen wird. Die Andeutungen sind sehr beachtenswert, müssen aber — wie auch diese hier — an einem noch größeren Material erhärtet werden.

Es sei noch zur Illustration des Geldhoroskops das Beispiel 3 hier wiedergegeben. Das Horoskop zeigt den Jupiter nahe dem Aszendenten, die Sonne mit der Venus im VII. Haus, den Mond mit dem Glücksrad im Meridian stehend. Die betreffende Persönlichkeit erzählte mir, das Auffallendste in ihrem Schicksal sei, dass Geld von allen Seiten jederzeit käme, fast ohne eigenes Zutun. Oft kämen Summen von ganz unvermuteter Quelle.

Erfolge in der Kunst werden so gezeigt, dass zunächst die Zeichen der jeweiligen Kunstbetätigung vertreten sind. Das sind: für Musik der Krebs, für Malerei die Waage, für Architektur und Bildhauerei der Stier. (Es können auch andere Zeichen in einer gewissen Kombination sein.)

Dann müssten noch die Eckhäuser bevorzugt und von Planeten gut besetzt sein.

Es ist schwierig, Beispiele zu zeigen, weil Künstler großen Namens oft ihren Erfolg nicht erleben, sie werden erst in der Nachwelt groß; bei Lebzeiten sind sie vielfach verkannt, sogar, wie Richard Wagner, längere Zeit ausgepfiffen, ja verfolgt worden.

Ob der Erfolg in der Nachwelt auch im Horoskop angedeutet ist, ist sehr zu bezweifeln. Es ist überhaupt noch nicht geklärt in der Astrologie, wie sich die rein objektiven Ereignisse im Horoskop zeigen und wie die subjektiven, ob Pech, das man gar nicht gewahr wird, sich ebenso zeigt wie erlebtes. Sicher ist ein Unterschied vorhanden. Es ist anzunehmen, dass das Erlebte, das keinen besonderen Eindruck in uns hin-

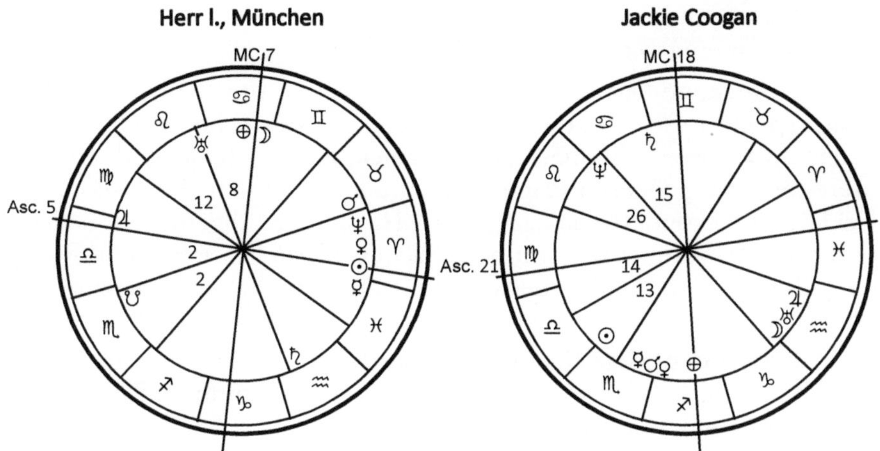

terlässt, lange nicht so deutlich im Horoskop angezeigt ist als dasjenige Erlebte, das uns stark berührt und ergreift.

Es kommt also bei unserer Betrachtungsweise auch hier sehr darauf an, was man unter Erfolg versteht. Ein Künstler kann es sehr weit in seiner Kunst bringen und wird doch nicht populär; ein anderer erreicht beides. Es ist aber eine Frage, ob ihm das Letztere wichtig erscheint; vielleicht wünscht er gar nicht, populär zu sein und ist ihm diese Situation unangenehm. Alle diese Einzelheiten und Verschiedenheiten des Erfolges, mit erlebter und nicht mehr erlebter Berühmtheit, mit gewünschter und nicht gewünschter Popularität werden im Horoskop auch verschiedene und mannigfaltige Konstellationsbilder haben.

Der kleine Jackie Coogan ist schon außerordentlich populär, tritt öffentlich auf, hat kürzlich die Welt bereist und mit Staats- wie Kirchenoberhäuptern konferiert. Die Eckhäuser sind bei ihm nicht auffallend besetzt.

Es ist für ihn als Genie bedeutsam, dass er eine Konjunktion von Mond, Jupiter und Uranus im Wassermann und im V. Haus hat.

Die Sonne steht im II. Haus, das Glücksrad im IV. Haus.

Also an materiellen Mitteln und anderen Glücksgütern wird es ihm nie fehlen, aber es scheint, dass er sich aus Ruhm und Popularität nicht viel macht.

Sein Horoskop wurde von mir anlässlich seiner Europareise ausführlich in einer Berliner Tageszeitung besprochen und dort noch Näheres gesagt.

Man kann nun die Ergebnisse unserer Betrachtung folgendermaßen zusammenfassen:

Horoskope des Erfolges müssen nicht notwendigerweise nur gute Aspekte aufweisen. Die harmonischen, ausgeglichenen Horoskope bedeuten zwar ein reibungsloses Geschick, Erfolge haben jedoch auch Menschen mit größeren Planetenspannungen in ihrem Horoskop. Die Eckhäuser, besonders das I., X. und VII., sind im Allgemeinen bedeutsam für Erfolge. — Die darin befindlichen Tierkreiszeichen und Planeten geben die Art des Strebens und die erlangte Autorität oder Würde an.

Jedoch den Mars für Militärpersonen, Merkur für Kaufleute, Jupiter für Fürsten oder jeden Planeten für eine bestimmte Tätigkeit als Erfolgsplaneten zu nennen, ist mindestens um 50 % falsch.

Die Sache ist viel komplizierter, da ein Gestirn mehrere Strebensrichtungen beeinflussen bzw. begünstigen kann. Eine bestimmte Grundrichtung natürlich gibt es sicher an. Auch die Tierkreiszeichen sind nicht für je eine Berufsart da. Jedes Zeichen fasst eine ganze Anzahl von Berufsbetätigungen zusammen. Andererseits kann eine und dieselbe Berufsart unter dem Einfluss verschiedener Tierkreiszeichen entstehen, denn die Motive können ja ganz verschieden sein, die einen Menschen zu einem und demselben Beruf treiben.

Ärzte haben z. B. in einem Falle Künstlerzeichen, ein andermal technische, ein andermal martiale Zeichen.

Nach meinen Ergebnissen haben die Menschen, die mehr in die Öffentlichkeit treten, häufiger den Tierkreisteil vom Stier bis zum Skorpion, die in der Stille wirkenden mehr die übrigen, vom Skorpion wieder bis zum Stier laufenden Zeichen im Horoskop dominierend. Die ersteren sind die Sommerzeichen, die letzteren die Winterzeichen. Popularität entspricht dem Sommer, dem Licht, dem Tag.

So scheinen auch Gestirne, die oberhalb des Horizontes stehen, einen Menschen eher hochkommen zu lassen, als wenn sie unter der Erde sind. Es wird auch vermutet, dass der östliche Himmelsquart günstiger sei als der westliche. Allgemeine Zeichen für Popularität, wie die eingangs genannten, treten häufig auf, doch gibt es manchmal auch Horoskope ganz berühmter Leute, in denen nichts davon zu finden ist.

Doch sind diese vereinzelt und liefern keinen Gegenbeweis für die schon genannten Feststellungen. Wahrscheinlich gibt es noch Horoskopelemente, die wir noch nicht kennen.

Es gibt somit kein Musterhoroskop für Erfolg im Allgemeinen. Auf jedem Gebiet der Tätigkeit wird das Horoskop wieder anders beschaffen sein, ja, Erfolgshoroskope können sogar entgegengesetzt sein.

Wir dürfen diesen Aufsatz nicht schließen, ohne nochmals hervorzuheben, dass der Begriff Erfolgshoroskop relativ ist. Es kommt immer darauf an, was die Menschen unter Erfolg verstehen, was sie im Leben erwarten. Jeder kann Erfolg haben, wenn er seine in ihm liegende Aufgabe — eine solche hat ja jeder Mensch — erfasst.

In diesem Sinne ist auch jedes Horoskop ein Horoskop des Erfolges. Wer Feingefühl hat, wird seine ihm vorgeschriebene Laufbahn erkennen und sich danach richten. Dann werden irgendwelche widerlichen Aspekte sicher sich glätten, ja sogar zu deren Verwirklichung mitwirken.

Vielleicht ist der größte einmal zu erwartende soziale Nutzen der Astrologie der, dass sie bewirkt, dass die Menschen nicht mehr mit dem Kopf durch die Wand wollen. Wer nicht im öffentlichen Leben berühmt werden kann, der vermag es vielleicht in der Entfaltung seines Innenlebens sehr weit zu bringen. Wer nicht reich an Geld und Gut werden kann, der kann vielleicht Geistesschätze aufhäufen.

Wer mit Erbschaft und Lotteriespielen kein Glück hat, dem ist es vielleicht gegeben, durch Freunde und günstige Verbindungen hochzusteigen.

Wer bei einer Kategorie Menschen unbeliebt ist, ist vielleicht bei einer anderen sehr gern gesehen.

Wer Unglück in der Liebe zu haben glaubt, wird vielleicht alles Erwünschte erreichen, wenn er sich innerlich zu dem Problem ganz anders einstellt, als wie er dies bisher getan hat.

Es gibt kein absolut schlechtes Horoskop, jedes hat Erfolgsmöglichkeiten. Absolut vollkommene Horoskope gibt es ja auch nicht, auch die guten und besten haben Schattenseiten.

Die Bibel spricht von den „Pfunden“, die jeder mit auf den Lebensweg bekommt; er soll mit ihnen arbeiten. Zu erkennen, welcher Art diese Pfunde sind, ist unsere Aufgabe. Das Horoskop kann sehr viel zu dieser Erkenntnis beitragen.

Die Krebsseuche

Krebs! Krebs! Krebs! Wo kommt er her? Welches sind seine Ursachen? Wo liegen Heilungsmöglichkeiten?

Das ist die Frage der Zeit. Der Krieg ist vorbei, nun gilt der Kampf den Krankheiten. Tuberkulose und Syphilis sind im Abflauen. Aber der Krebs widersteht, ja er ist unheimlich im Ansteigen begriffen. Die Wissenschaft versagt; sie versagt in Bezug auf Erklärung wie auf Heilung.

Es gibt eine Menge Theorien; zur Erklärung des Krebses sind sie zum Teil sehr geistreich. Es gibt auch ab und zu Heilungen. Aber sie sind Zufallstreffer. Das gleiche Mittel, bei einem anderen Menschen angewandt, versagt. Es fehlen uns keine Heilmittel für den Krebs, — aber es fehlt uns das Heilmittel!

Es mag nicht uninteressant sein, einmal die Astrologie darüber zu befragen. Wie sehen Horoskope Krebskranker aus, und welche Gegenmittel kann die Astrologie angeben?

Das Ergebnis einer Statistik, die ich vor einiger Zeit anlegte, war ein ganz bestimmtes. Gewisse Konstellationen kehren bei Krebskranken immer wieder und brachten mich auf eine Spur. Untersucht wurden:

Magenkrebs 129 Fälle
Unterleibskrebs 53 Fälle
Brustkrebs 121 Fälle
Speiseröhrenkrebs 126 Fälle

Das Material wurde horoskopisch berechnet und auf folgende Tabelle gebracht:

M. 129	♓	♑	♈	♉	♐	♒	♌	♏	♋	♎	♍	♊
U. 53	♎	♈	♉	♓	♏	♐	♌	♋	♑	♍	♊	♒
B. 121	♓	♋	♑	♐	♍	♏	♈	♎	♒	♊	♌	♉
Sp. 126	♓	♉	♎	♌	♏	♊	♍	♐	♑	♋	♈	♒
Asc	♎											

Man sieht in der Tabelle die Tierkreisbesetzung der Planeten, von links nach rechts nach Häufigkeit geordnet. Bei diesen Reihen, die getrennt statistisch angelegt wurden, kehren als die häufigsten Zeichen immer wieder die Zeichen ♓, ♉ und ♎ (Fische, Stier und Waage) wieder;

selten dagegen die rechtsstehenden Zeichen, und zwar ♊ und ♒ (Zwillinge und Wassermann). Daraus entnehmen wir, dass ♓, ♉ und ♎ krebsgünstige Zeichen sind, während wir ♊ und ♒ als krebsfeindliche Zeichen zu betrachten haben. Diese Häufigkeit bzw. Minderung ist in der Tabelle hervorgehoben durch Strichmarkierung der in den vier ersten und vierletzten Vertikalreihen am meisten hervortretenden, mindestens dreimal vorkommenden Zeichen.

Was haben diese Krebszeichen ♓, ♉ und ♎ für Eigenschaften? Was haben sie gemeinsam und warum sind die Zeichen ♊ und ♒ krebsfeindlich? Was haben diese gemeinsam? Durch die Beantwortung dieser Fragen können wir dem Krebsproblem astrologisch näherkommen.

Den ersteren mangelt die Lebendigkeit; man könnte sie träge Zeichen nennen, Zeichen einer gewissen Dichte und schwerer Durchdringbarkeit; sie haben alle eine gewisse Materität. Die in der Astrologie bereits benutzten Ausdrücken „feste Zeichen" oder „erdige Zeichen" meinen etwas ganz anderes und benennen auch ganz andere Zeichen damit. Unter Materität verstehe ich eine gewisse seelische Undurchdringbarkeit des Leibes, was man bei den festen Zeichen ♌, ♑ und ♒ oder bei den erdigen Zeichen ♍ und ♑ nicht sagen kann.

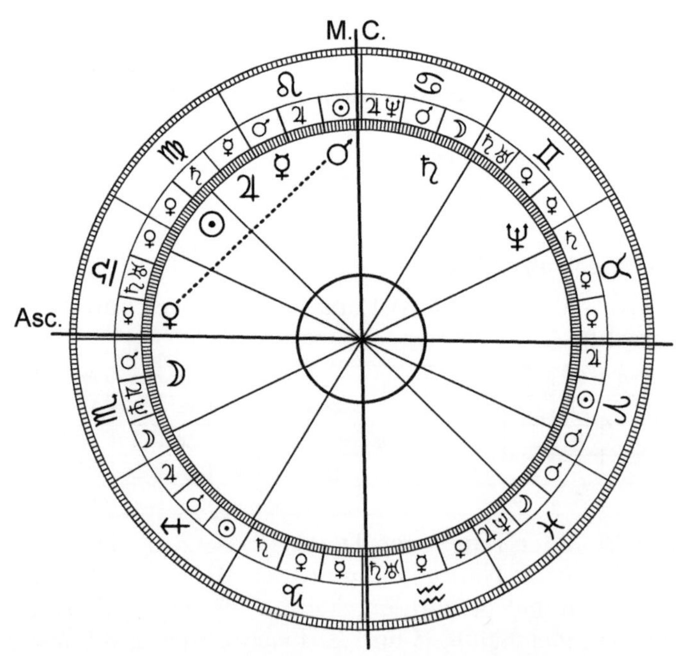

Die Zeichen ♊ und ♒ als krebsfeindliche Zeichen geben eine gewisse Durchflutbarkeit, eine gewisse seelische Durcharbeitungsmöglichkeit des Körpers. ♊ und ♒ sind zufällig luftige Zeichen. Aber dieser Ausdruck „luftig“ passt nicht für das, was gesagt sein soll, auch „beweglich“ genügt nicht; sagen wir lieber schwingende oder vibrierende Zeichen. Der Krebs wäre also ein Mangel an Durchseelung des Leibes. Gewisse Teile oder Organe schalten sich aus dem Lebensgefüge aus, fallen aus ihm heraus und gehen eigene Wege.

Wenn wir nun den Planetenstand betrachten, so kommen wir zu einem noch viel deutlicheren Ergebnis.

Beschädigt ist bei Krebskranken immer die Venus. Meist steht sie im Quadrat zum Mond oder in sonst übler Stellung zu ihm, oder sie ist angegriffen von Mars oder Saturn. Beifolgendes Horoskop ist ein typisches Krebshoroskop. Venus im Aufgang in der Waage, im Quadrat zu Mars. Waage im Aszendent und im ersten Haus noch Skorpion mit dem Mond.

Außer der Waage tritt im Aszendent auch häufig das letzte Ende des Schütze und der Anfang des Steinbock auf. Das Schütze-Ende gilt ja bekanntlich als verderblich und zerstörend.

Hier seien noch einige typische Krebsbeispiele demonstriert:

Frau b., gestorben an Darmkrebs:	Asc. 29° ♐ ☽ in ♎ ♀ ☋ ☍ ♂	Frau U., gestorben an Unterleibskrebs:	Asc. 29° ♐ ♀ ☌ ♂ im ♉ ♀ ♂ □ ☽
Herr D. Z., gestorben an Magenkrebs:	Asc. 15° ♑ ☽ ☌ ♄ ♀ ☍ ♅	Frau D. W., gestorben an Unterleibskrebs:	☽ ♀ ☌ ♂ 5 Planeten in ♎
Frau P., gestorben an Magenkrebs:	Asc. 28° ♎ ♀ ☍ ☽ ♀ □ ♂	Frl. K., gestorben an Unterleibskrebs:	Asc. 15° ♑ ☽ ☌ ♀ ☽ ♀ ☍ ♂
Herr P. W.: Magnetiseur, gestorben an Magenkrebs:	Asc. 21° ♐ ♀ ☌ ♄ 5 Planeten in ♎	Frl. L., gestorben an Schildrüsenkrebs:	Asc. Ende ♉ ♂ ☌ ♀ im ♓ ☽ ☌ Horn des b (I. Haus)

Venus und Mond müssen wir in ihren astrologisch-biologischen Beziehungen betrachten. Zunächst die Venus. Das Blut gehört dem Mars, die Lymphe der Venus. An verschiedenen Körperstellen, oft direkt nahe der Haut, sitzen Lymphdrüsen. Dies sind Knotenpunkte, Stationen, in welchen die Lymphe sich erneuert und reinigt, eine Art Filtration durchmacht. Was in den Lymphdrüsen sitzen bleibt, ist Unrat, den die Lymphe aus allen möglichen Körperteilen herbeigeschleppt hat. Hier wird sie ihn los. Die Stoffe werden dann abgeführt und ausgeschieden. Manchmal sieht man von infizierten Wunden (der Hand z. B.) entzündlich gerötete Lymphbahnen gehen bis zu den Achsel-Lymphdrüsen, die dann dick geschwollen sind und große Arbeit haben.

Die Venus ist der Besen, der den Organismus ständig rein erhält. Wenn daher Venus im Horoskop gut steht, kann Krankheit nicht leicht Herr werden.

Die Venus hat ferner eine Beziehung zu den Hautdrüsen und zur Brustdrüse sowie zur Fettbereitung. Diese Zusammenhänge kommen zustande dadurch, dass Venuskräfte Überschüsse schaffen, die zur Abgabe bestimmt sind. Auch die Lymphe ist nichts anderes als ein gesammelter Überschuss, der vom Blut ins Gewebe hineingepresst wird (Serum, der „weibliche" Teil des Blutes).

Bei Venus sind die Überschüsse nicht aktiver, sondern passiver Art, z. B. Fett, Schweiß der Haut und die Milch der weiblichen Brust, die eine Hautdrüse ist. Die Milch enthält hauptsächlich Fett, Eiweiß und Zucker; das sind vom Organismus durch Venus als Überschüsse gestiftete, frei abgegebene Nahrungsstoffe. In der Brustdrüse arbeitet Venus mit dem Mond zusammen.

An dieser Stelle müssen wir jetzt den Zusammenhang der Venus mit der Formschaffung im Mutterleib nennen. Während Mars bei der Keimbildung nur die Anregung dazu, den ersten Anstoß gibt (durch die sich energisch bewegende Samenzelle) und eine fermentative Wirkung in der Eizelle hervorruft, gibt Venus die Bildkräfte der Gestaltung.

Der Krebs ist eine Krankheit der Formbildungskräfte, ein Versagen der Venus, denn die Wege der formenden Kraft im Körperwerden durch fremde Formkräfte durchkreuzt (Krebs ist Neubildung). Der Krebs frisst den Körper auf, weil die Lymphe nicht mehr Hüter sein kann, die Krebskeime nicht mehr zu eliminieren imstande ist. Krebs entsteht gewöhnlich erst nach dem vierzigsten Lebensjahre, wo die formbildende Kraft nahezu ausgeschwungen hat. Die starken Bildkräfte der Jugend lassen den Krebs nicht, oder doch nur höchst selten aufkommen. Somit gehören zu den Venuskrankheiten auch alle Formveränderungen der Organe, soweit sie Neubildungen sind: Myome, Balggeschwülste, Warzen, Haare an Orten, wo sie nicht sein sollen. Auch sie treten häufig in älteren Jahren (als Formdegeneration) oder in der Pubertätszeit (als Formverirrung) auf.

Wenn man nun den Krebs in seiner Art und in seinem Verlauf medizinisch betrachtet, so zeigt sich, dass er genau diese vorgezeichneten Linien verfolgt; er entsteht aus dem Epithel und verfolgt den Lymphweg. Er bleibt in der Ausdehnung beschränkt, solange das Lymphdrüsensystem die nötige Abwehr aufbringt.

Astrologisch interessant ist nun, dass Venus gerade in den Zeichen ♉, ♎ und ♓ als besonders beheimatet gilt, während ♊ und ♒ dem schnellaufenden Partner Merkur angehören.

Nun ist besonders neben der Venus noch der Mond für die Krebswucherung verantwortlich. Der Mond wirkt astrologisch mehr aufs Ganze als auf einzelne Teile. Er ist dem Menschen viel zu nah, um nur ein Teilgebiet zu beherrschen. Sein Einfluss wirkt auf das Wachstum der Zelle, auf die Vergrößerung des Körpers, im Übrigen auf alles Periodische. Er vermittelt die Beziehungen des Seelischen zum Körperlichen und beherrscht deshalb diejenigen Organe, die die Gemütsbewegungen in das Körperliche überführen. Und dies sind das Kleinhirn und das sympathische Nervengeflecht. Letzteres ist ein im ganzen Körper verbreitetes besonderes System, das diejenigen Funktionen besorgt, die nicht von unserem Willen abhängen, z. B. Erröten, Erblassen, Sträuben der Haare; ferner auch rein körperliche Funktionen, die automatisch verlaufen, die wir mit unserem Willen nicht ändern können, wie Herzbewegung, Darmbewegung. Dann greift dieses System ein in die Tätigkeit der sogenannten inneren Sekretion. Von gewissen Drüsen (im Kopf, Hals, in der Leibeshöhle) werden Säfte abgesondert, die das Wachstum des Körpers regulieren.

Mond ist mit Recht „Lebensbedeuter" in der Astrologie; ohne ihn steht auf der Erde das durch seinen Rhythmus geschaffene und seinem Lauf nachgebildete Leben still.

Das wichtigste der ganzen biologischen Mondwirkung ist, dass er bei allem Wachstum dem Körper eine gewisse Schablone abgibt, wodurch die harmonische Lagerung der Organe untereinander gewährleistet, die Proportion der Körperteile geregelt wird, überhaupt das ganze Modell des Menschen sich treu bleibt, so dass aus einem jungen Menschenkörper nicht im Alter einmal ein Löwe oder ein Elefant werden kann. Durch den Sympathikus wird der Mond zum Seelenplanet. Seine Stellung im Horoskop erzählt uns etwas über seelische Zusammenhänge mit Krankheiten und kann für Psychoanalytiker eine Handhabe bieten zur Erforschung solcher Zusammenhänge. Der Sympathikus ermöglicht religiös-magische Wirkungen von Seele auf Leib.

Wir haben nun gesehen, Venus gibt bei der Entstehung des Krebses die Verschlechterung im Säfteaufbau und die Vergiftung des Lymphstromes, der Mond gibt die Lockerung der Schablone, des Modells durch den Sympathikus. Dadurch kann dieser Absturz eines organischen Aufbaues in einen Primitivzustand erfolgen, den wir Krebs nennen, diese katastrophale biologische Revolution, die zu einem Atavismus führt.

Ein Eisenbahnnetz kann irgendwo schadhaft sein; dies entspricht etwa dem Begriff Krankheit. Wenn aber auf einem Eisenbahnterrain ein zweites Eisenbahnnetz entstehen würde, das das ursprüngliche durchkreuzt, das organisch gar nicht in dasselbe hineinpasst, ja es sogar auf die empfindlichste Weise stört, dann haben wir den Begriff Krebs. Die Krebsgeschwulst ist ein Atavismus, Rückfall ins Einzellerdasein. Die Zellen bauen keine Organe mehr auf, sind wie Urzellen, die nur ein Einzelleben führen.

Ein Organ, das verkrebst ist, krebsig geworden ist, ist kein Seelenteil mehr, es hat sich aus dem Gesamtgefüge des Seelischen, das mit Hilfe des sympathischen Nervensystems im Körper in die Organe hineingreift, herausgezogen, isoliert, entfremdet.

Die Seele durchseelt den Körper und sämtliche Organe, ohne dass wir es wissen. In dem Teil aber, in dem Krebs sitzt, da fehlt diese Durchseelung. Der Krebs ist eine Gegendurchseelung. Er ist keine Krankheit, wie andere, er bildet ja zunächst gesunde Zellen aus, die wachsen. Aber diese sind gegen den Gesamtwillen des Organismus gerichtet, sie sind Anarchisten.

Diese richten sich, sei es im biologischen Geschehen oder im politischen Leben, stets gegen das Ganze; sie richten damit nicht nur das Ganze, sondern auch sich selbst zugrunde. Der Krebs ist ein Anarchismus im Lebenshaushalt des Körpers. Der Krebs zerstört den Körper, aber damit auch sich selbst, weil er vom Zerfall des Ganzen lebt. Dieses Gegenleben, das ein dem Körper fremdes Eigenleben ist, ist immer auf der Lauer. Jeder Mensch hat die Anlage dazu, jeder hat den Krebs im Keim in sich. Und da, wo es aus irgendeinem Grunde an Durchseelung eines Organes fehlt, kann er auftauchen.

1. Menschen, die ihren Körper mit Eiweißstoffen (Fleisch, Eier) vollpropfen, erschweren seine Durchseelung (Rhythmusverlangsamung).

2. Menschen, die das vierzigste Lebensjahr überschritten haben, vermindern ihre Durchseelung. Es zieht sich aus den Organen Lebens-

energie zurück, falls sie nicht entgegengesetzt trainieren (Oxydationstraining).

3. Menschen, die durch einseitige Richtung ihres Willens- und Empfindungslebens auf eine Sache (Kummer, Sorgen) die Regie ihres Körpers verlieren, opfern die Durchseelung ihrer Organe (Sympathikusstörung).

4. Menschen, die in einem materialistischen Zeitalter leben, wo der Körper als Stoffhaufen, die Organe als Maschinen oder Behälter (Pumpe, Trichter, Sack) aufgefasst werden, schaffen eine Sympathikusdrosselung.

5. Menschen, die einen Reiz oder eine Schabewirkung dauernd auf ein Organ wirken lassen, erlangen dort eine dem Ganzen schädliche Gegendurchseelung. Dort kann Krebs entstehen (Modellschädigung).

Krebs ist häufiger an Orten über Wasserläufen, über Lehmboden; es entstehen dort astrale Störungen, die die Modellkörper erschüttern.

Im Horoskop kann gehemmte oder erschwerte Durchseelung durch verschiedene Momente angezeigt werden:

1. Durch Verdrängung oder Drosselung oder schwache Vertretung der Feuerzeichen (geben auch mangelnde Oxydation).

2. Durch Hervortreten von Tierkreiszeichen schwerer geistiger Durchdringbarkeit (♓ ♉ ♎). Sie vertragen nur wenig Eiweißkost. Geschädigte Waage ist zudem biologische Gleichgewichtsstörung.

3. Durch Schädigung oder schwache Stellung der Venus (durch ♄, ♂).

4. Durch Störung des Venusmondverhältnisses. Dadurch wird bewirkt, dass sich die formende Kraft von der Seele ablöst.

Was ist nun der Krebs, astro-medizinisch gesprochen!? Er ist eine Erkrankung der Seele und des sympathischen Nervensystems. Das Leben zieht sich aus den Organen zurück.

Was kann man medizinisch-astrologisch zur Vorbeugung des Krebses tun!?

Der Überschuss der meist trägen, stoffwechselstörenden Zeichen und der Mangel an Feuerzeichen muss ausgeglichen werden. Dies muss in der Hauptsache durch seelische Umstimmung erfolgen. Der Krebsverdächtige sollte sich mit Dingen und Menschen umgeben, die den Feuerzeichen unterstehen und möglichst viel von deren Element und deren Wesensart in sich aufnehmen. Auch Menschen, die das sanguinische Temperament haben (Merkur, Zwilling, Wassermann) werden günstig auf sie wirken. Besser ist es, wenn solche fehlenden Kräfte durch Yogaübungen entwickelt werden, möglichst mit Atemübungen. Das Kundalinifeuer, das nach allen Organen Lebensströme hinsendet, wenn es einmal entfaltet ist, lässt keinen Krebs aufkommen.

Alle Organe und Körperteile müssen bewusst gemacht werden. Dies ist möglich und kann erreicht werden, weil der Sympathikus überall hingeht, alle Drüsen, Knochen und Blutgefäße durchsetzt.

In zweiter Linie müssen die den Krebszeichen eigentümlichen und die Venus schädigenden Ballaststoffe fernbleiben. Das ist die zu reiche Eiweißkost (Fleisch, Käse, Eier, Fische). Dadurch wird die so unerlässliche Oxidation besser werden, die auch nebenbei durch homöopathische Medikamente, wie Ferr. phos. und Kali sulfur. gefördert wird. Vitamine in rohen Vegetabilien und gutes Brunnenwasser dürfen nicht fehlen.

Die schwache Venus wird ebenfalls durch direkt geförderte Oxydation unterstützt (Atmung, Freiluftbaden). Dadurch kann die Lymphe besser arbeiten und die Gifte ausscheiden. Zur Venusstärkung dringend zu empfehlen ist das Tragen von Kupfer (Halsketten, Amulette, Beinringe). Von anderer, nicht astrologischer Seite, wird dies jetzt, ohne den Zusammenhang Venus-Kupfer zu kennen, ebenfalls gegen Krebs gepriesen, oder auch versilbertes Kupfer, um dem Mond noch gerecht zu werden.

Und dann noch, was ungemein wichtig ist, das Beleben der Ausscheidungsorgane, besonders ihrer Schließmuskeln. Diese stehen unter Saturn- und Mondeinfluss. Der wichtigste ist der Aftermuskel. Der Europäer treibt Mundpflege, aber das gegenteilige Ende überlässt er sich selbst. In Indien wird ebenso, wie bei uns der Mund, auch der Darm gepflegt. Man mache Öfters Kamillenklistiere, treibe Gymnastik in der Ellenbogen-Knielage oder mache Bauchschnellen nach Dr. Kreyter. Die Yogaübungen der Inder enthalten ein ganzes System von Willensübungen für das untere Darmende. Im kleinen Becken ist ja auch der Ursprung des Kundalinifeuers, symbolisch dargestellt durch eine Schlange, durch die der Mensch zur vollen Beherrschung seines Körpers gelangen kann.

Das kann die Astrologie zur Krebsverhütung raten. Krebskranke im Anfang werden auch von diesen Ratschlägen großen Nutzen ziehen und können noch über die Krankheit Herr werden. Hat der Krebs aber das Modell erst einmal erheblich zerstört, dann ist nur noch schwer Einhalt zu gebieten. Vorbeugung ist das wichtigste und kann das Übel abwenden. Nach den Statistiken über Todesursachen stirbt heutzutage jeder siebente Mann und jede sechste Frau an Krebs. Es sollte sich jeder Mensch mindestens einmal pro Jahr gründlich untersuchen lassen. Sobald Verdacht besteht auf Krebs, muss er energische Vorbeugungsmittel anwenden und sich am besten auch noch unter Benützung des Horoskops ärztlich beraten lassen. Man kann aus dem Horoskop manche sonst nicht erkennbaren Zusammenhänge sehen und individuell für den Fall passende Mittel ausfindig machen.

Erotik

Erotik liegt in jedem Menschen, tritt aber nicht bei jedem Menschen in derselben Weise zum Vorschein. Das Horoskop gibt über die Art des erotischen Lebens Aufschluss, und zwar in den Tierkreiszeichen, gefärbt durch besondere Stellung und Planetenstand. Sie entsprechen, allein betrachtet, gewissen Grundtypen, und es soll hier versucht werden, die erotischen Grundtypen des Tierkreises wiederzugeben:

1. Widder

Sehr maskuline Männer. Echte willensstarke Frauen. Leidenschaftlich. Doch bleibt die Erotik nicht im Sexuellen stehen, sie strebt einer Idealisierung zu. Die allgemeinste Form davon ist das Kind, die Nachkommenschaft. (Die Erotik muss für Widdergeborene einen Sinn haben, zum Mindesten den, ein Abbild zu schaffen.) Bei vielen Widdergeborenen löst sich aber die schaffende erotische Kraft vom Grobbiologischen ab und sublimiert sich zu ideeller Zeugung.

Sie schaffen Geistiges, Künstlerisches, oder arbeiten organisatorisch. Die zeugende Kraft äußert sich in starken Impulsen: Schaffung von Projekten, Plänen, Unternehmungen. Dadurch neigen manche Individuen zu platonischer Liebe. Widder ist ein für Nachkommenschaft nicht erstklassiges Zeichen.

2. Stier

Stark sexuell ausgeprägt, ausdauernd. Zu Unmäßigkeit veranlagt, zu Exzessen bereit. Es fällt sehr schwer, das Erotische zu sublimieren, jedoch ist das ganze Sexualleben geschützt durch einen soliden Familiensinn. Erstklassige Zeugungskraft und reichliche Aussicht auf Nachkommenschaft. In der Liebe geneigt zur Treue, andererseits aber auch zu Eifersucht, Despotismus, bis zur Tyrannei. Der Stiergeborene sucht gern das erotische Erlebnis mit anderen Genüssen und Schlemmereien zu verquicken.

Nicht weil er wie der Waage-Typ — eine Vermittlung zum erotischen Erleben braucht, sondern um es von vornherein zu steigern. Der Stiergeborene wird in der astrologischen Literatur oft als Feinschmecker bezeichnet. Dies ist er auch, aber bei ihm handelt es sich um ein

Stückchen Oralerotik (verkappte erotische Empfindung, beim Essen und Trinken, wie wir dies bei jedem Kind finden). Bei Stiergeborenen haftet sie fest während des ganzen Lebens.

3. Zwillinge

Feminine Männer, maskuline Frauen. — Keine typischen Triebnaturen, keine Ausdauer im erotischen Erlebnis. Wechselhaft, flüchtig, aber zu Zeiten hitzig. Die Sympathie spielt in der Wahl des Partners eine sehr große Rolle. Zwillingstypen können nur mit scharf zu ihnen passenden Naturen in Kontakt kommen. Dann aber sind sie angeschlossen; das Erotische in seiner geschlechtlichen Auswirkung wird dann mehr psychisch erlebt als physisch, und das genügt ihnen. Deshalb legen sie gar nicht viel Wert auf Ausprägung äußerer sexueller Merkmale. Der Partner kann ohne Anstoß für den Zwilling nach der gleichgeschlechtlichen Seite hinpendeln. Deshalb trifft man bei Zwillingsgeborenen bisweilen Homosexualität.

Zwilling ist ein unfruchtbares Zeichen. Reicher Kindersegen ist nicht zu erwarten. Unter Dirnen findet man oft Zwillingsgeborene, weil bei solchen das Erotische selten im Seelenmittelpunkt erlebt wird, und deshalb ohne Gewissensbisse, ohne Beeinträchtigungsgefühl spekulativen Zwecken geöffnet werden kann. Viele sind es aus typischer Zwillingsneugierde, oder weil es interessant ist. Sie bleiben es nicht lange. Das erotische Erlebnis wird beim Zwilling nicht in der Weise idealisiert und sublimiert wie beim Widder, sondern es wird sozusagen unterschlagen, in Teile gespalten, es kann sich nicht dämonisch sammeln und nach irgend einer Richtung explosiv entladen. Dies wird von vornherein hintertrieben durch ein stark ausgeprägtes, auf logische Erwägungen eingestelltes Denksystem. Logik ist der größte Feind der Erotik. Wenn ein Mädchen verführt werden soll, und sie fragt: „Wozu?“, „Was hat das für einen Zweck?“ dann ist sie wahrscheinlich in den Zwillingen geboren. Oder sie wird zugänglich aus Neugierde, bloßem Reiz der Neuheit.

4. Krebs

Männer zart, Frauen anziehend und stark magnetisch. Stark sinnlich, aber unberechenbar. Leiden an Sehnsüchten, die nie erfüllt werden. Wenn die Erfüllung kommt, dann fehlt es an der Einstellung, und so umgekehrt. Es besteht Gefahr, sich zu sehr auszugeben; die Grenzen der Leistungsfähigkeit im Genussleben werden nur schwer erkannt, meist erst dann, wenn nachteilige Wirkungen sich zeigen. Eine dauernde Verbindung ist der beste Schutz. In der sexuellen Hingebung sehr stark vom Milieu und von Gelegenheiten abhängig. In der Jugend Neigung zur Onanie oder zu frühzeitigem Kontakt mit dem anderen Geschlecht, teils wegen Frühreife, teils wegen Hemmungslosigkeit, die im Psychischen des Krebsgeborenen liegt (Gegenteil des Steinbock). Krebsgeborene Kinder sollte man nie viel allein lassen, oder, wenn es sein muss, sorgen, dass ihre Psyche beschäftigt ist. Das Phantasieleben ist sehr ausgeprägt und bedarf stets eines Motivs, an das es sich anschmiegt, so wie die Schlingpflanze an eine Schnur oder an einem Baumzweig. Fehlt dies, ist es ungekannten Einflüssen ausgesetzt. Neigung, das Erotische poetisch auszukleiden, und es so (z. B. in Romanform) zu kosten, ist echt krebshaft.

5. Löwe

Männer wie Frauen sexuell gut polarisiert. Die meisten Löwetypen führen ein sehr starkes Sexualleben, sind darin nahezu unerschöpflich, sind Abenteurer der Liebe. Es ist weniger die Lust, die Sinnlichkeit, die sie dazu treibt, als das Blut, die Überfülle von Kraft. Sie zeigen eine gewisse schwärmerische Art und sind darin sehr gewinnend. Sie haben den Drang zu sexuellen Taten, mehr als Tat denn als Genuss. Schon früh schauen sie nach dem andern Geschlecht aus. Es kommt ihnen dann weniger, besonders in der Jugend, auf die Wahl des Partners an, aber sie sind ehrenvoll und echt. Haben sie später eine verantwortungsvolle Lebensaufgabe, so kann scheinbar ihre ganze Kraft mitsamt ihrem Sexualleben da hineinfließen. Aber selbst dann haben sie noch etwas an Erotik über, sodass sie, selbst wenn sie in irgendeine politische oder sonst weltbewegende Aufgabe ganz aufgeteilt scheinen, ihre erotische Lebensbasis nicht aufzugeben brauchen, wie das etwa bei Widder der Fall wäre. Ihre Erotik ist geordnet, rhythmisch und unbeirrt, hat etwas gesundes, neigt nicht zur Perversität. Männer, im Löwen geboren, sind die wahren Kavaliere, wie man sie im Film sieht. Birnen, im Löwen geboren, haben oft zum Motiv übersprudelndes Lebensgefühl. Der Löwegeborene neigt nicht zur Askese. Das erotische Leben gehört vom Augenblick der Reife, die sehr früh erfolgt, zur Pulsation seiner Seele; man könnte fast sagen, zu ihrer Ernährung.

6. Jungfrau

Im Geschlechtsleben sehr mäßig. Es gibt hier etliche Typen, die an sexueller Schwäche leiden. Es fehlen die Impulse, es fehlt das erotische Wagnis. Die Heirat wird sehr stark mit Vernunftsgründen abgewogen. Das erotische Moment wird nach dem dreißigsten Jahre etwas stärker. Das Liebesverhältnis bewegt sich bei vielen in den nüchternen Bahnen einer netten Unterhaltung; und von einer solchen hängt auch zum größten Teil die Wahl eines Partners ab. Starke Zuneigung wird dabei empfunden werden, aber das erotische Moment tritt sehr in den Hintergrund. Die sexuelle Betätigung, die Berührung mit dem anderen Geschlecht beschmutzt nie. Der Jungfrau-Typ bleibt innerlich stets rein, selbst wenn er sich in Abgründe der Liebe begibt. Er passt sich gut an Partner an und empfindet sehr gern seine Zuneigung, seine Sympathie und Seelenwärme, und es kann zum erotischen Erleben kommen, wenn der Partner imstande ist, die Impulsarmut aufzufüllen, auszugleichen, und es kann zur Heirat kommen, wenn Vernunftsgründe dieselbe für nötig halten.

7. Waage

Dieser Typ kennt keine Erotik als Motiv selbst; sie ist für ihn nur möglich durch Einkleidung in Musik, Rhythmus, oder irgendeinen ästhetischen Genuss, und muss sich auf diesem Wege zu ihm einschleichen. Milieu und Gelegenheit nur ermöglichen eine sexuelle Auslösung, aber nicht in der Art wie beim Krebst, der durch Gelegenheiten sich in Gefühle verirrt und im Sexuellen dann ganz aufgeht, in ihm das Ein und Alles findet, sondern Erotik ist bei Waage nur das Tüpfelchen auf dem i. Waagegeborene sind im Allgemeinen erotisch kalt. Da sie hübsche Menschen sind, gehören sie zu denen, die mitunter verführt oder (als Mädchen) vergewaltigt werden, aber sie erleben dabei nichts. Sie brauchen, um erotisch einigermaßen mitzutreiben, einen Zauber, der durch Wein, Musik, Theater usw. inszeniert wird. Ein unvermitteltes Verlangen danach haben sie selten oder fast nie. Ebenso ist für den Partner ein jedes „mit der Tür ins Haus fallen" ein erotisches Fiasko. Die Waage fällt aber auf äußeren Schein, Vorspiegelung falscher Tatsachen, Großtun, Hofmachen, Flitter und Tand, besonders auf schöne Kleider und Schuhe und Eindruck des Reichtums schließlich erotisch hinein. Das Eheleben sollte so gestaltet werden, dass alles monotone, alles alltägliche vermieden wird. Dirnen, unter Waage geboren, haben als Motiv neben dem Geldgewinn die Freude an einem abwechslungsreichen Straßenleben, Barleben, in schönen Kleidern einherzugehen, und an den vielerlei Äußerlichkeiten, an dem gleißenden Schein, den ein solches Dasein mit sich bringt.

8. Skorpion

Die „große Leidenschaft". Intensiv glühende Liebefähigkeit mit absolut erotischem Einschlag. Das Erotische kann losgelöst von der Persönlichkeit des anderen Geschlechts existieren (siehe dazu Fische). Verbraucht sich nicht, trotz starker, sexueller Betätigung. Die Geschlechtsleidenschaft kann ausarten und zur Ausschweifung werden. Es können Neigungen perverser Art sich ausbilden. Homosexualität ist weniger zu erwarten. Fast alles, was im Leben von Bedeutung ist, steht bei diesem Typ in Beziehung zum Erotischen, z. B. die Sinneseindrücke (Gerüche, Töne, Farben), die Arbeit, die Vergnügungen, die Weltanschauung. — Skorpiongeborene leiden vielfach unter sexuellen Hemmungen und verdrängten Vorstellungen. Aus ihnen rekrutieren sich die geeignetsten Fälle für die Psychoanalyse. Die Erotik ist beim Skorpion meist auch die Schöpferin einer übermenschlichen Schaffenskraft auf geistigem und werktätigem Gebiete. Diese Typen haben meist eine Arbeitsausdauer, die alles übertrifft. Bei einzelnen Skorpion-Typen kann die sexuelle Betätigung vollständig verabschiedet werden, besser gesagt, aufgeschluckt werden zugunsten einer Weltmission oder einer mystischen Entwicklung. Skorpion, das Zeichen der zwei Gesichter (Janusgesicht), kann auch die Erotik entweder nach einer Richtung, oder nach der entgegengesetzten Richtung hinleiten.

9. Schütze

Stark erotisch, aber kein Ausarten ins Wüste, wie dies eher beim Skorpion auftreten kann. Stets Beherrschung und Mäßigkeit. Niemals Unfähigkeit, jedoch eine so große Verausgabung wie beim Skorpion-Geborenen ist hier nicht möglich und sehr gefährlich; es entsteht dann leicht Zusammenbruch und unangenehme Nervenzustände. Der Schütze muss einen gewissen Gleichgewichtszustand pflegen. Er könnte sich leichter zur Askese erziehen, als der Skorpion-Beeinflusste, ohne dessen gewaltige Kämpfe. Beim Skorpion hängt die Sexualfrage sehr mit dem seelischen Instinkt, mit der Abstimmung zusammen, und er ist körperlich dabei niemals gebunden oder gehemmt durch Kräftezustände ; beim Schützen hängt sie mit dem Geistigen zusammen, und er ist körperlich erotisch sehr abhängig von Disposition und von Kräftezuständen. Die Geschlechtsfunktion wird als schöpferische Tat aufgefasst, die gern gesucht, aber nicht missbraucht werden darf; jedes Übermaß bringt große Schwankungen zustande. Am besten wird Abstinenz vertragen. Der Schützegeborene neigt zu platonischer Liebe. Wie sich Liebe und Erotik beim Schützen gestalten wird, hängt sehr viel von dem Partner ab; es ist schwer für ihn, die richtige Wahl zu treffen. Er kann durch einen stark erotischen Partner sehr geschädigt werden, sowohl in Gesundheit, Glücksempfinden als auch in seiner Lebenslaufbahn. Das ganze Rätsel des Schützegeborenen und die erotische Tragik seines Lebens liegt darin, dass für ihn der Geschlechtsakt allzu sehr mit seinem Höchsten und Besten, was er ist, verquickt ist (ähnlich, und doch gegenteilig als beim Zwillingsgeborenen).

10. Steinbock

Äußerlich sehr zurückgehalten, aber die Geschlechtssphäre bewirkt heftige Kämpfe im Seelenleben, oder Neigung zu Einseitigkeiten in der Jugend, wie Onanie, phantastische Vorstellungen des Wesens des anderen Geschlechts, das lange ein Buch mit sieben Siegeln bleibt. Bis in die Mitte des Lebens meist anscheinend kühl, dann aber, besonders nach dem dreißigsten Lebensjahr, mit stärkerer Sexualbetätigung nach außen behaftet. Der Steinbock-Typ leidet meist deutlich an den Hemmungen aus der]Jugendzeit. In der Geschlechtsbetätigung ist er zwar sehr ausdauernd und hat keine Erschöpfung zu befürchten. Er könnte verschwenderisch sein, und es würde ihm weniger schaden als jedem anderen der zwölf Typen. Aber er tut dies nicht, denn er empfindet in sich eine Art Verbot, sich ganz im Erotischen aufzulösen. Auch hat er die Eigenschaft, den entsprechenden Gelegenheiten aus dem Wege zu gehen. In seinem ganzen Charakter liegt etwas Abwartendes, Zögerndes, was bewirkt, dass er in vielen Dingen der letzte ist.

So auch in der Anknüpfung mit dem anderen Geschlecht. Dies ist aber zugleich dieselbe Ursache, aus der heraus er in der Jugend eine gewisse Furcht, sich ihm anzunähern und sich mit ihm zu unterhalten, an den Tag legt, aber dafür im Geheimen seine eigenen falschen Vorstellungen über dasselbe konstruiert. Bei einzelnen Steinbock-Typen werden die Hemmungen sehr bald überwunden, und sie werden dann das Gegenteil: die Männer werden Schürzenjäger und oft in der Ehe untreu. Manche werden richtige Panne, die stark auf das andere Geschlecht wirken und auch wirken wollen. Steinbockfrauen sind meist ruhig, sind durch ihr Misstrauen vor Versuchungen geschützt.

11. Wassermann

Im Sexualleben sehr wechselreich, meist sehr flüchtig, aber zu manchen Zeiten zu Exzessen und Ausschweifungen extremster Art fähig. Die Gründe hierfür liegen jedoch nicht in übersprudelnder Lebenskraft oder in besonders starker Tätigkeit der Zeugungsorgane sondern in der Psyche, die an sich zu extremen Handlungen neigt. Der Wassermann wird manchmal vom Augenblick regiert; alles Regelmäßige und Periodische liegt ihm dann fern. Hingegen ist er in seinem erotischen Handeln sehr oft Zuschauer seiner selbst. Er ist mehr leichtsinnig als leidenschaftlich und gleicht dem Waage-Typ in dieser Beziehung. Er wird deshalb, wie alle anderen Typen der luftigen Zeichen, nie in den Schmutz gezogen, wie dies etwa bei den erdigen Zeichen ♉ und ♑ oder bei den wässrigen Zeichen ♋ und ♏ der Fall sein kann. Die meisten Wassermanngeborenen sind reine Ästhetiker und halten ihr erotisches Gehaben in Normalzeiten auf einem hohen Niveau. Sie können in perverse Fahrwasser gelangen, dies aber aus ästhetischen Gründen (für sie wenigstens), und es scheint sich dies nicht grobsinnlich auszuwirken. Dies Zeichen erzeugt bisweilen Dirnen, die es aber niemals aus Leidenschaft, sondern aus Leichtsinn geworden sind, oder aus dem Verlangen, sich den Sitten zu widersetzen oder gegen den Strom zu schwimmen, die den Eltern aus Widersetzlichkeit davongelaufen sind und ein absolut ungehemmtes Leben führen möchten. Der Wassermann Will nicht gerne arbeiten.

12. Fische

In Sexualangelegenheiten sehr produktiv und, wenn die geeignete Verbindung besteht, ausdauernd, bisweilen nahezu unerschöpflich. Keine Neigung zur Abwegigkeit, zur Perversität, aber auch keine Neigung zur Abstinenz. Deutlicher Rhythmus und Gleichmäßigkeit im erotischen Leben. Das Sexualleben kann nicht, wie bei Skorpion, losgetrennt werden von der geliebten Persönlichkeit des anderen Geschlechts. Der Fisch sucht keine Typen, sondern Personen. Tritt die geeignete Persönlichkeit nicht in den Bereich des Fischtypus, dann wird sich ihm sexuell auch nichts Zwingendes aufdrängen, oder sich von ihm ablösen. — Materielle Grundlage der Liebe, Erotik stark an die Existenzfrage geknüpft, aber im echt biologischen Sinn, das gemeinsame Glück im Auge habend und die Zukunft der Familie, die recht groß werden soll. „Nestbauen“, Bedachtsein auf Aussteuer. Einsammeln von Vorrat. — Die sexuelle Produktionsfähigkeit ist zeitlich etwas eingeengt. Im vorgerückten Alter wird sie sich ausgewirkt haben. Die Erotik trägt nicht zu hohen Idealen hinauf, wie etwa bei Widder oder Löwe, erzeugt auch nicht starke Impulse, wie bei Stier, Steinbock, sondern sie bewegt sich in flachen Bahnen, ist aber stark verschmolzen mit persönlicher Liebe und Fürsorge, mit Güte, Opferwilligkeit, Hingabe.

Astrologische und astrobiologische Erscheinungen

Die vor etwa zwei Jahren in der D. O. G. von mir gehaltenen Lichtbildervorträge über moderne Astrologie erweckten unter einer größeren Anzahl von Mitglieder der D. O. G. eingehendes Interesse für diese Fragen. In der anschließenden Debatte wurde die Astrologie in ihrer neuesten Form der weiteren Nachprüfung für würdig erachtet und von besonderer Seite her die von uns selbst betonte Notwendigkeit statistischer und experimenteller Arbeit erörtert.

Diesem Erfordernis wurde in den beiden darauf folgenden Jahren Rechnung getragen.

Die Ergebnisse führten zu einem vorläufigen Abschluss, der in meinem Lichtbildervortrag am 12. Mai 1922 über „Statistisches und Experimentelles zur Astrologie“ bekanntgegeben wurde.

Der Inhalt der Ausführungen, beginnend mit einer kurzen Zusammenfassung des schon früher Gesagten, ist im Wesentlichen folgender: Nach einem kurzen historischen Überblick, wobei auf die Gründe des Abbaus der Astrologie in der Zeit der „Aufklärung“ hingewiesen wurde, werden die Faktoren genannt, die die Astrologie — allerdings in einem anderen Sinne als früher — wieder haben auferstehen lassen.

Die Analyse des Geschickes weist auf noch ungeklärte periodische Regelmäßigkeiten und auf Beziehungen hin, die mit bekannten Ursachen nicht erklärt werden können und an die Fliess, Schleich, Swoboda, Hellpach vom biologischen, Arrhenius, Mewes vom astrobiologischen, Kemmerich und Stromer-Reichenbach vom völkergeschichtlichen Standpunkt aus herangetreten sind.

Auch die „Duplizität der Fälle“ ist weiterer Aufhellung wert; sie findet voraussichtlich durch Herrn Sanitätsrat Bruck als „Sereotropie“ eine weitere Bearbeitung.

Wenn auch allen den genannten Forschern gewisse Festlegungen schon gelungen sind, so sind bis jetzt die Meinungen darüber geteilt, welche gemeinsamen Ursachen diesen Relationen, dieser Periodizität zugrunde liegen. Den entscheidenden Schritt zur Astrologie bewirkte Mewes, der in „Kriegs- und Geistesperioden der Völker“ 1896 den Weltkrieg an Hand der Sonnenfleckenperiode für 1912 – 1920 voraussagte; ferner Ziegler, der mit Sensitiven polarisch-magnetische Felder

der Erde nachgewiesen haben will sowie eine Wirkung des Winkelabstandes im Ekliptik-Kreis, vom Frühlingspunkt an gerechnet, auf die Psyche feststellt. Nach Kniepf besteht in Anlehnung an Reichenbach (siehe „Odisch-magnetische Briefe“ von Reichenbach) eine polare Spannung in der Ekliptik wie im Äquator in Beziehung zu der geographischen Breite und zu den Polen, die sich, nach Länge und Breite ständig wechselnd, auf alles Organische überträgt.

Der Astronom Dr. Kritzinger kommt auf folgendem Wege zur Astrologie (siehe „Sonne und Seele“) : Von der Sonne gehen Kanalstrahlen (durch spektrale Untersuchung des Stickstoffes gefunden) auf die Erde und erzeugen an den Polen ein Aufleuchten (Polarlicht*). Durch die Sonnenflecken werden auf diesem Vermittlungswege erdmagnetische Erschütterungen erzeugt, die auf das Organische, besonders auf das Psychische und damit auf das Geschick, wirken sollen.

Durch heliozentrische Oppositionen von z. B. Jupiter und Saturn werden die Sonnenfleckenperioden ihrerseits beeinflusst und es entstehen weiterhin auf die Erde fortgeleitete Schwankungen. So können durch dazwischentretende andere Planetenkonstellationen noch weitere, sehr mannigfaltige Spannungs- und Störungseffekte ausgelöst werden, die, wie gesagt, von der Sonne auf die Erde und hier auf alles Organische psychisch exaltierend oder herabstimmend einwirken.

Dies würde zunächst eine Astrologie denkbar machen, bei der die Planeten auf dem Umweg über die Sonne ihre Wirkungen ausüben. In der Astrologie der „Astrologen“ wird jedoch eine direkte Wirkung angenommen; für besonders wichtig werden die sog. Kardinalpunkte des Horoskops, an dessen erster Stelle der Aszendent (das aufsteigende Tierkreiszeichen in der Stunde der Geburt) steht, gehalten.

Der astrologische Einfluss setzt sich zusammen: erstens aus einer Einwirkung der Sonne (je von 30 zu 30 Längengraden einen anderen Typ erzeugend) auf die geistige Veranlagung; zweitens aus einem Einfluss des Mondes und der Planeten auf das Gefühlsleben (auch im jeweiligen Ekliptikabschnitt verschieden) und drittens aus einer Wirkung des Aszendenten auf die körperliche Gestalt.

Auf weitere Details einzugehen, z. B. die so wichtigen Aspekte (Spannungszustände der Planeten untereinander) sowie auf die sogenannten Häuser (graphisch dargestellte Schicksalselemente) und auf

*) Bekannt ist die starke Beeinflussung der Sensitiven durch Polarlichter, und die somnambul eingestellte Psyche der Polarvölker überhaupt.

besonders wichtige Konstellationen, auf Konstruktion und Berechnung des Horoskops verbietet hier leider der Raum.

Es wurden zur Erläuterung drei Horoskope, das von Goethe, Nietzsche und Bismarck, demonstriert. Von sog. Verwandtschafts-Horoskopen und Familien-Horoskopen wurden ebenfalls Beispiele vorgeführt und dann zur eigentlichen Statistik übergegangen. Erstere betreffen die Wiederkehr oder den Austausch bestimmter Konstellationen bei ähnlich gearteten Persönlichkeiten oder bei Familiengruppen.

Es wurden die Horoskope Richard Wagners und Dantes[*)] einander gegenübergestellt und es ergab sich bei beiden die gemeinsame Konstellation: Sonne in den Zwillingen, Mond im Wassermann, Aszendent: Zwillinge. Beide haben Typenähnlichkeit der Zwillinge und persönliche Ähnlichkeit. Desgleichen Wilhelm I. und Bismarck. Beide die Schmiede des Deutschen Reiches. Gemeinsam haben sie Sonne im Widder, Mond im Steinbock, Merkur in Fischen, Aszendent im Löwen. Beide haben Typenähnlichkeit des Löwen neben persönlicher Ähnlichkeit.

Wichtige Vergleiche wurden gezogen zwischen den Horoskopen von Goethe, Frau v. Stein, Christiane Vulpius und dem Sohn Goethes; ferner zwischen Novalis und Sophie v. Kühn.

Die Versuchsanordnung zur Prüfung des Aszendenten war bei meiner Arbeit folgende:

Es wurde eine photographische Sammlung von zwölf Menschentypen angelegt, die im Geburts-Horoskop je einen der zwölf Ekliptikteile (Tierkreiszeichen) aufsteigend haben. Nach diesen Typen, die sich durch Gesichtszüge, Gestalt usw. scharf gegenseitig abgrenzen, wurden ganz unbekannte Persönlichkeiten, deren Geburtsdaten nicht erfragt wurden, die ihrerseits auch selbst ihr Horoskop nicht kannten, auch von Astrologie nichts wussten, eingeschätzt.

Bei einer Schätzung von 50 Personen, die von drei bis vier astrologisch geübten Mitgliedern der D. O. G.-Berlin vorgenommen wurde, ergaben sich 36,5 Treffer, also 73%. Die Wahrscheinlichkeit liegt bei $^1/_{12}$, also $8^1/_3$ Prozent; also wäre bei dem vorliegenden Ergebnis die Wahrscheinlichkeit fast um das Zehnfache überschritten. Es wurden außerdem von einer größeren Anzahl Charaktertypen, Musikern, Schauspielern, Schriftstellern, Geistlichen, Offizieren, Hysterikern, Medien, Selbstmördern u. a. (durchschnittlich etwa je hundert Fälle) die Horo-

*) Typische Berührungspunkte in Parzival und Göttliche Komödie.

skope berechnet und nachgeprüft, ob bestimmte Gestirn-Konstellationen, wie sie die Astrologie annimmt, gehäuft vorkommen.

Die Berechnung ergab eine auffallende Bestätigung; z. B. bei Schriftstellern traten die sog. Merkurzeichen (Zwillinge und Jungfrau) in den Vordergrund, bei Malern und Bildhauern die „Venuszeichen" (Stier und Waage); noch deutlicher war dies bei Schauspielern der Fall. Bei Mathematikern traten wieder dic Merkurzeichen in den Vordergrund. In der Astrologie wird dem Zeichen Krebs eine besondere Beziehung zur Musik zugeschrieben, was sich ebenfalls durch eine besondere Tabelle deutlich bestätigte.

Die Fälle sind selbstredend nicht ausgewählt werden, sondern wurden der Reihe nach eingetragen bis zu einem bestimmten Datum, oder sie wurden aus einem Almanach, oder aus einer Sammlung Von Horoskopen (Leo) der Reihe nach zusammengestellt.

Bei Musikern, Schauspielern, Offizieren überwiegen in den Tabellen stark die sogenannten südlichen Zeichen (Stier, Zwillinge, Krebs, Löwe, Jungfrau, Waage), ganz im Gegensatz zu Priestern und Päpsten, bei denen die nördlichen Zeichen im Vordergrund stehen. Wenn man die Zeichen bei beiden Tabellen ihrer Häufigkeit nach in je eine Linie untereinander schreibt, so ergibt sich, dass die erstere Reihe mit den Zeichen beginnt, mit denen die zweite Reihe aufhört, und umgekehrt.

Die ersteren Typen, die man als sommerbetont bezeichnen kann (weil bei ihnen Sommerzeichen aufgeben — nicht, weil sie etwa im Sommer geboren sind, sie können auch im Winter geboren sein), sind Charaktere, die nach äußerer Manifestation und Gestaltung im Leben drängen; die winterbetonten hingegen sind immer solche, die die Verinnerlichung, die Beschaulichkeit, Spiritualität, Konzentration suchen. Es sind deshalb nach astrologischen Regeln z. B. bei Priestern diese letzteren Zeichen häufiger zu erwarten, als die anderen, was die angeführten Tabellen tatsächlich auch bestätigen. Bei 100 Hysterischen, die berechnet wurden, war die Stellung der Planeten auffallend eindeutig; z. B. es kam der Mond nie in der Waage vor (dem Zeichen für seelisches Gleichgewicht), in welcher er bei 100 Fällen mindestens achtmal stehen müsste.

Bei Geisteskranken (Dementia praecox, Manie, Paranoia, Melancholie) waren die dämono-manischen und melancholischen Zeichen im Vordergrund, vor allem Steinbock und Fische; dann war wieder die Waage sehr gering besetzt, außerdem war eine starke „Winterbelastung" zu sehen.

Die Tabelle der Melancholiker erinnert sehr an die Priestertabelle. Beide Typen haben ja auch sehr häufig etwas Gemeinsames in Charakter und Temperament. Ganz auffallend bestätigt die Tabelle der Selbstmörder und die der Offiziere die Astrologie.

Die Zeichen Löwe und Skorpion gelten als bestimmend für starke Entschlussfähigkeit und für Mut. In beiden Tabellen ist ein Überwiegen dieser Zeichen zu sehen. Offiziere wie Selbstmörder müssen in der Tat die Eigenschaft der Entschlossenheit, fast Tollkühnheit, gemeinsam haben, wenn sie auch sonst sehr voneinander abweichende Tendenzen haben mögen.

Eine Tabelle über Seher, Visionäre und Medien zeigt die sogenannten medialen Zeichen (Fische, Krebs, Stier) im Übergewicht, ein Zurücktreten des „Schützen" (des ichbetontesten Zeichens), ein Zurücktreten der „Feuerzeichen" (die stärker positiv machen); hingegen ist fast stets der Planet Neptun bei der Sonne, oder an sonst exponierter Stelle, ganz wie dies die Astrologen seit Entdeckung des Neptun schon gefunden haben.

Ich will hier von vielen nur einige Namen von bekannten Sehern nennen, die diese Konstellation haben: Nostradamus, Swedenborg, Davis, Katharina Emmerich, Leadbeater, Steiner, sie alle haben eine Konjunktion der Sonne oder des Aszendenten mit Neptun.

Ergänzend wirkten dann die zu Ende des Vortrags gezeigten Porträts der Tierkreisten, besonders die der Planetentypen, die genau den astrologischen Vorschriften entsprachen, was zum Teil durch nebenangestellte gezeichnete Vergleichstypen belegt wurde.

Der Vortrag endigte mit dem Hinweis auf die Aszendentenprüfung als einer wirklich praktischen Handhabe zur weiteren Beweisführung einer kosmischen bzw. astrologischen Einstellung des Organischen bzw. des Menschlichen.

Ein noch bedeutend weiterer Ausbau des statistischen Materials liegt bereits vor und wird in einem soeben im Druck befindlichen Werk: „Sternenmächte und Mensch" (statistische und experimentelle Beiträge zur Astrologie, mit zahlreichen Abbildungen und Kunstdrucktafeln), erschienen. Hier wird das gesamte Quellenmaterial angeführt und sind die statistischen Prüfungen zahlenmäßig niedergelegt.

Das Schlusswort des Vortrages betonte die praktische Verwertung der Resultate für die Pädagogik, Berufswahl, Psychologie, Menschen- und Völkerkunde, Psychiatrie usw., wendete sich scharf gegen die astrologische Wahrsagerei-Charlatanerie, desgleichen aber auch gegen gewisse „Autoritäten“, die mit Hilfe von Unterdrückung und Lächerlichmachung der Tatsachen die Welt vor dem Okkultismus „retten“ zu müssen glauben.

Über das Wesen der Heilmittel

In den Heilmitteln wirken Himmelskräfte! Nicht nur der Mensch steht unter dem Einfluss der Sterne, auch Tier, Pflanze, Mineral. Man muss sich denken, dass im Kosmos kein Ding allein aus sich entsteht, wächst und gedeiht.

So wie die Erde ohne die Sonne und die übrigen Planeten in ihrem typischen Charakter nicht denkbar wäre, denn alle diese Körper bedingen einander, ebenso unmöglich ist es, dass die Gestaltung und die Lebewesen dieser Erde nur den Erdeinfluss tragen, sondern sie sind ein Zusammenfluss aller in unserem Sonnensystem herrschenden Kräfte.

Die Ärzte früherer Jahrhunderte waren vielfach Astrologen und konnten es nach der damaligen Einstellung ihrer Zeit auch sein. Arzt wurde früher ein Mensch nur, wenn er eine innere Beziehung zwischen sich und der Natur, ja dem ganzen Kosmos fühlte. Er bildete sein Wissen weniger aus Büchern und Lehrkursen heran, als auf Grund dieser inneren Beziehung zu allen Gebilden, die die Natur hervorbringt. Durch eine gewisse Sensitivität kam ihm ein Wissen über die Eigenschaften und Kräfte der Naturdinge zu. Da er mit Intuition hineintauchte in den Organismus der Welt, so wurden ihm Zusammenhänge klar zwischen den vier Naturreichen des Minerals, der Pflanze, des Tieres, des Menschen, sowie zwischen Erde und Himmelswelt. —

Die Astrologie war für den Arzt etwas Selbstverständliches. Sie durchdrang alle Gebiete seines Forschens. Alle Natur-Dinge waren für ihn Kinder der Planeten, und durch Kombination ihrer Wirkungen in der Natur fand er unendliche Einzelbeziehungen (unter den Einzeldingen selbst) heraus. Und jedes Naturgebilde wurde durch diese Betrachtungsweise personifiziert, erhöht. — Verehrung konnte einer Pflanze, einem Metall, ja einem Tier entgegengebracht werden, insofern die hohen kosmischen Kräfte in ihnen erblickt wurden. Das war nicht eine Zeit des Aberglaubens, sondern eine Ära viel tieferen Naturerkennens als wir es heute besitzen.

Der heutige Arzt sollte noch etwas von dieser Verehrung besitzen, wenn er ein würdiger Vertreter seines Standes sein will. Wenn er eine solche Verehrung eifrig pflegen würde, so könnte auch eine tiefere Naturerkenntnis wieder in ihm erwachen.

Wenn die Alten in ihrer einfachen Ausdrucksweise von einer „Gnade“ sprachen, die der Allmächtige in dieses oder jenes Heilkraut gelegt habe, oder von dem Schöpfungswunder, das in einem Stein, in einem Kristall geoffenbart werde, so war damit eine große Wahrheit ausgesprochen. Wir stellen uns heute ganz falsch vor, was damit eigentlich gemeint war. Wir meinen, diese Leute standen damals in dem Entwicklungsstadium von Kindern, die mit aufgesperrten Mund und starren Augen die Dinge in Wald und Feld anglotzten und allerlei Wunderliches in sie hineindachten. Umgekehrt! Wir sind Kinder gegen sie geworden. Es ist unendlich viel mehr, was sie sahen, gegenüber dem, was wir heute sehen. Sie sahen bildlich das geheimnisvolle Wirken der Himmelskräfte in der Pflanze, in dem Stein, in allem. Was wir heute sehen, ist nur der Chemismus, der Dinge, der Schein vom Schein, der Schatten.

Was weiß der heutige Mediziner von den Heilmitteln, die er verordnet? Er hat kaum einmal die Pflanzen gesehen, aus denen so viele seiner Medikamente gewonnen werden. Er musste allerdings als Student ein Kolleg über Pharmakologie besuchen. Da wurden die wichtigsten Pflanzen ein einziges Mal gezeigt; z. B. Hyoschamus, Belladonna, Strychnos usw. Hat er gerade das Kolleg, in dem eine bestimmte Pflanze demonstriert wurde, versäumt oder geschwänzt (zu meiner Zeit war das Kolleg über Pharmakologie von höchstens 10% der Gesamtheit der Kandidaten besucht), so bekam er dieselbe nie mehr zu Gesicht; es wurde auch nie mehr von ihr gesprochen; er bekam von dann ab das aus ihr gewonnene Präparat nur noch in Ampullen in die Hand; es trug oft einen Namen, der kaum mehr an das Ausgangsmaterial erinnerte. Wenn heute durch den Arzneimittelmarkt neue Mittel in den Gebrauch kommen, dann wird meist in dem erklärenden Bericht der Propaganda nur über die chemische Formel berichtet, die sehr wenig besagt. Es ist vielfach eine bandwurmartige Strich- und Buchstabenkette, oft von „bekannter“, aber unverstandener Art. Denn man kennt wohl einige Eigenschaften, aber weiß man etwas über das Wesen? Irgendeinen Naturzusammenhang anzudeuten, ist ja heute überflüssig; denn der Arzt arbeitet ja nur mit der Erfahrung, die ein anderer durch Ausprobieren sich verschafft hat.

Solange nun das Präparat noch aus einer Droge gewonnen wird, lassen sich ja für den Interessenten seine Naturzusammenhänge, die Wege bis zu seinem Fundort zurückverfolgen. Handelt es sich aber um ein synthetisches Präparat, so werden bald alle Brücken zu seinen naturvorderen Verwandten oder naturgewordenen Vätern abgebrochen, und es bleibt nur eine Ampulle übrig, oder man könnte sagen ein Name, in eine Ampulle eingeschlossen. Weder Form, noch Farbe, noch Geschmack, noch Geruch, noch Entstehung geben Zeugnis ab über Charakter und Wirkung. Das eine Mittel könnte ebenso gut auch ein anderes sein. Und der Name ist so nichtssagend wie nur möglich, vielleicht aus den Hauptbuchstaben der GmbH. zusammengesetzt, die es fabriziert, oder er ist direkt Unsinn. Für einen intuitiv angelegten Arzt ist eine solche Namentherapie etwas fast Ungenießbares. Es ist für ihn unmöglich, sich mit solchen Präparaten tiefere Kenntnisse zu verschaffen. Er muss, wie seine Kollegen, die Namen auswendig lernen und nachlesen, wofür sie verwendet werden sollen. Auch dies ist ein Stückvorn Untergang des Abendlandes. Die ganze Heilkunde scheint zu einer Registriermethode abgeflacht zu werden.

In dem Maße aber, wie die Heilkunde nur dem bloßen Gedächtnis statt der Intuition ausgeliefert wird, bereitet sie sich auch ihr eigenes Ende. Die Anhänger der Naturheillehre, der Kräuterkunde, der Homöopathie, werden Verständnis für das Gesagte haben. Unter ihnen sind viele, die bestrebt sind, die Krankheiten und ihre Heilmethode aus einem Naturzusammenhange heraus zu verstehen und auf diesem Wege passende Heilmittel ausfindig zu machen. Der Kräuterkundige liebt seine Pflanzen wie seine Kinder. Es steckt in solchem Menschen noch ein Stück von dem Erleben aus der alten Zeit. Er ahnt eine Verwandtschaft der Kräfte im Menschen mit den Kräften in der Natur draußen. Auch der homöopathische Arzt hat für jedes Mittel ein gewisses Erleben. Immer und immer wieder wird er sich die Pflanzen vorstellen in ihrem Zusammenhang mit Seele, Geist und Körper des Menschen, bis sie schließlich ein Stück von ihm selbst werden. Heilmittel werden wie Individuen betrachtet. So ist bereits eine Art Charakterologie vieler Heilpflanzen und Mineralien entstanden, indem man sie wie Menschen mit bestimmten Charaktereigenschaften beschrieb. Damit wäre zugleich gesagt, was überaus wichtig ist, dass nicht jedes Mittel für jeden passt, sondern nur für Menschen, deren Typisches dem Typischen der Mittel gleicht. Daraus fand dann der große Neugedanke — der bald zur allgemeinen Anerkennung kommen wird — Stärkung, dass man nämlich nicht nur die Krankheit behandeln müsse, sondern den Menschen.

So führen manche Heilmethoden — und die homöopathische schreitet darin voraus — wieder in die Anerkennung eines Naturzusammenhanges aller Dinge hinein. Durch diese Art der Einstellung ist die Homöopathie sogar der Astrologie nahegekommen, ohne es zuvor zu wissen. Sie sieht in den Produkten außer den chemisch wirkenden Äußerungen noch ein „wirksames Prinzip", das besonders in Kraft tritt, wenn das Mittel potenziert (d. h. verdünnt) wird. Es ist außer dem chemisch wirkenden Bestandteil noch ein „Geistiges" im Heilmittel. Dies Geistige ist nach der Lehre der Astrologie — und dies kann bewiesen werden — etwas, das von den Himmelskörpern in die Dinge hineingeschickt ist, durch das sie ihre Form, ihre Eigenschaft, ihre Wirkung haben. In diesem Sinne die Natur betrachtet, sieht sie ganz anders aus: sie ist belebt, sie ist beseelt.

Welch' wunderbare Gebilde stehen vor uns, wenn wir in die Natur hinausgehen. Es klingt wie Urworte, die die Dinge zu uns sprechen. Da wird nicht geschieden zwischen Gut und Böse, da gibt es nur Typisches. Alles ist gut nach seiner Art. Betrachte in diesem Sinne eine Schierlingspflanze. Wie majestätisch, stolz sie an ihrem nur ihr typisch zugeordneten Platze steht. Ein in sich abgeschlossenes Charakterbild, das sich scharf von allen übrigen Doldengewächsen abgrenzt. In ihren geheimen Kammern bereitet sie einen Stoff, der chemisch furchtbar zerstörend auf die Nervenzellen wirkt. Homöopathisch wirkt er wunderbar gegen allerlei zerstörende und verhärtende Krankheitserscheinungen. Eine heilige Scheu vor gewaltigen kosmischen Kräften muss uns erfüllen, wenn wir betrachtend, in uns gekehrt, vor einer Heilpflanze stehen. Sie ist Planeten unterstellt, trägt deren Einflüsse. Ein ganz anderes Gefühl taucht bei der Tollkirsche auf, wieder ein anderes beim Eisenhut. Eigenartig ist die Wirkung der Küchenschelle auf den Sensitiven. Wir erkennen hier sofort den Mond-Typ. Die Pflanze wirkt auf das Periodische bei der Frau, auf Erkältungen, auf Erkrankungen, die mit der Geschlechtssphäre zusammenhängen (Neurosen usw.).

Merkwürdig ist, dass die Pflanzen auch durch ihr Äußeres oft auf die Menschen oder die Krankheit hinweisen, für welche sie passen. Schon Paracelsus hat darauf aufmerksam gemacht, neuerdings Schlegel. Es ist aus dieser Beobachtung die sogenannte Signaturenlehre hervorgegangen.

Dies alles sind nur Spuren und Anklänge an die Wege, auf welchen unsere Altvorderen sich Wissen über Natur verschafft haben. Die Medizin von heute hat ja ihre besten Mittelkenntnisse von den alten Zeiten übernommen. Damals gab es einen direkten Weg, in die Geheimnisse hineinzutauchen, man kann es Intuition oder Hellsehen nennen. Auf diese Art ist die ursprüngliche Kenntnis der hauptsächlichsten Heilmittel zustande gekommen. Die Seherin von Prevorst hatte noch in relativ hohem Grade die Gabe, sich direkt solche Kenntnisse zu verschaffen. Da kein Arzt ihr in ihrer Krankheit helfen konnte, gab sie sich selbst Verordnungen. Sie erkannte die Planetengeister in der Natur und suchte die zu ihr passenden Kräuter auf, konstruierte eigentümliche Apparate, durch die kosmisch-magnetische Kräfte der Pflanzen freigemacht werden sollten, um auf ihren eigenen körperlichen Zustand besser wirken zu können. Sie hatte jene Verehrung für die Pflanzen, die Kinder der Planeten, von der oben gesprochen wurde.

Aus folgenden Versen eines Gedichtes über das Johanniskraut, das Justinus Kerner ihr nach ihrem Ableben widmete, will derselbe daran erinnern, wie tief sie hineinfühlte und verwachsen war mit dem Wesen der Naturdinge. Heilig ist ihr das Johanniskraut geworden:

„Bald deinem stillen Grab entsteige
Die Blume, der du oft vertraut,
Des Mittlers Leiden stummer Zeuge,
Das heilige Johanniskraut!

Ja! wo ich diese Blum' erschaue,
Blut innen, außen gold'ner Schein
In Waldes Nacht, auf lichter Aue,
Werd' ich auch denken deiner Pein. "

Viele Menschen haben Verehrung für Pflanzen. Nicht nur der Wein, die Liebe, ist vom Dichter verehrt und besungen worden, sondern auch die Blume. Man denke an die zahlreichen Lieder über Rose, Vergißmeinnicht, Lilie, Lotosblume, Edelweiß, Flieder usw. Diese Lieder wenden sich zwar nur an die Anmut und Schönheit dieser Blumen. Manche zeigen auch leise an, dass in der Pflanze etwas Höheres lebt, wie etwa folgendes Gedicht über die Königskerze von Otto Körner:

„Und find ich sie am Weg im Feld,
Wird mir's wie Andacht tief im Herzen,
Es gleicht kein Leuchten in der Welt
Dem Feierglanz der Königskerzen!"

Solche in Dichterworte hineingepresste Verehrung von Naturdingen sind Fußstapfen zu der großen Erkenntnis, dass über allem Geoffenbarten eine höhere Kraft lebt, dass jedes Ding ein Symbol von ewigen kosmischen Prinzipien darstellt. Man blicke die Natur in Feld und Wald an und schaue dann wieder empor zu den Sternen. Man kann sich des Gefühls nicht erwehren, dass ein Zusammenhang zwischen oben und unten besteht. Und dieselben sehnsüchtigen Gemüter, die die untere Natur besangen, haben auch das Obere verehrt. Wir haben Lieder an die Sonne, an den Mond, an den Abendstern, an den Morgenstern. Leider gehen diese Lieder nicht genug in die Tiefe, nicht auf das Mysterium in den Himmelswelten ein. Sie möchten wohl, aber die Zeit, in der wir leben, hat es nicht erlaubt. Man versetze sich zurück in die ersten Jahrhunderte des Christentums. Die Verehrung für Naturdinge und Sterne musste damals unterdrückt werden. Naturdinge verehren, war heidnischer Götzendienst. Die Sternanbeter wurden verachtet. Mit Recht musste dieser Dienst unterdrückt werden, weil er in Form eines Kult vollständig veräußerlicht und zu einem Unsinn geworden war und weil das in den Sternen wirkende Wesen nicht mehr erkannt wurde. Seitdem hat im Abendlande selten wieder jemand gewagt, in der Sonne, in den Sternen etwas Höheres zu erblicken als die glühende oder erkaltende Stoffmasse. In den Naturdingen sah und erkannte man nur Geschöpfe, aber nicht die schöpferischen Kräfte. Nur das Dichterwort drückt noch eine zurückgebliebene leise Sehnsucht aus, das Verlorene wiederzufinden.

Die Astrologie wird helfen, wieder tiefer einzudringen. Sie zeigt uns, dass die Dinge in der Welt alle zusammenhängen. „Wie oben, so unten!" In diesem Gedanken, der die Massen wieder durchdringen wird, werden auch wieder Menschen entstehen, die innig die Vorgänge der Natur miterleben können, wie etwa die alten Inder und Ägypter es konnten. Wie mag jener Mensch empfunden haben, der jenen bekannten ägyptischen Hymnus an die Sonne verfasste:

„Heil Dir, o Schöpfer aller Menschen,
Gott Atum, Horus beider Horizonte
Du Gott der einzig nur in Wahrheit lebt.
Der alles zeugt, was ist, und schafft die Wesen
So Tier wie Mensch.
In seinem Auge zeigt er sichtbar sich,
Des Himmels Herr, der Herr der irdischen Welten,
Der Schöpfer aller in der Höh' und Tiefe,
Der Herr des Alls, der Zeuger aller Götter,
Der König in der Höh', der Herr der Scharen
Und Führer an der Spitze aller Götter,
Der Gott, der selbst sich schafft,
Der Doppelkreisende,
Von Urbeginn an schaffend.
Es preisen dich, o Atum, alle Götter
Als den, der reiner Menschen Seelen schuf;
Als Herrn der Palme, liebegroßes Wesen,
Der Leben ausstrahlt allen Menschenkindern;
Ich preise Dich am Abend meines Tages,
wenn Du versinkst und ich versink mit Dir
Zu neuem Leben.
Die Sonnenbarken sind in lautrer Freude,
wenn sie mit Dir den Ozean durchschiffen,
Und Deine Diener schwelgen im Entzücken.

Geschlagen ist vom Glanze Deines Auges,
Des himmlischen, Dein Widersacher,
Gehemmt ist der Apophis-Schlange Vorwärtsschreiten."

Der Dichter ist kein Heide, obwohl es noch kein Christentum damals gab. Er erblickt in der Sonne symbolisch nur das Auge des Gottes; der Gott selbst ist für ihn unsichtbar. Der Hymnus stammt aus einer ägyptischen Grabinschrift. Die alten Ägypter waren unsterblich, denn ihre Seele lebte in allem.

Wann wird die Zeit kommen, wo wir es wieder werden? Und wann wird die Zeit kommen, wo die Ärzte sich wieder besser auf die Natur einstellen? Dies wird in sehr ferner Zukunft sein. — Es wird dann sein, wenn die Menschheit in ihrer Entwicklung im Allgemeinen ein solchen Naturgefühl sich wieder angenähert hat. Heutzutage kann man sich nicht denken, dass das Heer der Ärzte, das den ganzen Tag zu rennen und zu laufen hat, um die Patienten alle zu versorgen, Zeit hat zu irgendeiner Innenschau, zur Herstellung eines Rapportes zwischen Seele und Natur.

Dieser Zustand von heute ist aber nichts anderes als eine Begleiterscheinung des gegenwärtigen Fiaskos der ganzen medizinischen Wissenschaft. Es gibt nämlich viel mehr Ärzte und viel mehr Kranke als in früheren Zeiten, wo man in der Heilmitteltechnik und in der Chemie nicht so weit voran war. Täglich neue Mittel, neue Medikamente, die aber nach kurzer Zeit wieder abgeben. Niemand spricht mehr von ihnen. Die Summe der Kranken wie der Ärzte wird größer und größer.

Wenn die Menschen wieder Naturzusammenhang empfinden, dann wissen sie, wie sie leben sollen. Es wird weniger Kranke geben. Ärzte wird man nur vereinzelt brauchen, und diese werden dann Menschen sein, die besonders tiefhineinschauen in den Zusammenhang der Organe und ihrer Beziehungen zum Kosmos und zu den in der Natur verborgenen Heilmitteln. Was zu kurieren ist, kann man meist mit ganz einfachen Mitteln zuwegebringen, wenn sie nur richtig gewählt sind. Dies sieht man auch jetzt schon allmählich immer mehr allgemein ein.

So stehen wir eigentlich schon in der Vorstufe eines Zeitalters, wo man mehr individuell vorgeht und die Zusammenhänge schätzt. Da muss die Astrologie einsetzen: sie zeigt den Weg, sie beweist den Ungläubigen die Tatsachen, sie schafft in uns wieder eine Brücke vom Kleinen zum Großen, vom Einzelnen zum Ganzen.

Die Astrologie hat bereits Zusammenhänge von Krankheiten mit Gestirnkonstellationen festgestellt. Man kann das Auftreten von

Krankheiten direkt aus dem Horoskop berechnen. Nun ist man aber auch schon auf dem Wege, die Verbindung der Gestirne mit den Naturdingen auf unserer Erdkruste wieder aufzufinden. Wir kennen eine ganze Anzahl Arzneien, die unter Venus-, Mars-, Saturn-Einfluss usw. stehen. Wir kennen Mineralien und biochemische Mittel, die unter Tierkreiseinfluss stehen. Auch dieses Gebiet muss weiter erforscht werden, was allerdings nur mit Hilfe von Menschen geschehen kann, die die Natur und den Kosmos miterleben können. Dies gilt übrigens für die gesamte Wissenschaft der Zukunft.

Es gibt eine Grenze, wo die Forschung Halt machen muss, wo sie mit den bisherigen Methoden nicht mehr weiterkommt. Die Sinnesorgane werden, selbst bis zum Äußersten bewaffnet, nicht mehr Mittel sein können zur Beschaffung von Erkenntnissen, die über eine gewisse Grenze hinausgehen. Von da ab dringt die Forschung nur dann weiter, wenn sich die Seele mit der Seele der Welt verbindet.

Astrologie und Medizin

In alten Zeiten glaubten weise Männer, dass Körperliches stets mit Geistigem verknüpft sei, und dass körperliche Vorgänge vom Geist regiert werden könnten. Diese Anschauung beruhte auf einem gewissen Pantheismus, wobei man sich die ganze Natur durchseelt dachte.

Das 19. Jahrhundert verstand solches Denken nicht mehr. Mit Mühe schuf es aber allmählich einen Ersatz. Das Abendland rang sich zu einer jener alten nicht unähnlichen Auffassung durch, nämlich zu dem Monismus, und stellte den Satz vom psychophysischen Parallelismus auf, wonach im Menschenkörper nichts Seelisches geschehen könne, was nicht auch seine körperlichen Äquivalente habe, so auch umgekehrt. Dabei dachte man sich natürlich die Welt nur aus Stoff im physikalischen Sinne bestehend.

Seelisches war nur Funktion von Körperlichem. Anders früher; die Welt war Geist und das Körperliche dessen Ausfluss. Der „Parallelismus" der Alten war viel umfassender und vernünftiger als der unserige, und die heutige Wissenschaft wird noch eine Weile im Trüben fischen, bis sie wieder dahin kommt, solchen zu akzeptieren. Alle Dinge hatten Beziehungen zueinander und die Beziehungen gingen über die Grenzen der Einzelwesen hinaus bis hinauf zu den Sternen. So war das Erdenleben der Menschen mit dem Kosmos verknüpft und nichts geschah im Kosmos, was nicht auf der Erde seine Widerspiegelung hatte.

Die moderne Astrologie hat nun bewiesen, dass dies eine Tatsache ist. Im ganzen Naturwerden zeigt sie einen Zusammenhang scheinbar ganz getrennter Dinge. Typen gleicher Abstimmung in allen drei Naturreichen; damit Entsprechungen und Verwandtschaften, so Mensch mit bestimmten Tieren, Pflanzen, Mineralien.

Parallelismus: Große Grundprinzipien regieren das Leben und Geschehen aller Dinge auf Erden, es sind die Planetenkräfte; sie sind in alles hineingegossen, sie wirken in allem weiter.

Es mag angefochten werden, ob diese Kräfte wirklich von den uns bekannten Himmelskörpern ausgehen, oder ob sie ganz anderer Herkunft sind und die Planetenbewegungen nur Räderwerk einer Welten- und Schicksalsuhr darstellen, erwiesen ist aber eine solche einheitliche Durchwirkung des Lebendigen, und das Auffallende ist, sie ist nach Planetenbewegungen berechenbar.

Nehmen wir z. B. den Marseinfluss; er wirkt in der Natur anregend, tonisierend, begleitet in der mineralischen Welt Oxydation, erzeugt in der Pflanze scharfe und brennende Säfte, beherrscht in der Tierwelt das Blut, das Muskelsystem. Er ist stets „männlich" zu nennen, erzeugt die Bewegung in der männlichen Samenzelle, und überhaupt deren Bau, der ja ganz und gar Bewegungsorgan darstellt. Venuswirkung ist gerade das Gegenteil.

Anders wieder Saturn, er stellt das hemmende Prinzip dar. Eine alte Bezeichnung für Saturnwirkung war „kalt, zusammenziehend, herb"; damit war symbolisch ziemlich treffend etwas über die Grundstimmung der Saturnwirkung angedeutet. Saturn verlangsamt alle Prozesse, er verhärtet. Im Mineralreich begleitet er Reduktion, Kristallisation und Sedimentierung. Bei den Pflanzen begünstigt er den Verholzungsprozess, bildet Stützgewebe, erzeugt Gerbstoffe. Im Tier- und Menschenkörper untersteht ihm die Verknöcherung und Verkalkung. Wir haben es also bei den Planetenkräften mit ganz bestimmt abgegrenzten Wirkungssphären zu tun, die in jedem Naturreich sich spezifisch äußern. Es würde zu weit führen, hier noch die anderen Planeten zu beschreiben, da wir nachher doch darauf zurückkommen. Nun gibt es außer dieser Allgemeinwirkung noch die sogenannte Typenwirkung, die darin besteht, dass ein Lebewesen ganz Ausdruck eines bestimmten Planeten sein kann. Menschen mit einem bestimmten Planeteneinfluss haben eine diesem entsprechende Form und Körperbeschaffenheit. Auch die Tierkreiszeichen prägen dem Menschen eine bestimmte Form auf. Man unterscheidet Feuer-, Wasser-, Luft- und Erdzeichen, die dem darin Geborenen je eine bestimmte Form geben. Es ist nun naheliegend, zu fragen, was auch eingangs schon erörtert wurde, ob unter Naturprodukten, die unter gleichen planetarischen Einflüssen stehen, auch gegenseitige Beziehungen vorhanden sind? Ob z. B. ein Mensch, der ganz ausgeprägten Saturneinfluss hat, eine gewisse Beziehung zu einer vorwiegenden Saturnpflanze hat oder zu einem Mineral, dass typisch saturnisch ist?

Diese Frage muss bejaht werden. Man kann durch das Horoskop direkt gewisse Verwandtschaften ausfindig machen und dann auf ihre Tatsächlichkeit hin prüfen. Feinfühlige Menschen werden auch schon rein gefühlsmäßig zu den ihnen verwandten Naturtypen hingezogen.

Diese Tatsachen sind ungemein wichtig für die Frage „Astrologie und Medizin". Gewisse Störungen in unserem Körper, die mit einer ungünstigen Planetenstellung im Horoskop zusammenhängen, könnten durch Naturprodukte korrigiert werden, die einen entgegengesetzten

Planeteneinfluss tragen. Dem Saturn könnte z. B. auf diese Weise der Mars entgegengesetzt werden. Bei homöopathischer Behandlungsweise müssten wir den gleichnamigen Einfluss wählen. Natürlich müsste das Medikament dann potenziert (verdünnt) werden. Die astrologische Medizin hat bereits eine ganze Reihe von Medikamenten nach Planeteneinflüssen rubriziert und besonders für die homöopathische Anwendung nutzbar gemacht. Letztere Methode ist auch nach den Erfahrungen der Astrologie viel rationeller, man findet schon beim Studium der homöopathischen Arzneimittellehre eine Masse von Arzneimittelwirkungen, die sofort erkennen lassen, unter welchen Planeteneinflüssen diese Mittel stehen. Z. B. in der Wirkung, wie auch in der äußeren Gestalt der Actaea spicata erkennen wir sofort die Saturnpflanze. Die Wilrkung bei der Prüfung enthält folgende Hauptpunkte: Krankheit durch Feuchtigkeit, Nässe; hauptsächlich Neuralgien und rheumatische Beschwerden. Deprimierte Gemütsstimmung. Gefühl, als ob eine düstere Wolke oder eine schreckliche Traurigkeit sich auf das Gemüt senke.

Dies ist ganz und gar der Saturntyp, und das aus der Pflanze gewonnene Medikament wird bei unter Saturn geborenen Menschen stets ein ausgezeichnet passendes homöopathisches Heilmittel sein.

Einige Ärzte sind bei der Arzneimittelbeschreibung sogar so weit gegangen, dass sie direkt personifizierten, als seien die Pflanzen Individualitäten mit bestimmtem Charaktertyp. Praktisch war dies von großer Bedeutung. Durch die Kenntnis der Mittelindividualitäten wusste man sofort, bei welcher Art Menschen man ein bestimmtes Mittel anzuwenden hatte. Die wahre Heilkunst behandelt ja den Menschen und nicht nur die Krankheit. Durch diese Art der Einstellung ist die Homöopathie der Astrologie noch näher gekommen, ohne es zwar zu wissen. Die homöopathischen Arzneimittelprüfer haben unbewusst der Astrologie Bausteine zugetragen. Z. B. über Pulsatilla (Küchenschelle) konnte man in dieser personifizierenden Art sagen: Fräulein Pulsatilla ist von zarter Beschaffenheit, meist blond, weint sehr leicht, hat Launen, ist etwas unberechenbar. Am besten geht es ihr in frischer kalter Luft. Alle Funktionen treten bei ihr zu spät ein usw.

Wir erkennen hier sofort den Mond-Typ; die Pflanze wirkt auf das Periodische bei der Frau, auf Erkältungen, auf Erkrankungen, die mit der Geschlechtssphäre zusammenhängen. Merkwürdig ist, dass die Pflanzen auch durch ihr Äußeres oft auf die Menschen oder die Kranken hinweisen, für welche sie passen. Schon Paracelsus hat darauf aufmerksam gemacht, neuerdings Schlegel. Es ist aus dieser Beobachtung die sogenannte Signaturenlehre hervorgegangen.

Schon früher hat man eine große Reihe Pflanzenheilmittel astrologisch rubriziert (die alten Angaben bedürfen jedoch einer Nachprüfung). Bei den Mineralien bestehen nur vereinzelte Angaben, in Bezug auf die tierischen medizinischen Produkte fehlt noch fast alles.

Die überlieferten Berichte enthalten leider das Material zu sehr gemischt, eine reine Therapie kann man daraus nicht herleiten. Man hob Dinge besonders hervor, die heute weniger Beachtung verdienen. So legte man z. B. besonderen Wert darauf, die Edelsteine unter die Tierkreiszeichen zu verteilen und stellte damit Beziehungen zwischen Astrologie und Sympathiekunst her. Für die Medizin wäre es viel wichtiger zu wissen, unter welchen Tierkreiszeichen die wichtigen therapeutisch verwendeten Chemikalien, wie z. B. Jod, Arsen, Schwefel usw. stehen, als die Edelsteine.

Eine Gesamtbeschreibung von mineralischen, pflanzlichen und tierischen Arzneiprodukten wird, astrologisch eingeteilt, in der zweiten Auflage von „Sternenmächte und Mensch“ enthalten sein.

Wichtig ist auch, zu wissen, unter welchen Einflüssen die sogenannten biochemischen Mittel stehen.

Es gibt ungefähr 15 Mineral-Salze, die im menschlichen Blut und Gewebe vorkommen. Schüßler hat die 11 wichtigsten nach homöopathischen Regeln verarbeiten lassen und sie als Medikamente verwendet; er stellte die Theorie auf, Krankheit entstünde, wenn eines oder mehrere dieser Salze in den Geweben vermindert sei. Die Entmineralisierungstheorie als Ursachenerklärung der Krankheit hat viel Wahres an sich. Zufuhr von Salzen ist sicher bisweilen nötig. Jedoch liegt die Wirkung der Schüßlerschen biochemischen Mittel, die eigentlich homöopathische Mittel sind, viel tiefer. Es kann sich hierbei nicht um eine Zufuhr fehlender Stoffe handeln, dazu ist die homöopathische Dosis viel zu gering. Man könnte annehmen, dass der Organismus durch diese Mittel eine Anregung erhalte, die fehlenden Stoffe aus der Nahrung wieder aufzunehmen, was er bisher verlernt hatte. Augenblicklich besteht ein Streit darüber, ob es so oder anders zu denken sei. Die Astrologie ist in der Lage, Licht in diese Angelegenheit zu bringen. Darnach ist die obige Auffassung zum Teil richtig, aber in ganz anderer Art. Unter bestimmten Tierkreiszeichen Geborene verlangen ein Plus an bestimmten Stoffen. Der Organismus begehrt dieselben heftig, er kann sie nicht rasch genug heranschaffen; z. B. der Widdergeborene kann nie genug Eisen, der Krebsgeborene nie genug Kalk bekommen. Es besteht also bei den verschiedenen Typen eine gewisse Gier des Organismus nach diesen Stoffen. Und dies ist die Quelle der Krankheit. Der Widdergeborene stellt das klinische Eisenbild, der Krebsgeborene das Kalkbild dar. Zufuhr von allopathischen Quantitäten dieser Stoffe würde den Organismus, der ohnehin von ihnen sehr leicht überlastet wird, nur noch mehr in Disharmonie bringen. Die homöopathische Dosis, die quasi die Seele des Heilmittels erschließt, kann diesen Organismushunger beruhigen und damit Krankheit zum Ausgleich bringen. So hat schon Paracelsus die Heilkunde aufgefasst: Die Prinzipe, die „Geister" der Heilmittel heilen, und nicht der Stoff!

Es sei hiermit versucht, zwölf biochemische Mittel dem Tierkreisschema einzureihen:

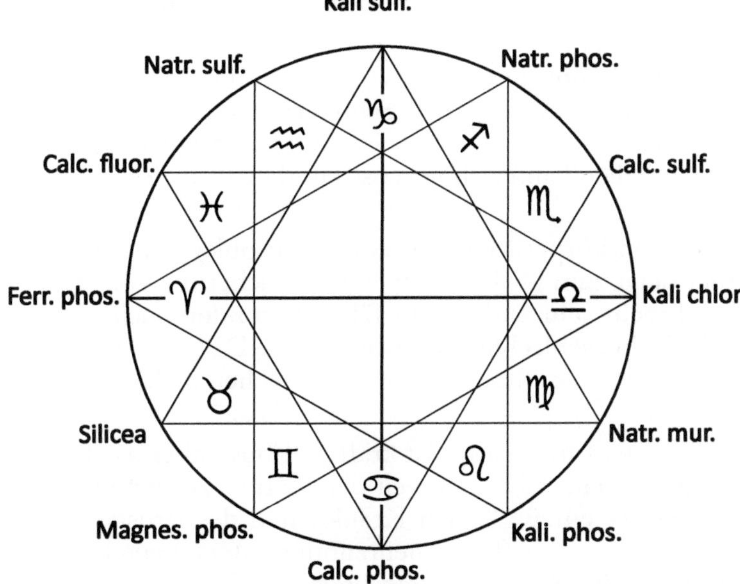

Im Horoskop ist es meist der Aszendent, aus dem man auf die typischen Mittel schließen kann; es kann aber auch ein anderes, durch Planeten, oder durch „Lichter"(Sonne und Mond) stark besetztes Zeichen, oder das Zeichen des sechsten Hauses in Betracht kommen.

Darüber entscheidet die Eigenart des Gesamthoroskopes. Die obige Skizze soll nicht so gedeutet werden, als gehörten die Arzneimittel zu verschiedenen „Häusern"; es ist nur eine allgemeine Gegenüberstellung von Tierkreis und biochemischen Mitteln versucht, wobei nicht nur der der, sondern auch jedes andere Zeichen mit seinem zugehörigen Mittel Aszendent sein kann. Nun wollen wir kurz zeigen, welche Krankheitszustände aus dem Horoskop gefolgert werden können und dann zu praktischen Beispielen und Anwendungen übergehen.

A. Tierkreiszeichen: (Bild 3)

1) Widder: Dies Zeichen beherrscht den Kopf und seine Teile. Ungünstig im Horoskop bestrahlt, erzeugt es Kongestionen (besonders mit Mars) oder Neuralgien (mit Saturn) Neigung zu hohem Blutdruck.

2) Stier: Beherrscht nicht nur den Nacken, wie die Überlieferung sagt, sondern bewirkt auch eine gewisse Verdickung der Säfte. Zu gute Ernährung führt zu Störungen allerlei Art, besonders zu Stein- und Griesbildung. Stiergeborene haben bisweilen Gallensteine.

3) Zwillinge: Hier schadet die gute Ernährung nicht. Es handelt sich hauptsächlich um eine nervöse Konstitution. Dies Zeichen beherrscht die Atmungsorgane sowie Schultern und Arme. Die Zwillingsgeborenen müssen sich vor Erkältungen der Luftwege in Acht nehmen. In schlimmen Fällen kann sich nervöses und bronchiales Astma ausbilden.

4) Krebs: In körperlicher Beziehung ein phlegmatisches Zeichen. Der Körper neigt zum Dickwerden, zur Anreicherung von Wasser. Die Organe sind nicht sehr widerstandsfähig, besonders nicht der Magen. Die Ursache ist bei schlechter Bestrahlung eine Disharmonie im sympathischen Nervensystem. Krebsgeborene erreichen nicht immer ein hohes Alter.

5) Löwe: Der Organismus ist kräftig, robust, aber das Herz ist ein empfindliches Organ, vielleicht weil der Körper zu viel von ihm verlangt. Neigung zu entzündlichen Krankheiten des Brustkorbes, meist einhergehend mit Fieber (Lungenentzündung, Herzbeutelentzündung, Rippenfellentzündung). Gute Lebenskraft, viel Wärmeerzeugung.

6) Jungfrau: Hier ist der Darm der empfindlichste Teil (im Zusammenhang mit dem Bauchsympathikus). Es entstehen im Organismus leicht Selbstgifte, die, vom Darm kommend, das Nervensystem schädigen, neurasthenische Zustände erzeugen, aber auch auf das Rückenmark übel einwirken können.

7) Waage: Dies Zeichen wirkt auf die Region der unteren Wirbelsäule und der Nieren. Die Nieren bilden eine gewisse Waage für den Organismus, indem sie dessen Wasserbilanz im Gleichgewicht halten. Im Allgemeinen haben die Waagegeborenen sehr gesunde Organe. Jedoch treten bei irgendwelchen Störungen gleich große Schwankungen des Befindens auf. (Abmagerung, Schlaflosigkeit, nervöse Unruhe.)

8) Skorpion: Dies ist das Zeichen der latenten Energie, gibt sehr viel Schaffenskraft und Ausdauer. Im Mittelpunkt seiner Wirkung steht das Sexualsystem und dessen Krankheiten. Allerlei Eiterungen und verdächtige Abszesse werden dem Skorpion zugeschrieben. Ferner auf das geistige Leben übergreifende Störungen des Körpers. Skorpioneinfluss bringt bisweilen Vergiftungen.

9) Schütze: Sein Bereich ist das Hüftgebiet und das Muskelsystem im Allgemeinen. Viele Sportsleute stehen unter dem Schützen. Ist das Zeichen beschädigt, so treten Unglücksfälle, Brüche, Verletzungen oder Gelenksentzündungen auf. Ausschweifungen schaden sehr. Neigung zu seelischen Spannungszuständen.

10) Steinbock: Ein schwer zu verstehendes Zeichen; es soll die Knie beherrschen, das Wirkungsfeld ist aber viel umfassender. Steinbock erzeugt in ungünstiger Bestrahlung Verhärtungen, Verstopfungen, seelische Hemmungen und Depressionen. Der Körperbau ist bisweilen schlecht proportioniert.

11) Wassermann: Bewirkt in schlechter Lage und Besetzung Blutverschlechterung, Stockung der Säfte, Entartung mit den verschiedensten Folgen. Viele Wassermanngeborene gehören zu der sogenannten „minderwertigen Konstitution“ (Rachitis, Kinderkrämpfe).

12) Fische: Dies Zeichen soll die Füße regieren, hat aber hauptsächlich Beziehungen zum Stoffumsatz. Schlecht bestrahltes Fischzeichen kann irreguläre Wachstumsvorgänge erzeugen, z. B. Fettansatz, innere Geschwulstbildung, Missbildung.

Haben die Tierkreiszeichen allgemeine Beziehungen regionärer Art, so erstreckt sich die Wirkung der Planeten und der Sonne mehr auf einzelne Organe, wobei aber eingeräumt werden muss, dass die Organe nur Brennpunkte von durch den ganzen Körper hindurchgehenden Systemen sind. Wird z. B. die Leber dem Jupiter zugeschrieben, so ist damit die Wirkung dieses Planeten auf das ganze System der Synthese, das nur in der Leber eine gewisse Zentralstelle hat, ausgedehnt zu denken.

Wir wollen die Planetenbeziehungen kurz skizzieren.

1) Saturn: Dieser Planet beherrscht Verdichtungen und Verhärtungen; er ist das hemmende, in gewissem Sinne auch das zerstörende Prinzip. Im Körper ist er der Freund der weißen Blutkörperchen und

Feind der roten. Die roten werden vom Mars beherrscht, der der Herr der Oxydation ist. Saturn ist Feind des Mars und Feind der Oxydation. Die roten Blutkörperchen werden ja in der Milz, dem Zentralorgan des Saturn, zerstört. Krankheiten des Saturn sind solche, die mit Mangel an Oxydation zusammenhängen, Fäulnisprozesse, verdeckte Eiterungen, wie sie beispielsweise bei der Lungentuberkulose vorkommen.

Auch Feuchtigkeit und Kälte schaden den Saturngeborenen, es entstehen daraus bei den Betreffenden Rheumatismus, Gicht, Nicrenleiden, ferner Erkältungen, aus denen schleichende innere Krankheiten hervorgehen, eventuell mit Exsudaten.

2) Jupiter: Beeinflusst ein ganz anderes System nämlich den Stoffaufbau, die Synthese. Er macht aus niederen Stoffen höhere, wirkt im Darm, im Blut und besonders in der Leber. Die Leber ist eine Fabrik, in der etwa 21 verschiedene Stoffe hergestellt werden.

Die Störungen eines im Horoskop beschädigten Jupiter bewirken Stoffwechselstörungen (Zucker), Krankheiten der Leber, des Darmes, sowie allgemeine Abbaukrankheiten (Krebs); bei letzterem wirkt noch ein anderer Planeteneinfluss mit.

3) Mars: Der Kriegsplanet bewirkt auch im Organismus eine Art Kampf. Als Beherrscher des Blutes sorgt er für die dem Lebensunterhalt nötige Oxydation, für den sogenannten Verbrennungsprozess. Er hat Beziehungen zu dem aus der Luft aufgenommenen Sauerstoff, der in der Lunge an die den Körper durchwandernden roten Blutkörperchen gebunden wird.

Das Eisen des „Marsgottes“ spielt dabei eine besondere Rolle. Der rote Blutfarbstoff erhält nur durch die in ihm vorhandene große Menge Eisen seine Farbe. Im Muskelsystem bewirkt der Mars die Auslösung von Energie. Im Darm wirkt Mars als Ferment, besonders in der Form der Galle, die als umgewandelter Blutfarbstoffaufgefasst werden kann.

Die schädigende Wirkung des Mars äußert sich in Verletzungen, Blutergüssen (Mars mit Mond in Konjunktion ist für Frauen, Mars mit Sonne für Männer ungünstig). Mars bewirkt im Allgemeinen Entzündungskrankheiten, ferner Krankheiten mit heftigem Charakter und großen Schmerzen (Gallensteinkolik).

4) Merkur: Hat eine mehr abgegrenzte Wirkung; er beeinflusst die Sinnesnerven und die Nerven der oberen Gliedmaßen. Als Götterbote wurde Gott Merkur bei den Griechen Vermittler zwischen Götter und

Menschen. Diese Rolle haftet auch dem astrologischen Merkur in gewissem Sinne an. Er vermittelt zwischen den Dingen der Außenwelt und dem Körper. Einesteils geschieht dies bereits durch die Sinnestätigkeit, dann besonders auch durch die Sprachorgane. Auch das Gebiss beherrscht der Merkur. Ein anderes Gebiet, das unter seinem Einfluss steht, sind die Schleimhäute (Hals, Nase, Harnröhre, After), durch welche ebenfalls in einer gewissen Weise Stoffe zwischen dem Körper und der Außenwelt kommunizieren. In krankmachender Weise spielen dabei die Bazillen eine Rolle. Merkur in ungünstiger Stellung ist daher der Förderer von Infektionskrankheiten (Diphterie, Angina, Bronchialkatarrh. Schnupfen, Bindehautkatarrh, Typhus, Ruhr, Tripper usw.) oder chronischen Schleimhautreizungen.

5) Venus: Diesem Planeten werden die Nieren zugeschrieben. Dies ist aber nur ein kleiner Abschnitt seiner viel umfassenderen Tätigkeit. Venus hat mit allen Drüsen etwas zu tun, entgiftet also den Körper nicht nur durch den Harn, sondern auch im Allgemeinen. Die Lymphdrüsen z. B. fangen im Körper Gifte ab, die Lymphe fördert sie zur Ausscheidung. Venus ist im Körper Vermittler zwischen Mars und Saturn, die einander aufreiben würden. Sie liefert im Blute die Lymphozyten (Lymphkörperchen), die zwischen den weißen(♄)und roten(♂)Blutkörperchen stehen. Venus beherrscht auch die drüsenreiche Haut und die durch die Haut bedingte Formbildung. Sie überzieht Wunden mit schützender Decke usw. Geschädigte Venus ist Anlass zu allerlei Missbildungen, Neubildungen sowie Krankheiten, die in der Lymphe ihren Sitz haben (Syphilis).

6) Sonne: Dieser Zentralkörper zeichnet sich durch eine Beziehung zum Blutkreislauf, zum rhythmischen Schlag des Herzens aus. Die Sonne wirkt je nach dem Tierkreiszeichen, in dem sie steht, auf besondere Teile ein. Ferner wirkt sie auch auf das Großhirn. Sie weht auf diesem Wege dasjenige in den Körper hinein, was durch das geistige Leben geschaffen wird, z. B. Lebensgewohnheiten. Schlechte oder widernatürliche Lebensart schlägt sich bekanntlich im Körper nieder. Daraus werden Krankheiten. Fettsucht, Arterienverkalkung sind beispielsweise meist als solche Krankheiten zu bezeichnen. Derartige Wirkungen werden sich an den, dem Tierkreiszeichen der Sonne entsprechenden Stellen im Körper bemerkbar machen.

7) Mond: Hat die Sonne die Einflüsse des Handelns auf den Körper zu übertragen, so besorgt der Mond dies in Bezug auf das Gefühlsleben. Er beherrscht das sympathische Nervensystem, damit die sogenannte Lebenskraft, die entweder in diesem zirkulierend oder mit ihm identisch gedacht werden mag. Zusammenhängend damit fällt unter Mondeinfluss das Unterbewusstsein, das Traumleben und die dazu gehörenden Organe (Kleinhirn, subcortikale Ganglien).

In der Jugend beeinflusst der Mond stark die Wachstumsvorgänge. Ist der Mond schlecht bestrahlt, dann entstehen schwere Störungen der Lebenskraft; die Widerstandskraft gegen Krankheiten jeder Art ist gebrochen. Die Art der Krankheiten erweist sich durch die mit dem Mond verbundenen Planeten und Tierkreiszeichen. Die wesentlichen Krankheiten des Mondes haben seelische Begleitsymptome. Hysteriker haben stets eine schlechte Mondbestrahlung im Horoskop.

8) Die noch übrigen Planeten *Uranus* und *Neptun* haben nur geringe Beziehungen zum Körper.

Uranus hat anscheinend mit Teilen des Gehirns und mit vereinzelten Drüsen zu tun. Geschädigt, verursacht er angeborene Defekte des Gehirns oder später auftretende katastrophale Störungen (Unfälle).

Neptun hängt mit mediumistischen und abnormen Schlafzuständen zusammen, erzeugt in ungünstiger Stellung schleichende, schwer erkennbare Krankheiten, bewirkt seelische und körperliche Missbildungen. Im Anschluss an diese Charakterisierung der verschiedenen Wirkungen soll nun an einigen Horoskopen von populären Persönlichkeiten gezeigt werden, wie sich deren Krankheiten astrologisch kennzeichneten.

☉ ☿ ♀ ♂ in ♎
♃ ♅ in ♒
1. Kaiser Friedrich III. ♄ ☍ ☽

Diese Persönlichkeit starb an einem Krebsleiden. Bei Betrachtung des Geburts-Horoskopes fällt uns gleich auf, dass sich in der Waage eine Häufung von Planeten befindet und dass im Übrigen kein einziger Planet in einem Feuerzeichen steht, was eine sehr einseitige Verteilung der Funktionen anzeigt. Dann wird Jupiter durch Uranus, Venus durch Mars beschädigt. Saturn ist erhöht und greift den Mond durch Opposition an, andererseits wird die Sonne durch den verdächtigen Neptun belästigt. In diesem Horoskop sind die Lebensabschneider typisch an der Arbeit und die sogenannten Beschützer (Jupiter und Venus) sind ohnmächtig.

2. Stinnes: starb nach einer Operation wegen Gallensteinen.

Im Horoskop stehen Sonne und Mars in Konjunktion, Jupiter und Merkur im Quadrat, Jupiter im Stier unweit des Aszendenten.

♂ ☌ ☉
♃ □ ☿

Eine Reihe Planeten sind im zwölften Haus eingesperrt, woraus auf Krankenhaus und Gefahr durch Operation(☌ ☉ ♂) geschlossen werden konnte.

3. Harding, der amerikanische Präsident, starb an Fischvergiftung.

Sein Aszendent steht selbst in den Fischen. Im achten Haus hat er Skorpion, besetzt durch eine Planetenhäufung.

☉ ♀ ♂ ♄ im VIII. Haus und VIII. Zeichen.

In Opposition dazu steht der Mond.

Tod durch Vergiftung konnte aus diesem Horoskop leicht geschlossen werden.

4. Reichspräsident Ebert.

Das Horoskop wurde bereits 1923 von mir veröffentlicht (siehe „Sternenmächte und Mensch“). Es wurde damals betont, dass das Ende dieser Persönlichkeit nicht durch politischen Sturz erfolgen könne, sondern durch Krankheit. Saturn im achten Haus (Todeshaus) im Q1adrat zu Mars, und dieser in Opposition zu Neptun, dann Merkur in Opposition zu Mond mit Uranus geben Anlass zu sehr verwickelten Komplikationen im Verlauf von Krankheiten, sowie zu Todesgefahren bei Operationen.

5. Ex-Kaiserin von Mexiko. Sie starb kürzlich im Irrenhaus nach jahrzehntelanger Geistesgestörtheit.

Im Geburtshoroskop befindet sich eine Häufung von Planeten in den Zwillingen.

☉ ☿ ♀ ♂ in ♊

Dieser ganze Komplex ist durch eine Opposition von Saturn angegriffen, was sehr dazu angetan ist, geistige Störungen auszulösen. Dazu hat noch der Mond (in ♍) eine Opposition von Uranus (in ♓), und der Widder steht im Aszendent. Dies ist ebenfalls eine typische Konstellation für geistige Störung.

6. Ludwig XIV. Es wird angegeben, dieser König sei an den Schwarzen Pocken gestorben. Er müsste, da diese Krankheit mit einer Schädigung der Lymphe einhergeht, im Horoskop eine angegriffene Venus haben. Die Venus steht dort in Konjunktion mit dem Monde, und beide Himmelskörper werden von einer Opposition des Saturn im Wassermann (das Tierkreiszeichen der Blutsverschlechterung) angegriffen. Außerdem steht der Neptun mit dem Skorpion im Aszendenten. Solche Beispiele könnten nun noch massenhaft angeführt werden. Bei eingehender Prüfung wird man sich von der Tatsächlichkeit der Zusammenhänge von Horoskop und Krankheit überzeugen.

Nun wollen wir die Frage behandeln, wie man die Ergebnisse praktisch verwenden könnte. Selbstverständlich kann in dieser kurzen Arbeit nur Allgemeines darüber gesagt werden.

Man wird zunächst das Horoskop des noch Gesunden fragen, welche Organe schwach sind, welche Kräfte und Substanzen dem Körper fehlen. Schon in frühester Jugend könnte man dies ermitteln, ja man könnte sogar ermitteln, welche Elemente dem Betreffenden in Zukunft fehlen werden, da man durch das Horoskop die ganze Entwicklungsrichtung des werdenden Menschen in Erfahrung bringt.

Damit würde man die Untersuchungsmethoden der heutigen Medizin bei Weitem übertreffen. So könnte etwa in der Jugend durch Diät, hygienische Maßnahmen, biochemische oder andere Mittel auf die Harmonisierung des Körpers hingewirkt werden. Der Stiergeborene sollte z. B. möglichst eine leichte Kost einhalten, sich von zu viel Eiweißstoffen etwas zurückhalten. Der Wassermann-Beeinflusste müsste von Zeit zu Zeit Blutauffrischungskuren machen, der Krebsgeborene sollte sich von Seuchenherden ganz besonders fernhalten usw.

Was Diät betrifft, gibt das Horoskop sehr wichtige Hinweise. Es zeigt vor allem, dass die Menschen nicht alle das Gleiche essen dürfen, oder wenigstens nicht in den gleichen Mischungen die sonst üblichen Speisen aufnehmen sollten.

Es gibt vier Hauptnahrungsstoffe, die der menschliche Organismus braucht.

I. Kohlehydrate (Zucker, Mehlspeisen, stärkehaltige Nahrungsstoffe).

II. Salze (in Gemüsen, Obst in Mineralstoffen).

III. Fette (Butter, Öl, Speck, fettes Fleisch).

IV. Eiweißarten (Eier, Fleisch, Käse).

Die in Feuerzeichen Geborenen sollten sich hauptsächlich an Kohlehydrate halten, die unter Erd-Zeichen Stehenden sollten sich reichlich Salze zuführen, die Träger der Luft-Zeichen müssen Fette genießen und die der Wasserzeichen Eiweißstoffe.

Es ergibt sich daraus folgendes Schema:

Kohlehydrate ♈ ♌ ♐
Salze ♉ ♍ ♑
Fette ♊ ♎ ♒
Eiweißstoffe ♋ ♏ ♓

Durch Innehalten dieser Richtschnur ließe sich für den Einzelnen (wobei natürlich auch Übergänge in Betracht kommen) eine ganze Reihe von Krankheitsmöglichkeiten in der Zukunft vermeiden.

Schwache Organe oder Körperteile, aus dem Horoskop ersichtlich, könnte man schützen. Der Löwe-Geborene sollte z. B. stets auf sein Herz achten, besonders nach einer Halsentzündung oder nach Rheumatismus. Er dürfte nach einer Erkältung nicht zu früh aus dem Bett gehen, da bei ihm die Gefahr, dass gewisse Gifte sich in inneren Organen festsetzen, größer ist als bei anderen.

Der Jungfrau-Beeinflusste muss auf seinen Darm achten, der Fisch-Geborene soll Fußpflege treiben. Kinder mit bösen Saturn-Einfluss sollte man streng vor Nässe und Kälte bewahren, mit hervortretendem Mars jedoch frühzeitig abhärten durch kaltes Wasser. Ist nun eine Krankheit ausgebrochen, so kann das Horoskop in folgenden Fällen zu Hilfe genommen werden.

I. Falls die Diagnose nicht geklärt ist. Man sollte in den Aspekten nach feineren Zusammenhängen suchen und könnte dadurch auf die Ursache der Krankheit oder wenigstens auf die Organzusammenhänge derselben kommen.

II. Zur genaueren Wahl unter einer Reihe von Heilmitteln. Unter mehreren für eine Krankheit in Betracht kommenden Mitteln kann mit Hilfe des Horoskops das Treffendste herausgefunden werden. Z. B. bei Lungenentzündung würde man erfahren, ob der Patient stärkere, auf das Herz wirkende Reizmittel benötigt und verträgt. Bei Darmleiden wüsste man, ob der Patient mild oder drastisch, pflanzlich oder mineralisch behandelt werden müsste. Bei Hautkrankheiten erführe man, ob durch innere oder äußere Mittel eingewirkt werden soll. Außerdem wäre feststellbar, ob überhaupt eine medikamentöse, oder lieber eine physikalische oder rein diätetische oder gar psychische Behandlung angebracht ist. Was für Anhaltspunkte hat die heutige Medizin für diese Unterschiede ? Keine ! Der eine Arzt behandelt alle Patienten physikalisch, der andere alle medikamentös, der dritte psychisch usw. Der Patient muss sich also nach dem Arzt richten und nicht der Arzt nach dem Patienten. Individuelle Unterschiede werden nicht gemacht. Das Horoskop fordert solche.

Bei homöopathischer Behandlung gibt das Horoskop ganz bedeutende praktische verwertbare Aufschlüsse. Sie ist schon ihrer Natur nach astrologisch und kann deshalb im Mittelpunkt jeder anderen Behandlung stehen. Unbewusst nach astrologischen Regeln suchen ja die homöopathischen Ärzte schon längst die individuell passenden Mittel aus.

Das Horoskop erlaubt uns hier ganz eingehend die Typenverwandtschaft des Patienten zu homöopathischen Heilmitteln ausfindig zu machen, wie dies eingangs dieses Aufsatzes ja schon erwähnt wurde. Die Pflanzen und organischen Stoffe stehen mehr unter Planeten-, die anorganischen Stoffe (Mineralien) mehr unter Tierkreiseinfluss.

Es seien hier einige wichtige Pflanzen- und organische Mittel rubriziert. Dabei soll hier allerlei Ballast, der in der Überlieferung immer noch mitgeschleppt und von den Astrologen treulich aufgeführt wird, vermieden werden.

Saturn: Aconit, Actaea, Stramonium, Aloe, Rumex.
Saturn-Jupiter: Veratrum, Dulcamara, Staphisagra, Digitalis.
Saturn-Mars: Strophantus.
Saturn-Mond: Belladonna, Mohn.
Saturn-Venus: Bryonia, Hyoscyamus, Sabina,
Saturn-Merkur: Thuja, Conium, Daphne Mezereum.
Mars: Spigelia, Rhus tox, Arum triph. Colocynthis, Ipecacuanha, Podophillum.
Mars-Jupiter: Eupatorium, Nux moschata, Ricinus, China.
Mars-Mond: Ignatia, Nux vomica, Sepia.
Jupiter: Arthemisa abs., Carduus marian. Gentiana, Alanthus, Helleborus, Iris versicolor.
Jupiter-Sonne: Amica.
Sonne: Rhododendron, Pinus silv., Calabar, Therebintina.
Mond: Paeonia, Secale, Anacardium, Pulsatilla.
Mond-Merkur: Asa foetida.
Venus: Calendula, Hamamelis, Chamomila, Cinnamomum, Granat, Phelandrium, Apis, Prunus, Ruta, Viola tricolor.
Venus-Merkur: Millefolium, Sarsaparilla.
Venus-Mars: Coffea, Capsicum.
Merkur: Aethusa, Melilotus, Petroselium, Sabadilla.
Uranus: Asparagus, Colchicum, Juglans, Ledum, Uva ursi, Kalmia, Ambra.
Uranus-Sonne: Glonoin.
Neptun: Cicuta, Valeriana, Bufo.

Soweit die Pflanzenmittel und einige organische Stoffe; es sind nur wenige im Vergleich zu dem ganzen Arzneischatz. Anschließend soll noch ein Tierkreisschema einiger wichtiger mineralischer Mittel aufgestellt werden. Es soll damit nicht behauptet werden, dass sie nicht auch unter Planeteneinfluss stehen, ebenso wie ja auch alle Pflanzen Tierkreiszeichen untergeordnet werden können. Der stärkere Einschlag beim Organischen ist jedoch Planetenwirkung, der stärkere beim Anorganischen, das quasi ein Fixes darstellt, Tierkreiswirkung.

1. Widder: Eisen, Flusssäure, Mangan.
2. Stier: Sulfur, Heparsulfur, Silicea, Bromsalze.
3. Zwillinge: Jod, Magnesium.
4. Krebs: Calc. carb., Antimon, Acidum hydrochlor.
5. Löwe: Kali phos., Carbo veget., Sulfur acid.
6. Jungfrau: Argentum, Natrium und deren Salze.
7. Waage: Cuprum, Wismut, Aurum.
8. Skorpion: Kali bichrom, Ammon. carb., Nitri acidum, Salpeter.
9. Schütze: Phosphor, Stannum, Zincum.
10. Steinbock: Aluminium, Graphit.
11. Wassermann: Arsen, Calc. arsen., Qiecksilber.
12. Fische: plumbum, Platin.

Zu bemerken ist zu diesen Tabellen, dass bei homöopathischer Anwendung die Mittel desselben Tierkreiszeichens oder Planeten anzuwenden sind, das im Horoskop des Betreffenden der Krankheitserscheinung entspricht.

III. Eine weitere Nutzanwendung des Horoskopes wäre die, dass man geeignete Zeiten zum Einnehmen der Arznei festsetzen würde. Das Horoskop gibt bereits im Allgemeinen schon einen bestimmten Hinweis darauf. Die vier Kardinalspunkte entsprechen durchschnittlich den Zeiten:

8 Uhr vormittags
12 Uhr mittags
5 Uhr nachmittags
12 Uhr nachts.

In diesen Tageszeiten finden bereits von der biologischen Wissenschaft geahnte Übergänge des Stoffwechsels statt, und man hat sich ja praktisch schon danach eingerichtet im Tagesleben. Diese Zeiten werden auch erfahrungsgemäß von vielen Ärzten zum Einnehmen empfohlen. Statt nachts 12 Uhr gibt man das letzte Mittel vor dem Schlafengehen. Aus dem Einzelhoroskop eines Kranken können indes noch besondere Stunden zu ärztlichen Maßnahmen, Operationen oder Injektionen gewählt werden.

Ferner können bestimmte Monate ausgesucht werden, die sich zu Kuren eignen. Manche Menschen haben einen bestimmten Monat im Jahr, an welchem es ihnen schlecht geht. Dies ist genügend bekannt, aber nicht erforscht. Das Horoskop würde sofort darüber Auskunft geben; irgendein Tierkreiszeichen ist schlecht besetzt; eine Reinigungskur, Badekur oder Vorbeugungskur mag in dem diesem Zeichen entsprechenden Monat wirkungsvoll sein.

IV. Periodisch auftretenden Störungen kann man vorbeugen, wenn man im Horoskop die astrologische Ursache jener Störungen erkennt. Es ist gewöhnlich der Mond, der mit einem Planeten im Horoskop ungünstig periodisch wiederkehrende Aspekte bildet. Aus der Naturjenes Planeten kann man dann auf Ursache und Heilmittel, event. Vorbeugungsmittel schließen.

Zum Beispiel:

☽ ☍ ♐ Blutungen, Abortus, Verbrennungen.
☽ ☍ ☿ Krämpfe.
☽ ☍ ♄ Erkältungen, Neuralgien.
☽ ☍ ♃ Stoffwechselstörungen.
☽ ☍ ♀ Drüsenstörungen.
☽ ☍ ♅ Unfälle.

V. Zeiten für Operationen:

Die Chirurgen operieren ihre Patienten der Reihe nach, bekümmern sich nicht um astrologische oder astrobiologische Einflüsse. Dabei stehen sie jedoch in Bezug auf das Verhalten der Operationswunden häufig vor Rätseln, die sie sich nicht erklären können. Es treten Blutungen, Eiterungen, Zwischenfälle ein, die absolut nicht verständlich sind. Aus dem Horoskop würde man sehen, dass Operationen bei einem Patienten nicht zu jeder Zeit statthaft sind. Eine Operation soll z. B. vermieden werden, wenn der Mond über den Mars des Horoskopeigners geht, sie kann jedoch günstig verlaufen, wenn der Mond über den Jupiter geht. In alten Zeiten wurde von Astrologen empfohlen, keine Operation an einem Organ vornehmen zu lassen, wenn der Mond grade durch das Zeichen läuft, das diesem Organ entspricht. Dies betrifft eine Zeitspanne von 2½ Tagen, und so lange ließe sich die Operation in vielen Fällen auch hinausschieben. Für den Chirurgen selbst wäre es vielleicht günstig, wenn er an jenem Tage, an dem der Mond über den Mars geht, (im Monatslauf) keine Operationen, die nicht gerade dringend sind, vornehmen würde, er hätte vielleicht weniger letale Fälle pro Jahr zu verzeichnen.

VI. Ganz wichtig ist die Astrologie für die Psychoanalyse (Seelenheilkunde). Diese Methode der Heilung, die alter Wein in neuen Schläuchen ist, behauptet, dass viele Krankheiten, vielleicht fast alle, seelisch begründet seien, seelische Ursachen hätten und auch seelisch geheilt werden könnten. Das Horoskop scheint dies zu bestätigen, da die Konstellationen für Krankheiten auch zugleich seelische Komplexe oder Verdrängungen bedeuten. Das Horoskop könnte dem Psychoanalytiker erheblichen Dienst leisten, indem es ihm hilft, die manchmal sehr versteckten seelischen Komplexe vorher ausfindig zu machen, dadurch eine Analyse zu ermöglichen, die Heilung bewirkt.

Sammelzeit und Zubereitungszeit für Heilmittel

Es ist nicht einerlei, wann eine Wurzel gegraben, unter welcher Konstellation eine chemische Verbindung hergestellt wird. Schon im Volksglauben lebt die Vorstellung, dass der Gang des Mondes bei gewissen Arbeiten und Tätigkeiten befragt werden müsse, z. B. beim Fällen des Holzes, beim Schneiden der Haare. Die Arzneibereitung war bei den alten Medizinern ganz und gar von solchen Zeitenregeln durchsetzt. Die Astrologie behauptet, dass die hergestellten Produkte und Arzneien von den Himmelskräften etwas aufnehmen, die zur Zeit der Prozedur gerade geherrscht haben.

Hat die Sternenwelt überhaupt einen Einfluss auf alles Leben und Geschehen, dann darf man sich auch nicht scheuen, auf solche Einzelheiten, welches ja die notwendige Konsequenz ist, einzugehen. Aconit müsste gesammelt werden, wenn Saturn im Widder und der Mond im ersten Viertel zur Sonne steht, oder einen günstigen Aspekt zu Saturn wirft.

Dies findet ungefähr alle 19 Jahre statt. Eine Flasche Tinktur würde für homöopathische Zwecke einem Arzt gut ausreichen bis immer wieder 19Jahre um sind. Ranunkulus bulb. würde man sammeln, wenn Mars im Stier steht, was etwa alle zwei Jahre vorkommt. Man könnte dabei noch eine günstige Bestrahlung durch Venus abwarten.

Die Tollkirsche ist als Zusammenfluss von Saturn- und Mondkräften anzusehen und dürfte gesammelt werden, wenn Saturn in einem wässerigen Zeichen, besonders im Krebs oder Skorpion steht. Eine Konjunktion mit Mond oder eine gute Bestrahlung durch Mars würde die Wirkung noch verstärken.

Allgemeiner diätetischer und medizinischer Kalender

Die Urvölker richteten ihr Leben nach den Sternen ein, sie fühlten instinktiv und dumpf hellseherisch die Einflüsse von dort und konnten daraus für ihr Dasein Richtschnur finden.

So fühlten sie nicht nur in großen Epochen und Übergängen ihres Daseins, was sie tun und lassen sollten, sondern auch in jedem Jahreslauf. Für den heutigen, aus dem Naturzusammenhang herausgefallenen Menschen müssen solche Einflüsse berechnet werden, und er muss sich an Hand von gedruckten Regeln ein Lebensprogramm bilden.

Nach den Erfahrungen in der Astro-Medizin spiegelt sich der Tierkreis im Ablauf des Jahres mehr oder weniger deutlich im Menschenkörper, und man sollte sich mit diesem Eingreifen der kosmischen Vorgänge nicht in Widerspruch stellen. Folgende Regeln für die einzelnen Monate dürften von dem Leser beherzigt werden:

1) Für die durchschnittliche Zeit vom: *21. März bis 20 April*: Änderung der Lebensweise, egal welcher Art sie vorher war. Am besten ist Vornahme einer Reinigungs- und Bluterneuerungskur. Dabei wenig Zufuhr von Fleischspeisen und Eiern. Reichliche kalte Abreibungen mit Luftbädern kombinieren. Frühmorgens etwas Hausgymnastik

2) *Vom 21 . April bis 20. Mai*: Gute Kost. Jedoch viel Gemüse zur Erhaltung des Gleichgewichts im Stoffwechsel. Achthaben auf reichliche Ausscheidungen. In dieser Zeit neigt der Organismus zur Anreicherung von Fett, zu Depotbildung; er verlangt viel Ruhe. Jedoch die sexuellen Triebe sind stark und müssen etwas überwacht werden.

3) *Vom 21 . Mai bis 20.Juni*: Es zeigt sich starker Bewegungsdrang. Klimawechsel wirkt in dieser Zeit günstig. In der Diät sollte reichliche Abwechslung gepflogen werden. Fettreiche Nahrung ist angebracht. Viel Sport, Kunstbetätigung, geistige Arbeit, jedoch nicht Stubenhocken.

4) *Vom 21.Juni bis 20. Juli*: Viel Ruhe und eiweißreiche Kost. Wer zunehmen will, kann auf diese Zeit eine Mastkur verlegen; er muss dann viel Suppen und Hülsenfrüchte usw. genießen. Für Frauen ist diese Epoche günstiger als für Männer.

Die Zeit eignet sich zu Badekuren, besonders an der See oder im Soolbad. Jedoch darf unter diesem Tierkreiseinfluss nichts übertrieben werden, da der Körper etwas zur Hinfälligkeit neigt. Wenig Sport, viel Ruhe.

5) *Vom 21. Juli bis 20. August*: Jetzt kann vom Körper viel gefordert werden, hauptsächlich Gymnastik, Sport, Arbeit. Transpiration ist günstig und muss, wo sie stockt, jetzt kräftig befördert werden. Die Zeit ist geeignet zu großen Wanderungen. Man esse wenig Fleisch, jedoch reichlich Mehlspeisen, kräftige Hausmannskost.

Muskeltraining wird von bestem Erfolg begleitet sein, auch Willensübungen und Gedankenkonzentration.

6) *Vom 21 . August bis 20. September*: Vorsicht in Bezug auf Diät. Jetzt darf man den Organismus nicht überlasten und auch nicht viel von ihm fordern. Man muss besonders sorgen, dass der Darm gleichmäßig arbeitet, sonst besteht die Gefahr großer Abmagerung. Pflanzenkost, Zusatz von Nährsalzen, Mineralien; Tees sind gut wirksam. Der Geist muss vorwiegend beschäftigt werden. Vornahme wissenschaftlicher Arbeiten; Studium von Büchern, klare Gedanken müssen gefasst werden, solche wirken jetzt stark auf die Harmonisierung des Organismus.

7) *Vom 21. September bis 29. Oktober*: Die Sonne läuft in der Waage. Mensch und Tier sollten sich viel im Freien, unter lebhafter Bewegung aufhalten. Kräftige fettreiche Kost. Günstig für Aufenthalt auf mittleren Bergeshöhen, weniger am Wasser. Tüchtige Hautpflege. Forderung der Hautatmung. Für Viele eignet sich jetzt eine 14tägige Rohkostkur (Obst, Brot, Nüsse, Butter, Milch).

Die Nerven schonen, keine aufregenden Geschäfte vornehmen. Der Einfluss der Kunst auf das Gemüt ist in dieser Zeit günstig und stark.

8) *Vom 21. Oktober bis 20. November*: In dieser Epoche besteht die Gefahr, dass sich Gift und Schlackenstoffe im Körper anreichern, eine einseitige Diät ist deshalb strengstens zu vermeiden. Auch seelische Affekte bilden eine Gefahr. Große Wirkung haben jetzt Heilkräuter. Sehr vorteilhaft wäre für manche Fälle die Vornahme von Kräuterkuren und Entgiftungskuren. Für Gesunde ist eine kräftige Eiweißkost, besonders in der zweiten Hälfte dieser Epoche, sehr dienlich. Man hüte sich in dieser Zeit besonders vor Ansteckung, pflege peinlich körperliche und geistige Reinlichkeit.

9) *Vom 21 . November bis 20. Dezember*: Der Mensch muss sich in dieser Epoche zusammenraffen; er soll sich großen und anstrengenden Aufgaben widmen, viel Bewegung und Sport pflegen. Sitzende Lebensweise schadet. Kräftige Kost ist ratsam, besonders Mehlspeisen und Fleischnahrung. Das Muskelsystem spricht in dieser Zeit gut an, es soll trainiert werden. In dieser Epoche übt der Wille eine große Macht auf den Körper aus, sie eignet sich daher zur Körperkultur oder auch zum magischen Willenstraining. Bei sensitiven Naturen macht sich ein merkwürdiger Zug nach der übersinnlichen Welt und zu philosophischen Spekulationen geltend.

10) *Vom 21. Dezember bis 20. Januar*: Eine ernste Zeit, in der der Körper vor Stoffwechselschwankungen wieder streng behütet werden muss. Nährsalze sind notwendig sowie zucker- und stärkehaltige Stoffe. Wenig Fleisch. Der Körper neigt zu Verhärtung, Austrocknung, Verdichtung. Kindern muss man Nährsalze geben, alten Leuten Entkalkungsmittel in dieser Zeit. Die Epoche wirkt etwas zehrend, abmagernd; dies ist aber günstig und gibt dem Körper dafür mehr Zähigkeit, Ausdauer. Man kann sich ruhig Strapazen unterziehen, es schadet nichts, nur darf man dem Körper nicht plötzlich unerwartete Leistungen zumuten, sondern muss ihm allmählich sich steigernde, dafür lieber in die Länge gezogene Arbeiten auferlegen.

11) *Vom 21 . Januar bis 20. Februar*: Dies ist eine Zeit geheimnisvoller innerer Vorgänge in den Organismen. In den Drüsen mit innerer Sekretion, überhaupt in allen Organen des Körpers, wird jetzt etwas vorbereitet, das für die ganze Dauer eines Jahres sich auswirken soll. Man darf sich in dieser Zeit nicht zu vielerlei Dinge vornehmen, sich nicht zu sehr zersplittern. Für die Diät ist wichtig: viel Milch und vitaminreiche Kost. Ferner ist Hautpflege anzuraten; spirituöse Abreibungen, Einreibungen mit Ölen usw.

12) *Vom 21. Februar bis 20. März*: Geeignete Zeit für Gewichtszunahme; Zuführung von viel Flüssigkeiten, Suppen, wer deren bedarf. Diätvorschriften sind nicht besonders wichtig in dieser Epoche; man kann sich nach Belieben alles zuführen, was dem Gaumen behagt, wenn nicht Krankheit anders gebietet. Was den Aufenthalt betrifft, so soll man sumpfige Gegenden meiden, auch wenn die Sümpfe zugefroren sind. Moorbäder in dieser Zeit zu nehmen, auch in der Anstalt, ist wenig zuträglich.

Dies sind allgemeine Richtlinien. In einzelnen Fällen werden kleine Modifikationen nötig sein.

Um für einen Menschen ganz genau zu gehen, müsste sein Horoskop mit dem obigen Schema verglichen werden. Hat er in einem Tierkreiszeichen eine Anzahl Planeten stehen, dann wird der Monat der diesem Tierkreiszeichen entspricht, und auch derjenige, der dem entgegengesetzten Zeichen entspricht, etwas Besonderes bedeuten. So werden auch bestimmte Konstellationen alljährlich während des Jahreslaufes der Sonne ihren Ausschlag geben.

Dazu kommen dann ferner noch die sogenannten Direktionen, die ein Jahr so, dass andere wieder etwas anders modifizieren und die zu bestimmten Zeiten auch wirkliche Krankheiten auslösen.

Es ist natürlich an dieser Stelle unmöglich, Einzelbeispiele dieser Art wiederzugeben. Um etwas zu zeigen und zu beweisen, müsste man schon Dutzende von Horoskopen aufstellen und dazu fehlt der Raum.

Außer der Einwirkung des Horoskopes auf dessen Besitzer gibt es nun noch eine Massenwirkung der im Tierkreis sich fortbewegenden Planeten auf eine größere Anzahl von Menschen. Läuft z. B. der Saturn in einem Jahrgang durch ein bestimmtes Tierkreiszeichen, so werden alle Menschen, und besonders diejenigen, die dieses Tierkreiszeichen oder ein diesem verwandtes, oder die den Saturn selbst im Horoskop prominent haben, etwas davon merken. Und dies werden ziemlich viele sein. Entsprechende Krankheiten werden dann in der Allgemeinheit gehäuft auftreten und man kann davor warnen.

Schlusswort

Die vorliegende Arbeit wird unter dem Hinweis veröffentlicht, dass die darin angegebenen Anwendungen nicht blindlings von Jedem, sondern nur von sachkundiger Hand vorgenommen werden dürfen. Es genügt auch nicht Astrologe zu sein, um Heilkunde treiben zu können, es genügt aber auch nicht Arzt zu sein, um von vorn herein Astrotherapie anwenden zu dürfen. Man muss beides sein.

Damit ist nicht gesagt, das diese Abhandlung nur für Ärzte geschrieben sei, die zugleich Astrologen sind (solche gibt es überhaupt sehr wenige) sondern jeder Laie und jeder Einzelne soll daraus Nutzen ziehen. Er kann seine Konstitution und die seiner Kinder nachprüfen, er kann Epochen beobachten, er kann versuchen, sich mit den kosmischen Gesetzen in Einklang zu bringen, er kann Krankheiten vorbeugen. Sind aber solche ausgebrochen, dann braucht er selbstverständlich den Arzt.

Zugegeben muss werden, dass die astrologische Medizin noch sehr lückenhaft ist und noch in den Kinderschuhen steht. Aber ich glaube, der Arzt könnte ungemein viel gewinnen, wenn er sich mit ihr beschäftigen würde. Die Medizin selbst steht ja nicht minder in den Kinderschuhen, sie bedarf einer Vertiefung und Erweiterung; oder was kann sie sagen in Bezug auf die Ursachen der Krankheiten? Überall Widersprüche, keine restlose Antwort!

Freilich werden die Kritiker der Astrologie, besonders von Seiten der Medizin, sehr viel zu sagen haben. Sie werden jedoch nichts Neues vorbringen, sie werden nichts anderes sagen können als das, was sich die

Astrologen schon längst selbst eingewendet, und darauf geantwortet haben.

Es ist natürlich eine Zumutung, für den Arzt, sich mit allerlei Kenntnissen zu bereichern; hat er ja ohnehin den Kopfschon voll mit vielem Wissensballast. Fühlen sich schon eine Reihe allopathischer Ärzte durch den Bierschen Vorstoß (in die Homöopathie) bedrängt und gezwungen, umzulernen oder wenigstens zuzulernen, so werden sie gar gegen eine „Durchseuchung" der Medizin mit Astrologie entschieden Front machen. Denn das wäre zu viel auf einmal. Die alten liebgewordenen Ideen wollen langsam sterben, nicht plötzlich.

Der Wahnwitz vieler unserer Zeitgenossen ist, zu meinen, dass sie die Weisheit mit Löffeln gegessen haben. In Wirklichkeit wissen sie gar nichts; überhaupt nichts. Das Wesen der Dinge ist ihnen fremd; alles ist äußerlich aufgeklebter Wissenskram. Wenn plötzlich das Gelernte aus dem Gedächtnis weggewischt würde, was würde übrig bleiben? Einige Fähigkeiten — aber sicher nicht die Fähigkeit das Verlorene aus eigenen Kräften wiederzufinden. Ein Paracelsus jedoch hätte wiedergefunden. Die damaligen Ärzte waren zugleich Sensitive. Sie konnten in Wald und Feld draußen aus dem Gefühl heraus ein Heilkraut für eine bestimmte Krankheit aufspüren, sie konnten Krankheiten und Epidemien vorausschauen. Wir müssen viel bescheidener sein. Unser sogenanntes „Wissen" ist doch nur Gehörtes, Gesehenes, Gelesenes. Wahres Wissen ist ganz andern Ursprungs. Unsere alten Vorfahren waren uns da weit überlegen, und bis wir wieder dahin kommen, wo sie standen, wird es noch eine Weile dauern.

Es ist ja zuzugeben, dass die vielerlei Pflichten und Aufgaben dem Arzt von heute gar keine Zeit übrig lassen, sich selber in eine solche Sache zu vertiefen, gar die Patienten noch nach ihren Horoskopen zu behandeln. Wegen der großen Überbürdung ist ja auch das Spezialistentum entstanden. Dann muss es eben für Astro-Medizin auch Spezialisten geben. Oder es könnten sich Beratungsstellen bilden für wissenschaftliche Zwecke, so wie es für den Arzt allerlei Hilfsinstitute für die Praxis gibt, z. B. ein bakteriologisches Institut für Wassermannsche Blutuntersuchung, ein Röntgeninstitut usw.

Es würde sich dann zeigen, dass das Horoskop nach vielerlei Richtungen hin nutzbringend verwendet werden könnte. So kann vorausgesehen werden, dass Astromedizin einst zu einer brauchbaren Erweiterung der Heilpraxis führen wird, ebenso wie die andern modernen diagnostischen und therapeutischen Methoden und Hilfsmittel. Diese hat man ja auch nicht bekämpft, sondern begrüßt, obwohl sie den sich fertig dünkenden Arzt wieder eine Weile auf die Schulbank zwangen. Er hat es zum Vorteil seiner Patienten getan, und damit auch zu seinem eigenen. Warum soll er es nicht auch in Bezug auf die Astrologie tun?

Jeder Arzt könnte sich von der Tatsächlichkeit eines Zusammenhanges zwischen Krankheit und kosmischen Einflüssen überzeugen, wenn er ab und zu von einem Patienten das Horoskop aufstellen würde. Er würde dann sehen, dass typische Krankheiten entsprechend typische Konstellationen haben.

Zur Beachtung!

Dr. F. Schwab weist in mehreren Artikeln auf Bücher verschiedener Autoren hin, die zum Studium zu empfehlen sind.

Von Dr. med. Samuel Hahnemann:

„Organon der Heilkunst“

„Die chronischen Krankheiten“

„Reine Arzneimittellehre“

Von Hickethier:

„Sonnerschau, Lehrbuch der Antlitzdiagnostik“

„Volle Sehkraft“

„Heilweisen alter und neuester Schule“

„Lehrbuch der Biochemie nach Dr. Schüssler“

Von Basilius Valentinus:

„Chymische Schriften“ Band I u. II (Nachdruck der Ausgabe von 1677)

Alchemie, Astrologie und Homöopathie

Die Alchemie beschäftigte sich nicht nur mit Goldmachen, sondern mit noch viel anderen Dingen. Mit Magie, mit Seelenkunde, mit Medizin. Sie wollte nicht nur niedere Metalle edler machen, sondern alle Dinge bessern, auch den Menschen geistig, seelisch und körperlich vervollkommnen.

Haupterzeugnis alchemistischer Kunst war nicht Gold, sondern ein Universalauflösungsmittel. Die Alchemisten schufen den Alkahest, der Vorbedingung war für alle magischen, chemischen und medizinischen Umwandlungen.

Sie schufen dann einen „Stein der Weisen" (Lapis philosophorum benedictus), der die Fähigkeit der Veredlung aller Dinge haben sollte.

Das Wesen und der Aufbau dieser zwei Grundgeheimnisse blieb bis heute für die Wissenschaft in absolutes Dunkel gehüllt. Über ihre Wirkungen wird jedoch in vielerlei Schriften berichtet, und sie wurden von glaubwürdigen Zeugen wie z. B. um Helmont bestätigt.

(Die Klischees für die Abbildungen in dem vorliegenden Aufsatz wurden uns von dem Verlag der Zeitschrift für Spagyrik (Chem.-Pharm.- Fabrik Karl Müller, Apotheker, Göppingen) gütigst zur Verfügung gestellt. Die Zeitschrift für *Spagyrik* bringt zu Beginn des Jahres 1932 einen Aufsatz über einen ähnlichen Vortrag desselben Verfassers, der in der Gesellschaft für Spagyrik e. V. Berlin gehalten wurde.) Die Schriftleitung.

Die Alchemie war nicht nur eine Kunst, sondern eine vielseitige und in alles hineinleuchtende Wissenschaft. Viele ihrer Lehren sind später zu allgemeiner wissenschaftlicher Anerkennung gekommen. Für einen andern Teil ihrer Probleme wird unsere gegenwärtige Epoche eben gerade aufmerksam und lernt sie schätzen.

Dies gilt ganz besonders für die Medizin. Wir wollen hier auf die allgemeinen medizinischen Gedanken der Alchemisten etwas näher eingehen.

Die Alchemie fasste die ganze Welt polarisch auf und dachte durch Polaritätswechsel zu großen Zielen zu kommen. Sie wollte einen Stoll zuerst auf einen Nullpunkt, auf eine „prima Materia" zurückbringen, um von da aus den zu erstrebenden neuen Stoff werden zu lassen.

Auf medizinischem Gebiet gelang es der Alchemie, durch glückliche Vereinigung der polaren Gegensätze von Chemikalien Heilmittel von besonderer Wirkung zu schaffen; darunter waren viele, die bis zum heutigen Tage ihre Bedeutung beibehalten haben. Die ganze Salztherapie ist ein Stück alter alchemistischer Weisheit. (Nährsalze, Blutsalze, Gewebesalze, Salze der Mineralwässer usw.)

Krankheit war für den Alchemisten verkehrte polare Spannung. Die Polarität im Krankheitsbilde wird auch heute noch anerkannt und zeigt sich in fachgemäßen Ausdrücken, wie Hypofunktion und Hyperfunktion, Toxin und Antitoxin. Dann spricht man direkt von Spannungszuständen unter Organen, wie z. B. zwischen Nase und Sexualsystem, zwischen Leber und Kopfsympathikus (Migräne).

Auch die Therapie arbeitet dementsprechend mit polaren Gegensätzen von Medikamenten. Solche Gegensätze kennt besonders die Homöopathie. Als ganz alchemistisch muss die Wirkung der Bluttransfusion aufgefasst werden. Es handelt sich dabei um eine direkte Umpolung.

In dem Buch „Polarchemiatrie“ von Dr. Maack wird an die elektrochemische Spannungsreihe erinnert, die zeigt, dass die Elemente polarisch aufeinander eingestellt sind. In Kreisform angeordnet (Figur I) beginnt die Reihe mit dem Sauerstoff und Schwefel am negativen Pol, sie läuft zum Kalium und Wasserstoffende am positiven Pol. Die größte

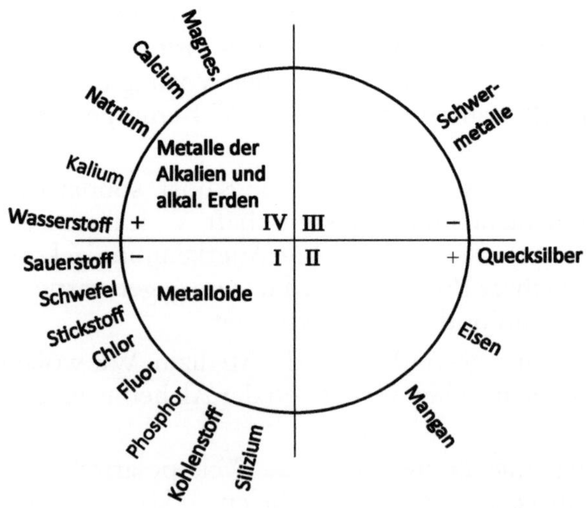

Fig. 1

Spannung besteht zwischen den extremsten Elementen, sie streben ganz energisch nach Verbindung, die anderen von Stufe zu Stufe weniger. Die Horizontale trennt die Alkalimetalle und Erdalkalien von den Metalloiden, die sich mit den ersteren zu Salzen verbinden, die Vertikalen trennt die Salze von den Metallen.

Damit haben wir die drei Grundmittel der Alchemisten, Sal, Sulfur und Merkur (Fig. 2).

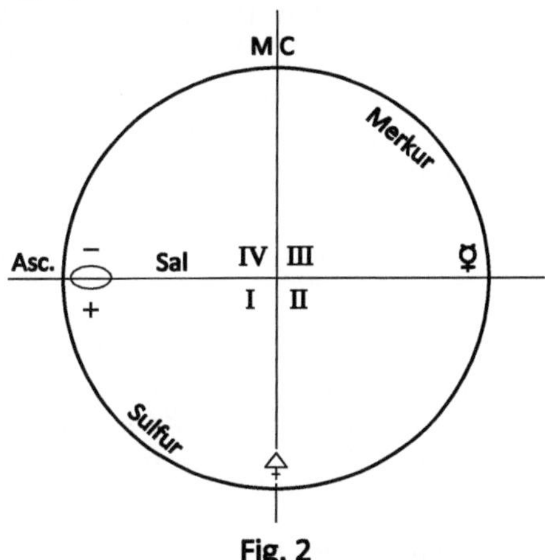

Fig. 2

Sal steht für alle Verbindungen zwischen oben und unten.

Sulfur für alle unteren Elemente und Medikamente, sie waren sogenannte Agentien.

Merkur steht für die ganze rechte Hälfte, für die Metalle. Dem Sulfur wurde die größte Bedeutung zugeschrieben, und es wurde ihm eine Extrastellung unter allen Medikamenten eingeräumt. Abgesehen davon, dass der Sulfur bei allen magisch-alchemistischen Prozeduren eine große Rolle spielte (als Agens aufgefasst) war er als Heilmittel ein Faktor der stets zwischendurch angewendet wurde, um die andern Mittel zu aktivieren. Ganz so wie die Homöopathie den Schwefel auffasst, als Zwischengabe, um einen Organismus, der nicht genügend reagiert, wieder besser beeinflussbar zu machen.

Dieser Gedanke eines Zwischenmittels, der in der Homöopathie herumspukt, ohne Grundlage, ohne System, war in der Alchemie viel klarer gefasst.

Die Alchemie lehrte den Polwechsel in der Therapie und empfahl bestimmte Aufeinanderfolgen von Heilmitteln. Da Krankheit für den

Alchemisten Polaritätsstörung ist, so muss er auch zu einer Polwechseltherapie kommen.

So versuchten die Alchemisten mehr die Medikamente unter sich in ihren günstigen Polverhältnissen und ihrer bestmöglichsten Aufeinanderfolge zu studieren, statt sie nur in beliebiger Reihe den Patienten zu geben. In der Homöopathie finden wir Anklänge daran, doch droht dieses Faktum der Vergessenheit anheimzufallen. Immerhin hat sie für eine Krankheit mindestens ein Anfangsmittel, ein Zwischenmittel und ein Schlussmittel. Dann suchten die Alchemisten Mittel durch Kombination mit anderen zu verstärken oder abzuschwächen. Dieser Gedanke findet jetzt vielfach Nachahmung in der Komplexhomöopathie, die aber in den meisten Fällen so arbeitet, dass die Mittel, die für eine bestimmte Krankheit im Arzneibuch angegeben sind, blindlings kombiniert werden, und diesem Ding dann ein geschäftstüchtiger Name gegeben wird.

Auch die Allopathie hat gefunden, dass Gifte durch geschickte Kombinationen oft in schwächerer Dosis als bisher genügen, um doch denselben Endeffekt zu bewirken. Da gibt es in der Tat Komplexe, die dem ursprünglichen Gedanken entsprechen.

So sehen wir, dass in der modernen Medizin sowohl in Homöopathie wie in der Allopathie noch ein gut Teil alchemistisches Gut steckt.

Nun hat die Alchemie aber noch eine andere Seite, das ist die Astrologie. Der Alchemist tat nichts ohne Sterne. „Unten die Minerva, oben die Astra“ war eines ihrer Leitworte, das Zusammenhänge zwischen Kosmos und irdischem Geschehen andeutete. Die Sterne liefen nicht nur am Himmelszelt, ihr Lauf hatte Parallelvorgänge in allem irdischen Geschehen, zumal in allem Krankheitsgeschehen.

Die Astrologie, die früher von allen gelehrten Leuten und auch von allen Astronomen anerkannt wurde, ist im letzten Jahrhundert in den Geruch des Aberglaubens gekommen. Heute kommt man ihr jedoch mit neuen Methoden und von anderer Seite wieder näher. Die moderne, jetzt statistisch—wissenschaftlich betriebene Astrologie bedeutet vor allen Dingen nicht Wahrsagerei, sondern sie ist die Erforschung kosmobiologischer Beziehungen, nicht nur was den Menschen betrifft, sondern die ganze belebte Welt.

Maack versucht eine Brücke zu schlagen zwischen der elektrochemischen Spannungsreihe und dem Horoskop. Er sagt 1. c. Seite 36: Ich möchte bei dieser Gelegenheit darauf hinweisen, dass Reichenbach mit

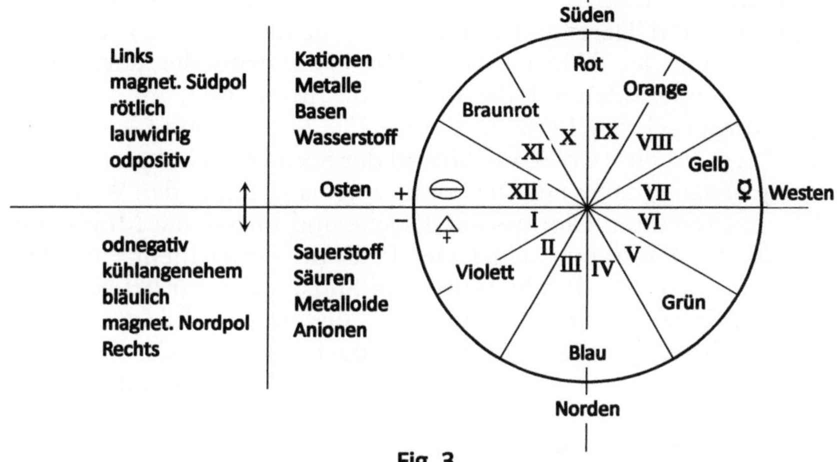
Links
magnet. Südpol
rötlich
lauwidrig
odpositiv
odnegativ
kühlangenehem
bläulich
magnet. Nordpol
Rechts
Kationen
Metalle
Basen
Wasserstoff
Osten
Sauerstoff
Säuren
Metalloide
Anionen
+
−
Süden
Rot
Orange
Braunrot
Gelb
Westen
Violett
Grün
Blau
Norden
I
II
III
IV
V
VI
VII
VIII
IX
X
XI
XII

Fig. 3

Wirkung der Himmelsrichtung, der Wände, der Nordlichter auf sensitive Menschen und Tiere; und schon in ziemlichem Umfange anerkannt ist die Wirkung der Wünschelrute. Anerkannt wird die Wirkung der Sonnenfleckenperioden auf die Psyche des Menschen, auf Krieg und Frieden. *Mewes* schrieb 1896 ein Buch: „Die Kriegs- und Geistesperioden der Menschheit", wo er auf Grund der Sonnenfleckenperioden den Weltkrieg genau voraussagt. Die Sonne zeigt ja schon in den Wirkungen der Jahreszeiten ihren Einfluss auf Psyche und Physis, der Mond in der geheimnisvollen Wirkung seiner vier Phasen. Immer mehr ein Objekt des Studiums wird der Palolo-Wurm der Südsee, der nur bei Neumond seine Fortpflanzungsprodukte abstößt. *Arrhenius* und *Hellpach*, anerkannte Gelehrte, sprechen von der Mondgebundenheit der Epileptiker und Noctambulen. Ich selbst habe Epileptiker in Bezug auf Mondabhängigkeit untersucht. Herr Z. kam zu mir in die Sprechstunde und wollte wegen Epilepsie behandelt werden. Während der Aufnahme der Anamnese zog er einen Zettel heraus und sagte, er habe seine Anfälle während vieler Monate genau aufgeschrieben. Ich benutzte diese Angaben zu meinen astrologischen Studien. Den Vergleich der Anfallszeiten mit den Mondphasen zeigt Fig. 4.

1928

Anfall	Mondphase	
6/I	7/I	○
21/I	21/I	●
13/III	12/III	☾
5/IV	5/IV	○
18/IV	18/IV	●
18/VI	18/VI	●

Anfall	Mondphase	
26/VI	24/VI	☽
10/VII	10/VII	☾
17/IX	14/IX	●
12/XI	19/XI	●
20/XI	21/XI	☾
27/XI	27/XI	○

Fig. 4

Man sieht, wie nahe die Anfälle an die Mondphasen heranfallen. Dies ist nun schon ein Stück Astrologie.

Die Astrologie geht aber noch weiter. Sie sagt, nicht nur Sonne und Mond, sondern auch die Planeten haben einen Einfluss. Besonders bestimmte Stellungen Von zwei Planeten zueinander, etwa Jupiter und Saturn, haben großen Einfluss nicht nur auf das biologische Erdgeschehen, sondern auch auf das psychische Geschehen der Menschen.

Auf- und Abstieg von Kulturen, Krieg und Frieden, Wirtschaftslage, politische Unruhen und allerlei größere und kleinere Schwankungen gehen mit solchen Konstellationen parallel. Dr. *Eitner* hat dies in seinem jetzt erschienenen Buche „Der Rhythmus des Lebens" statistisch bis zur Evidenz bewiesen.

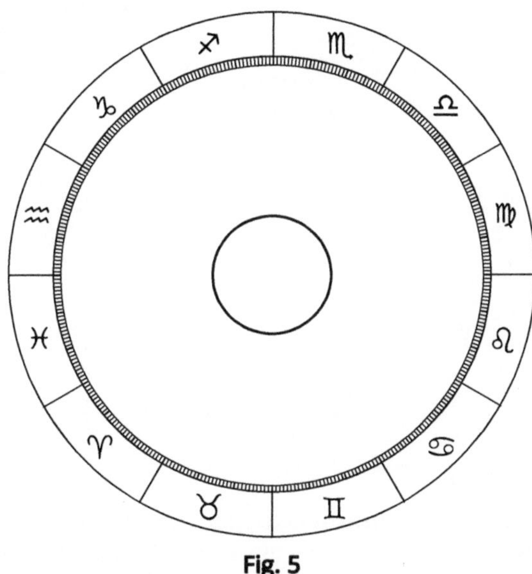

Fig. 5

Die Astrologie zeigt ferner, dass nicht nur die laufenden Planeten mit ihren gegenseitigen Spannungen das Leben und Geschehen allgemein beeinflussen, sondern dass eine gegebene Planetenkonstellation auf Geschöpfe, die sich gerade in einem biologisch kritischen Übergang befinden, so tiefgehend wirkt, sozusagen in ihnen fixiert wird, dass sie dauernd davon beeindruckt bleiben, dass sie wie mit einem Siegel derselben behaftet sind. Ein solcher kritischer Moment ist die Geburt. Die Konstellation des Himmels zur Zeit der Geburt eines Menschen nennt man dessen Nativität oder Horoskop. Das Horoskop besteht aus dem Tierkreis und aus den Planeten.

Die Tierkreiszeichen sind als polarisch angeordnete Felder der Ekliptik aufzufassen. Fig. 5. Dass man gerade 12 zählt, ist nicht wesentlich, man könnte auch 4 und 6 oder noch mehr als 12 annehmen. Die Namen der Tierkreisfelder sind nur symbolisch aufzufassen. Die Planeten sind, wie die Figur 6 zeigt, bestimmten ihnen verwandten Tierkreiszeichen zugeordnet.

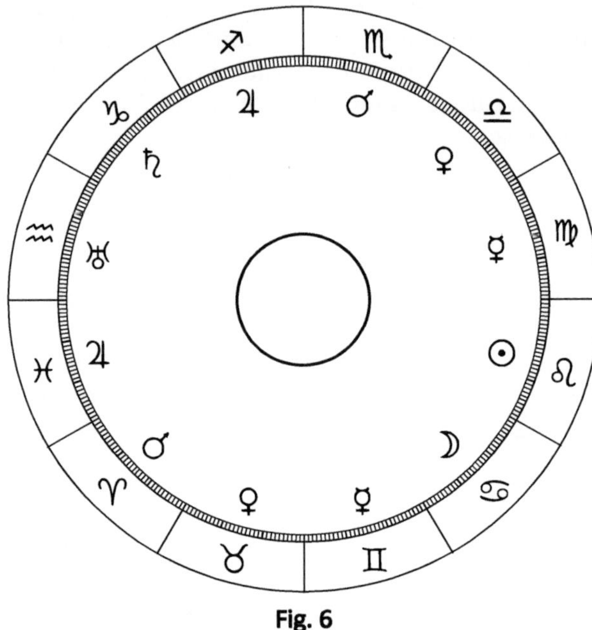

Fig. 6

Die Distanzen der Himmelskörper untereinander nennt man Aspekte. Fig. VI. Sie wirken wie Spannungen. Die wichtigsten sind die Aspekte von 180, – 120, – 90 Graden und die Konjunktion. Diese Spannungen wirken sich als Schicksals- oder Krankheitsspannungen im Menschen aus. Eingangs sprachen wir von Polspannungen in Medikamenten, von Polspannungen bei Krankheiten. Jetzt erwähnten wir Spannungen zwischen den Himmelskörpern. Vielleicht haben diese Spannungen alle gemeinsame Berührungspunkte.

Zum Horoskop gehören noch die sogenannten Häuser; das sind jetzt wissenschaftlich, durch Höhenmessungen bestätigte magnetische Erdfelder. Die wichtigsten Punkte dabei sind der Aszendent, die Himmelsmitte sowie ihre gegenüberliegenden Orte: Untergang und Mitternachtspunkt.

Ein fertiges Horoskop sieht nun so aus; (Figur 7)

Man sieht die Planeten an verschiedenen Orten des Tierkreises stehen, sie haben unter sich verschiedene Entfernungen in Bogengraden des Tierkreises. In der Mitte denkt man sich die Erde. Die Horizontale, die durch die ganze Figur geht, ist der himmelsgeographische Horizont, der die Erde wie den Tierkreis an einem bestimmten Punkt

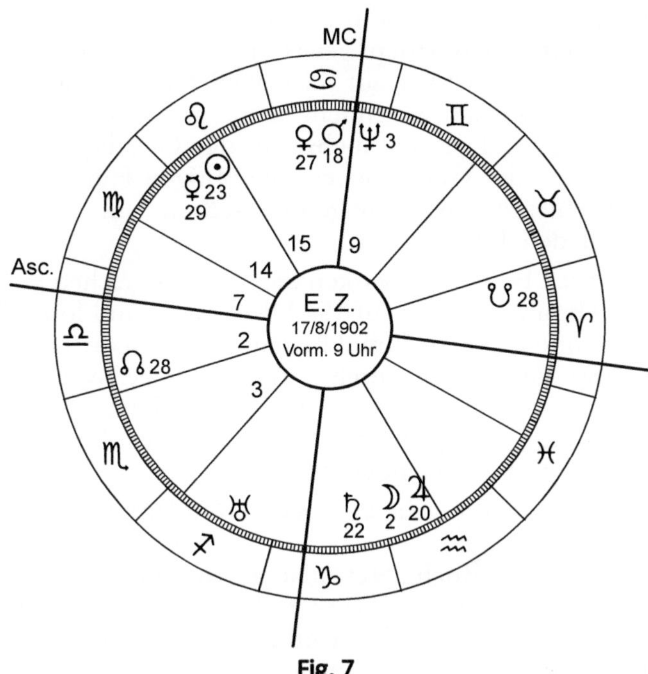

Fig. 7

schneidet. Links ist der Aszendent, d. h. der im Moment der Geburt am Östlichen Horizont aufsteigende Tierkreisgrad und das diesem Grad zugehörige Tierkreiszeichen. Von hier aus gruppieren sich die 12 Erdhäuser in unregelmäßigen Abständen (wegen der Schiefstellung der Erde zur Ekliptik) um den ganzen Kreis herum. Die 4 Kardinalpunkte derselben sind:

Aszendent	links
Deszendent	rechts
Himmelsmitte	oben
Himmelstiefe	unten

Dies ist das Horoskop unseres Epileptikers Herrn Z. Sie sehen, dass die Mondempfindlichkeit auch schon bei der Geburt angezeigt ist. Sonne und Mond stehen nahezu in ihrer Opposition; es ist also beginnender Vollmond, eine Spannung, die bei Epileptikern häufig vorkommt.

Die Statistik der Geburtshoroskope — man hat viele Tausende von Berechnungen angestellt — hat in er Tat das Vorhandensein von Geburtseinflüssen bewiesen.

Man nimmt im Horoskop folgende Zusammenhänge an. Es zeigt Typ, Charakter und bis zu einem gewissen Grad auch Schicksal an. Die zwölf Tierkreiszeichen wirken auf die festgelegte meist unveränderliche Anlage. Dabei wirkt der Aszendent mehr auf das Körperliche, der Stand der Sonne im Tierkreis mehr auf das Geistige, der Stand des Mondes mehr auf das Gefühlsleben, die übrigen Himmelskörper auf wechselnde Elemente. Das aufsteigende Zeichen wirkt stark auf die äußere Form, auf den Typ.

Medizinisch betrachtet, wirken die Tierkreiszeichen auf die Konstitution, die Himmelskörper auf die Disposition und lösen Krankheiten aus. Die Sonne wirkt auf Krankheiten, die durch die Lebensführung entstehen, etwa Verkalkung durch verkehrte Lebensweise, der Mond mehr auf emotionell hervorgerufene Krankheiten, speziell auf den Sympathikus. Mars bringt Entzündungen, Venus Drüsenstörungen. (Näheres siehe Lorcher Kalender 1930 Ste. 138.)

Das aufsteigende Zeichen prägt dem Gesicht, der Figur, der Physiognomie bestimmte, unverkennbare Züge ein, erzeugt Typen. Solche Typen sind in meinem Buch „Sternmächte und Mensch“ (Verlag Heliakon) abgebildet. Der Beweis, dass es wirklich solche astrologischen Typen gibt, wurde auf folgende Weise erbracht: eine Kommission von geübten Astrologen ließ sich ihr gänzlich unbekannte Personen vorführen. Die Kommission schätzte nach dem Äußeren, nach den Gesichtszügen, nach dem Habitus das aufsteigende Zeichen ab. Hinterher wurde das Geburtsdatum erfragt und das wirkliche aufsteigende Zeichen berechnet. Das geratene Zeichen stimmte nun in 73% der Fälle mit dem berechneten. Die Wahrscheinlichkeit lag bei 8,3%. Also war der Versuch um das Neunfache der Wahrscheinlichkeit gelungen. Professor Gruber in München hat später unabhängig davon selbst solche Prüfungen vorgenommen und kam zu einer vollgültigen Bestätigung, die er in seiner Arbeit „Kosmobiologische Zusammenhänge“ (Die Erde, 1925, Heft 7) niederlegte.

Die Statistik in der Astrologie hat nun seitdem große Fortschritte gemacht. Und Bedeutendes ist auch auf dem Gebiet der Krankheit geleistet worden. Ich selbst habe eine ganze Reihe von Krankheiten astrologisch untersucht, z. B. Tuberkulose, Herzleiden, Tabes, Lues, Frauenleiden (hiervon allein 1000 Fälle), Basedow, Karzinom, Gallenleiden, Unfälle usw. und ich bin zu sehr interessanten Ergebnissen gekommen. — Um anzuknüpfen an unseren Epilepsiefall von vorhin möchte ich Ihnen eine Tabelle vorführen, die die Sonnen — Mondstellung bei psychischen Störungen zeigt. Es wurden hier miteinander verglichen:

Epilepsie	Gesunder	Normal
☽ ☌ ☉	15%	6,6%
☽ ☍ ☉	40%	6,6%
☽ □ ☉	5%	10,0%

Fig. 8

Epilepsie (Fig. VIII),
Hysterie,
Paranoia, (Fig. IX)
Neurose.

	Normal	Paranoia	Hyterie	Neurasthenie
☽ ☌ ☉	6,6%	11,8%	12,6%	15,0
☽ ☍ ☉	6,6%	7,0%	8,7%	10,0
☽ □ ☉	10,0%	10,2%	13,6%	22,1

Fig. 9

Die Tabellen zeigen die Opposition besonders bei der Epilepsie, die Konjunktion bei der Paranoia und Neurosen, die Quadratur ebenfalls bei Neurosen. Leider kann hier nichts Ausführlicheres erläutert werden.

Von den vielen Statistiken über Krankheiten kann des geringen Raumes halber nicht viel gezeigt werden, es soll aber eine Kostprobe über die Art dieser Arbeiten gegeben werden durch Vorführung einer Tabelle über Lebensdauer. Die Horoskope von 171 Neunzigjährigen wurden denen von an Lebensschwäche früh gestorbenen Kindern gegenübergestellt. Die Kurven der Tierkreisbesetzung durch Planeten wurden dann graphisch dargestellt, verglichen und ergaben dabei ein Spiegelbild, das als unanfechtbarer Beweis anerkannt werden muss, dass es in der Tat lebensverlängernde und lebensverkürzende Gestirnseinflüsse geben muss.

Fig. 10. Es wird damit gezeigt, dass Konstellationen, die bei Langlebigen sehr häufig vorkamen, bei den Frühgestorbenen in der Minderzahl waren und dass umgekehrt die Konstellationen, die bei Frühgestorbenen in der Majorität waren, bei den Langlebigen in der Minderzahl auftraten. Damit war die kosmobiologische Bedeutung der einen Kurve durch die andere und umgekehrt voll bewiesen, sowie ihre gegenseitige Beziehung. Näheres und Ausführlicheres ist nachzulesen im Lorcher Astrologischen Kalender 1929, S. 152.

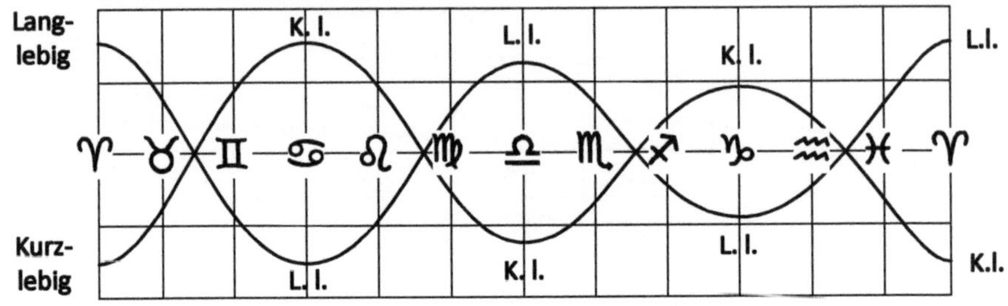

Fig. 10

Die Astrologie gibt uns auch Ausblicke auf die Heilkunde.

1. Sie gibt uns die Möglichkeit der Vorbeugung durch die Kenntnis des Kinderhoroskops. Schon eine Viertelstunde nach der Geburt kann ein berechnetes Horoskop vorliegen, woraus man einiges über die künftige Anlage ersehen kann.

2. Die Astrologie verrät uns Zeiten geeigneter Behandlung. Herrn Z. bestellte ich alle sieben Tage, und zwar zwei Tage vor der Mondphase, machte ihm eine Injektion und gab ihm homöopathische Mittel. Die Anfälle blieben dann weg oder zeigten sich nur in Spuren.

3. Die Astrologie kündet uns geeignete und ungeeignete Zeiten für Operationen an. Sie sagt, man solle nicht an dem Tag operieren, an dem der Mond durch ein Himmelsfeld läuft, das schlechte Beziehung zu dem erkrankten Körperteil hat. Eine große Gefahr besteht auch immer in den Zeiten, wenn der Mond eine ungünstige Stelle, die er im Geburtshoroskop hat, wieder durchläuft. Dies nennt man Direktionen und Transite.

Beispiel: Ein Patient hatte eine Darmverschlingung. Ich stand mit einem Chirurgen und einem bekannten homöopathischen Arzt von 12 – 2 Uhr nachts am Krankenbett. Der Chirurg war für sofortige Operation; ich schlug den nächsten Vormittag 10 Uhr vor. Der homöopathische Kollege sollte entscheiden. Letzterer und ich ließen uns aber schließlich durch das drängende Verhalten der Angehörigen beeinflussen und stimmten wider Willen der sofortigen Operation bei. Diese wurde noch gleich in derselben Nacht gemacht. Die Himmelskonstellation zeigte, dass der Mond während der Operation gerade die Geburtsstellungwiederinnehatte (Fig. 11a) und dass zudem der übelwollende Mars auch wieder an dieser Stelle stand, wie bei der Geburt selbst (Fig. 11), für normalen Menschenverstand ein fabelhafter Zufall. Aber ungünstige Situation für astrologisches Empfinden.

Resultat: Absolute Darmlähmung mit Exitus, und der Exitus wiederum genau, als der Mond 25 Stunden später (Fig. 11b) wieder dieselbe Stelle innehatte. Dazu sind die Tierkreiszeichen gegen das Geburtshoroskop um 180 vertauscht (Aszendent wird Deszendent).

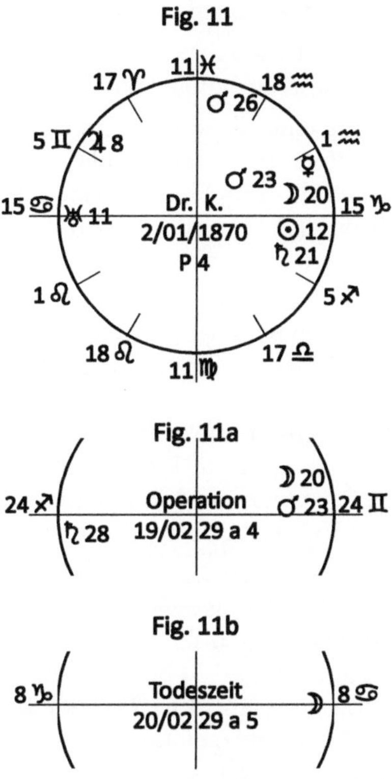

Fig. 11

Fig. 11a

Fig. 11b

4. Die Astrologie gibt ferner Auskunft über geeignete Heilmethoden und Diät.

5. Sie gibt Hinweise, welche Himmelsgegenden günstig wirken, wohin Reisen unternommen werden sollen, ob See oder Gebirge, Süden oder Norden.

6. Sie gibt für die Herstellung von Heilmitteln, besonders der homöophatischen, geeignete Sammelzeiten an; früher hatte man genaue Vorschriften, die sich nach Sonne und Mond und Erdumdrehung richteten. In alten Büchern finden Sie noch Hinweise auf die verschiedene Qualität der Kräuter, je nachdem, ob sie bei zunehmendem oder bei abnehmendem Mond gepflückt werden.

7. Sie gibt die Möglichkeit, durch Verschiebung der Geburten- oder Konzeptionszeiten sehr nachteilige kosmische Einflüsse zu umgehen. Dies muss noch geprüft werden.

8. Sie gibt schließlich eine Handhabe zur Wahl des Similiums in der Homöopathie. Dazu möchte ich noch Ausführlicheres sagen.

Gibt es Beziehungen zwischen Sternen und Arzneien, wie dies Paracelsus und die Alchemisten behaupten?

Die Astrologie hat eine Typenlehre, wie Sie gesehen haben. Es sind Typen des Charakters und der Konstitution. Man zählt zwölf Haupttypen, entsprechend den Tierkreiszeichen, neun Nebentypen (entsprechend den Himmelskörpern), und unter diesen eine große Anzahl Kombinationen, mindestens 108 Variationen.

Die Homöopathie hat auch eine Typenlehre. Wo kommt diese her? Ich erinnere an die scharf abgegrenzten Typen von Lycopodium, Sulfur, Pulsatilla usw. Ihre Anzahl kann auch nicht unendlich sein, wie man bisher gedacht hat, sondern man wird eine bestimmte Anzahl Grundtypen feststellen können, die sich immer wiederholen, die anderen sind Varianten, so dass mehrere Heilmittel oder eine Gruppe in einem Typ zusammengefasst werden. Ich bedauere, dass man noch nicht Grundtypen in der Homöopathie festgesetzt hat.

Durch meine Forschungen konnte ich nun feststellen, dass sich homöopathische Typen mit den astrologischen Typen decken. Wir bekommen durch eine solche Gegenüberstellung ein astrologisches Schema der Heilmittel. So habe ich z. B. schon vor Jahren die biochemischen Mittel auf das Horoskop gebracht. Die 11 oder 12 Mittel haben da dieselben Typen wie die 12 Tierkreiszeichen. (Fig. 12.)

Die Typen der biochemischen Mittel sind zum größten Teil bekannt. Z. B. der Ferr. phos.-Mensch hat meist mit Blutstauungen im Kopf und Oberkörper zu tun, hat roten Kopf, frische Farbe. Der Calcareatyp ist blass, oft aufgedunsen. Wenn das astro-biochemische Schema in dieser Figur richtig ist, dann müssen auch die polaren Spannungen stimmen, die die Mittel haben, und die Mittel müssen polwechselnderweise zusammen gegeben werden können.

Z. B. Widder und Waage stellen Astrologisch eine große Spannung dar. Hier stehen sich Ferr. phos. und Kali-chlor. gegenüber. Diese beiden Mittel werden von manchen Ärzten gern zusammen gegeben. So geben auch Calc. phos. und Calc. fluor. und andere nach meiner Erfahrung glückliche Kombinationen ab.

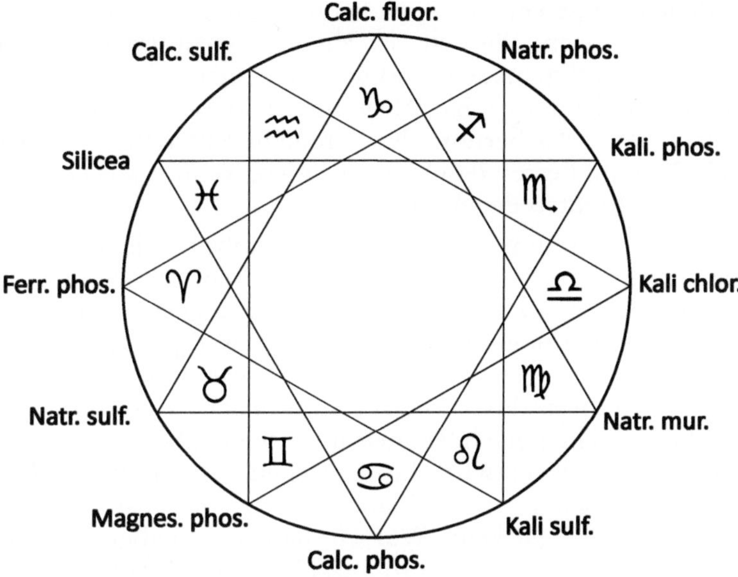

Fig. 12

Wenn wir also ein Horoskop vor uns haben, so können wir ausschließlich mit Hilfe dieses Schemas zu einer günstigeren Auswahl von Mitteln kommen. Man kann auch alle anderen homöopathischen Mittel in dieses Schema einreihen. Auch unter Planeteneinfluss würden manche zu stellen sein. Im Allgemeinen stellt man Konstitutionsmittel eventuell auch Psoramittel unter Tierkreiszeichen, vorübergehende Mittel unter Planeten.

Der Tierkreis wirft auch ein Licht auf das Problem der Einnahmezeiten. Die geeigneten Zeiten währen danach

1. früh bei Sonnenaufgang,
2. kurz vor Mittag (11 – 12 Uhr),
3. nachmittags 5 Uhr
4. abends 9 Uhr.

Auch die Eigentümlichkeit, das Mittel in bestimmten Stunden Verschlimmerungen oder Besserungen machen, z. B. Arsen (nachts 2 Uhr schlimmste Zeit), Lycopodium (Verschlimmerung 4 – 8 Uhr) usw., wird wahrscheinlich astrobiologisch bedingt sein.

Wenn wir noch einige Standardmittel der Homöopathie betrachten, von denen wir genau die Typen kennen, dann kommen wir zu auffallenden Ergebnissen. Pulsatilla ist ein homöopathisches Agentium, wird vorübergehend gebraucht und wirkt auf den verlangsamten Blutlauf. Der Pulsatillamensch hat Neigung zu Tränen, zu periodischen Krankheiten. Pulsatilla berührt den Urogenitalapparat, ist Kanalisationsmittel. P. ist am besten dann anzuwenden, wenn etwas stockt. Dies ist der genaue Mondtyp der Astrologie.

Dann Lycopodium. Als Herr Dammholz kürzlich im Berliner Homöopathischen Ärzteverband darüber sprach, schilderte er dieses Mittel ausführlich als Individuum. Es war dies zugleich eine treffende Schilderung des astrologischen Schütze-Jupiter-Typs, dem ich dieses Mittel schon immer zugeteilt habe; es betrifft wie dieses besonders das ehrwürdige Alter, beeinflusst Alterserscheinungen; wirkt auf Flatulenz, Jacken, Leberkrankheiten, cholaemische Zustände, Folgen von Onanie, passt auf lebensmüde, entwurzelte Menschen mit einseitigem Ideenleben. Diese Typen seien wie die Pflanze selbst, sagt ein anderer Kollege (Herr Rabe), die fast gar keine Wurzeln haben, sich aber emporrichte, doch nach einiger Zeit wieder herunterfalle um wieder der Höhe zuzustreben.

Dann gab Herr Rabe gerade noch das Tüpfelchen auf das i, als er von der Hubhöhe dieses Mittels sprach. Man muss Astrologie verstehen, den Schütze-Typ studieren, um das, was er sagte, richtig würdigen zu können. Das Zeichen Schütze beherrscht am Menschen die Hüfte und bringt ihm die aufrechte Haltung; zugleich auch das Ich, das ihn über das Tier hinaushebt. Sein Symbol ist ja auch der Zentaur, oben Mensch, unterer Teil Tier. Die Schütze-Typen sind als egozentrisch bekannt, so wie die Lycopodium-Menschen. Sie haben Neigung zu Suizid, aber nicht aus Feigheit, sondern, weil sie Schmach nicht ertragen. (Siehe Selbstmörderstatistik in „Sternenmächte und Mensch“)

Empfindliche Organe sind die Leber, die Hüfte. Beziehungen zwischen Ischias und Stoffwechselstörungen, Neurosen, Darmspasmen.

Wir können zu ungeahnten Ergebnissen kommen, wenn wir diese Zusammenhänge mehr beachten. Manche modernen Heilmethoden führen wieder allmählich zur Anerkennung eines Naturzusammenhanges aller Dinge. Die Homöopathie geht darin voran. Sie sieht Arzneitypen. Durch diese Art der Einstellung ist die Homöopathie der Astrologie nahegekommen, ohne es zwar zu wissen. Oder wie glaubt sie ihre

Mittelindividuen erklären zu können? Sie sieht in den Produkten außer den chemisch wirkenden Äußerungen noch ein „wirksames Prinzip", das besonders in Kraft tritt, wenn das Mittel potenziert wird. Es ist außer dem chemisch wirkenden Bestandteil eben noch ein „Geistiges" im Heilmittel, und dies ist von wo anders her, wie Paracelsus sagt, in die Dinge hineingeschickt, wodurch sie ihre Form, ihre Eigenschaft, ihre Wirkung bekommen. In diesem Sinne die Natur betrachtet, sieht sie ganz anders aus: sie ist beseelt.

Anders wäre es ja nicht verständlich, wieso eine einheitliche Symbolik durch die ganze belebte Welt geht. Ich erinnere nur an die Schlegelschen Ausführungen über Farbe, Form der Heilkräuter. — Die Arzneitypen in der homöopathischen Praxis sind nicht nur Krankheitstypen, sondern auch Charaktertypen.

Der Patient als Pulsatillatyp bleibt Pulsatillatyp, auch wenn er wieder gesund ist. Was sind das für Beziehungen, die dann nach Ablauf der Krankheit noch bestehen bleiben? Was liegt darin für ein Geheimnis, wo sind die Originale für alle diese Verwandtschaften, — Die liegen in den Sternen! Die Tierkreistypen sind auf Lebenszeit in den Dingen fundiert, — und daher kommen die Verwandtschaften.

Wir haben heute gesehen, durch die Astrologie bringen wir schließlich eine gewisse Berechnung, Maack sagt sogar Mathematik in die Medizin hinein. Und das ist das, was die Alchemie immer wollte, nämlich mit Bestimmtheit dasjenige Mittel finden, das eben hilft. Eine interessante Bestätigung für das oben gezeigte biochemisch-astrologische Schema erfuhr ich ein Jahr nach der Veröffentlichung desselben. Ich weilte Ostern 1929 in Wiesbaden und suchte den Kollegen Douglas auf. Auf einem Spaziergange sprachen wir über dieses Gebiet.

Da sagte er plötzlich: „Kollege, Sie müssen Hickethier studieren, da ist die biochemische Mittelwahl nach Typ und Hautfarbe geordnet." Ich fand nun in dem Buche von Hitckethier, betitelt „Lehrbuch der Anditzdiagnostik", dass dieser Autor tatsächlich und von ganz anderer Seite her zu demselben Resultat wie ich kann. Er stellt 11 scharf umschriebene Typen auf, z. B. das käsige Gesicht (Calc. phos.); das Platzbackengesicht (Silicea); das rote hohläugige Gesicht (Fern phos.) usw.

Da sich nun seine Typen mit den astrologischen Typen decken, so kann man natürlich auch statt seiner Bezeichnung das astrologische Symbol setzen; d. h. für Calc. phos. das Zeichen Krebs, für Silicea, die Fische, für Ferr. phos. den Widder usw. Beifolgend eine Liste, in der die Ergebnisse alle gegenübergestellt sind.

Mittel	Hickethier	Astrolog. Typ	Schüssler
		Widder	
Ferrum phosphor. ♈	Fiebriges Aussehen; hohläugig; Augenschatten wie nach großer Anstrengung. Stirnröte. Fieberröte.	Harter Blick, Adlerblick, hohläugig. Neigung zu fieberhaften Zuständen; stets Hitze im Kopf, rotes Gesicht, besonders Stirn.	Reizungshyperaemie, Entzündungen, Blutungen, Lungenentzündung, Hirnhautentzündungen.
		Stier	
Natrium sulfur ♉	Grünlichgelbe Gesichtsfarbe. Eindruck von vermindertem Stoffwechsel. Krankhafte rote Nase.	Meist gelbliche Haut- u. Gesichtsfarbe. Neigung zu Stoffwechselstörungen durch falsche Diät, meistens zu gute und reichliche Ernährung. Gallenleiden, Drüsenleiden, Hautleiden.	Natrium sulfur. Zieht Gewebswasser an. Passt gegen Stoffwechselstörungen durch mangelnde Regelung des Wasserhaushaltes. Gallenleiden. Diabetes. Hautleiden.
		Zwillinge	
Magnes. Phosphor. ♊	Gesichtsfarbe leichtes rosa, karmesinrot, auf beiden Wangen talergroße Flecken, wie Verlegenheitsröte. Innere Unruhe. Hektische Röte bei Tuberkulosen.	Frische Farben. Nervöser Typ, dauern in Bewegung. Neigung zu fiebrig-nervösen Leiden, z. B. Tuberkulose. Sonst. Krampfzustände, Neuralgien.	Krampfzustände, Magenkrämpfe, Blasenkrämpfe, Kolik, Neuralgien, Veitstanz. Das Mittel hat Beziehung zu Tuberkulose, Skrophulose.
		Krebs	
Calc. Phos. ♋	Wachsgesicht, wie der Kalk an der Wand.	Blasse, weiche aufgeschwemmte Haut. Blutarmut, Erschlaffung der Gewebe mit ihren Folgen. Störung der Drüsen und serösen Häute. Rachitische Kinder.	Restaurationsmittel zur Neubelebung der Zellen. Rachitis Exsudate.
		Löwe	
Kali silfur. ♌	Braune Farbe.	Lebhafte, leicht sonnengebräunten Farbe. Neigung zu Herzleiden, Rippenfellentzündungen, Aortaverbreitung. Schwindelzustände.	Schwindel, Herzklopfen. Kali sulf. vermittelt den Zutritt von Sauerstoff, heilt deshalb Katarrhe und beschleunigt die Bildung neuer Zellen.
		Jungfrau	
Natrium mur. ♍	Bekanntes Kochsalzgesicht. Etwas schwammig.	Wenig energischer Ausdruck, meist etwas müde, leidende oder gleichgültige Miene,	Natrium Mur. Zieht Wasser an und bewirkt Zellteilung. Die Patienten sind schläf-

Mittel	Hickethier	Astrolog. Typ	Schüssler
		Wie bei Darmstörungen. Etwas gedunsene Haut. Neigung zu Magenleiden, Darmleiden.	rig, haben Kältegefühl, wässrige Durchfälle, Magenleiden, Wassererbrechen.
		Waage	
Kali chloric. ♎	Haut zart, milchig, bläulich, wie Alabaster. Drüsenschwellung. Fluor.	Feiner zarter Teint. Störungen im Stoffwechsel, Gleichgewichts-Störungen der Entgiftungsorgane (Drüsen, Haut, seröse Haut, Nieren).	Faserstoffmittel. Exsudate in Körperhöhlen, diphtherische Beläge, Katarrhe mit plastischen Exsudaten.
		Skorpion	
Kali phosphor. ♏	Aschgrau, als sei das Gesicht nicht gewaschen.	Meist düsterer Blick, graue Gesichtsfarbe. Bei ♏ findet man selten rote Wangen. Nervenzustände, Krankheiten der Geistesarbeiter. Geschlechtskrankheiten. Sexualneurose. Schwere Infektionen, Typhis, Ruhr.	Gestörte Nervenernährung. Gedächtnisschwäche, Neurasthenie, vasomotorische Störungen, Lähmungen, Störungen, des sympath. Nervensystems. Dann schwere adynamische Zustände. Typhus, Sepsis. Syphilis.
		Schütze	
Natrium. phos. ♐	Fettige Ausschwitzung um die Augenfalten. Speckiger Glanz. Störung der Talgdrüsen. Mitesser. Allgemeine Übersäuerung. Gicht. Rheuma.	Haut zeigt oft Unreinheiten, Leberflecken, Mitesser. Leberstörung, Übersäuerung des Organismus. Gelenkerkrankung, besonders des Hüftgelenks.	Überschuß der Milchsäure und deren Folgen, ferner harnsaure Diathes und deren Folgen. Gelenkrheumatismus. Hyperacidität des Magens, Durchfälle, Kinderkrankheiten, Milchsäureschäden.
		Steinbock	
Calcium fluor. ♑	Im Augen-Nasenwinkel Längs- und Querfalten auf denklem rötlich-schwärzlichem Untergrund	Schlechte Durchblutung der Haut. An der Augen-Nasenfalte eine Einkerbung. Die Gesichtsfarbe ist oft ein Rot mit dunkler Schattenwirkung, Degenerationszustände, Deformitäten, schlechte Haltung, Enteroptose. Flechten, Verhärtungen.	Knochenleiden. Lageg-veränderung der Bauchorgane. Erschlaffung der Bauchdecken. Hautschäden wie Schrunden, Risse, verhärtete Exsudate, Brustknoten.

Mittel	Hickethier	Astrolog. Typ	Schüssler
		Wassermann	
Aluminium? Wahrscheinlich ein Komplex von biologischen Aschen ♒		Feiner Teint, helle Farben. – Spasmen und sonstigen Nervenzustände, Darmgase, Flatulenz, Erkrankung der Glieder und Gelenke. Der typische entmineralisierte Mensch.	
		Fische	
Silicea ♓	Haut im Gesicht glasig durchschneidend oder wie mit Glasur überzogen. Krähenfüsse. Oft Kahlköpfigkeit.	Haut dick, Teint frisch, weist aber bisweilen einen glasartigen Glanz auf. Anlage zu Krähenfüssen. – Eiterherde, Geschwulstbildungen, Wucherung, Krebs.	Krankheiten des Bindegewebes. Eiterherde. Ergüsse werden zur Aufsaugung gebracht. Gicht. Nierengries, Star.

In der *ersten* Reihe die zwölf astrologischen Zeichen mit dem entsprechenden biochemischen Mittel.

In der *zweiten* Reihe die biochemischen Typen nach Hickethier.

In der *dritten* Reihe die Typen der entsprechenden Tierkreiszeichen mit ihren Krankheiten.

In der *vierten* Reihe die Krankheiten, die Schüssler den elf Mitteln zuteilt.

Die ersichtlich treffende Übereinstimmung muss als eine gegenseitige Bestätigung angesehen werden. Ich bin durch rein astrologische Deduktion dazu gekommen, Hickethier durch Beobachtung am Menschen. Ist das aufsteigende Zeichen eines Menschen z. B. der Widder, und ist der betreffende Mensch dann in Wirklichkeit ein Widdertyp, dann ist er auch ein Ferr. phos.-Typ, also untersteht Ferr. phos. dem Widder. „Sind zwei Größen einer dritten gleich, dann sind sie auch unter sich gleich." Die Regel passt nicht ganz, aber der Leser weiß, was damit gesagt sein soll. Bewiesen ist der Zusammenhang durch die Feststellung, dass es tatsächlich Tierkreistypen gibt. Noch auf etwas anderes muss hier aufmerksam gemacht werden: *Schüssler* sagt sowohl von Ferr. phos. wie von Kali sulfur., dass diese Salze Sauerstoffvermittler seien und die Oxydation förderten. Dem entsprechen genau die Zeichen Widder und Löwe, die in der Astrologie Feuerzeichen genannt werden, und mit der biologischen Verbrennung im Organismus zu tun haben (Typen, die gute Farbe haben, Blutwärme und Blutfülle erzeugen).

Hingegen bezeichnet er Natr. sulf. und Natr. muriat. als Mittel, die Gewebswasser anziehen und zur Regulierung des Wasserhaushaltes dienen. Ihre Zeichen sind Stier und Jungfrau, beides erdige Zeichen, von denen die Astrologie berichtet, dass sie Wasser anziehen, und ihre Typen sind sehr empfindlich in Bezug auf das Wassergleichgewicht.

Diese Übereinstimmungen sprechen ebenfalls für die Tatsächlichkeit der Zusammenhänge der „Astra“ mit den „Minera“.

Nicht nur die astrologisch-biologischen Zusammenhänge erfahren dadurch eine Klärung, sondern wir sehen, dass die alte alchemistische Krankheitsauffassung und sogar die Polaritätsidee in der Medizin durch diese Gegenüberstellung bestätigt wird. Vielleicht wird dadurch auch einmal das Problem der Hochpotenz gelöst, denn die homöopathische Heilung ist in Wirklichkeit eine alchemistische, sie ist eine Transmutation, Verwandlung von Blei in das edle Gold der Gesundheit, ändert auch die Psyche, macht einen neuen Menschen. Und der Schwefel, der bei diesem alchemistischen Feuer der Läuterung eine so große Rolle spielt, tritt uns in der Homöopathie entgegen als Agens, als Präagens.

Wir haben somit gesehen, dass in der Homöopathie noch allerlei Probleme schlummern, die der weiteren Erforschung wert sind, vor allem, wie wir heute dargelegt haben, die Typenlehre und der Polaritätsbegriff, wodurch auch ein Licht auf die Komplexhomöopathie, allerdings in einem besonderen Sinne geworfen wird. Wir müssen die Arzneimitteltypen, die in den homöopathischen Lehrbüchern nur so nebenbei mehr oder weniger scharf abgegrenzt beschrieben werden, fester erfassen, sie schärfer isolieren und darstellen, sie zahlenmäßig festlegen, wenigstens als Grundtypen.

Wir müssen ferner den geeigneten Polwechsel in den Krankheitsfällen studieren und allgemeine Regeln aufstellen, welche Mittel einander folgen sollen und welche, zusammen gegeben, sich ergänzen und verstärken. Auch dieses Gebiet ist nur verschwommen bekannt und steckt nur in einzelnen Köpfen, die es allmählich mit ins Grab hinüberzunehmen scheinen. Das Horoskop kann dabei klären helfen.

Es ist ein Unsinn, einfach Herzmittel, Lungenmittel, Lebermittel zusammen zu kombinieren und nun diesen Kindern einen Namen, eine Daseinsberechtigung zu geben. Es wird das Horoskop überhaupt dem Arzt in absehbarer Zeit wieder ein wichtiger Indikator und Ratgeber sein, wenn wir auch heute noch nicht so weit sind, dass wir die Menschen mit einer Rechenmaschine in der Hand gesund machen können. Aber ich habe doch schon manchen praktischen Erfolg dadurch gesehen.

Durch Alchemie, Astrologie und Homöopathie können wir dem Wesen der Krankheit näher kommen. Die Alchemie lehrt das Polaritäts- und Verwandlungsgesetz, verlangt Umpolung.

Die *Astrologie* zeigt die Menschentypen, die Krankheitstypen und gibt Zeiten an zu Eingriffen. Die *Homöopathie* sucht danach die geeigneten Mittelindividuen heraus.

Dies ist zunächst die geistige Einstellung, die der Arzt haben soll. Freilich darf darunter die sorgfältige Untersuchung des Patienten in schulgemäßer Weise nicht leiden. Und man kommt in den meisten Fällen mit den gegenwärtig laufenden Methoden zum Ziel. Es gibt aber Fälle, wo man nicht weiter kommt. Da ist es daher naheliegend, auch andere Erkenntnisquellen zuratezuziehen.

Dann gibt es auch eine Vorbeugung. Und da muss man die Konstitution kennen. Sehr hilfreich ist hier eben das Horoskop. Wenn heute ein Kind geboren wird z. B. mit Widder im Aszendenten, vielleicht noch Mars oder Sonne darin, dann wissen wir jetzt schon, auch wenn das Kind noch ganz gesund ist, dass bei ihm Ferrum im Leben eine große Rolle spielen wird. Oder es hat Stier im Aufgang und Mond mit Mars darin, dann ist sicher eine starke Disposition zu Gallensteinleiden vorhanden, das sich in entsprechenden Lebensjahren später einstellen kann. — Fig. 13 ist ein typisches Gallensteinhoroskop.

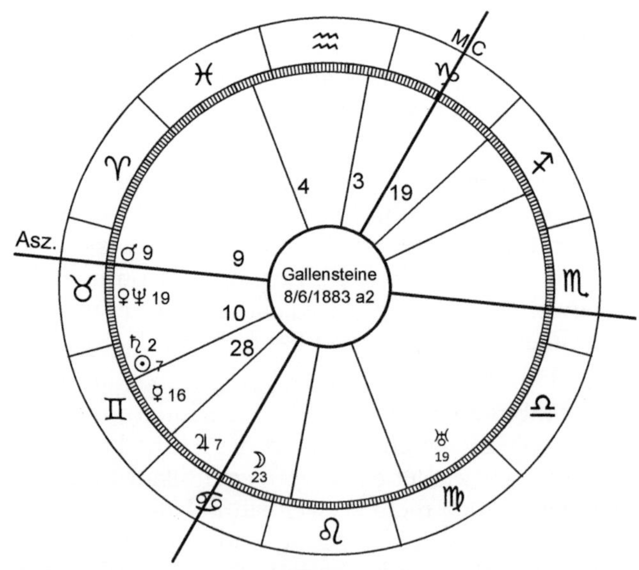

Fig. 13

Dieser Stoff, der durch die heutigen Ausführungen gegeben wurde, sollte nicht nur etwas Neues bringen, sondern sollte Sie auch wieder zurückrufen zu der alten ehrwürdigen universellen Auffassung der Heilkunst, wie sie früher war, wie sie jetzt aber leider im Schwinden ist. Ich konnte zeigen, dass die Homöopathie doch nicht so einfach ist, wie sie sich unsere Zeitgenossen, besonders unsere Gegenseiter vorstellen. Und gerade im Sinne meines früheren Vortrages über Homöopathie und Kassenpraxis, der der Gefahr ins Auge schaute, dass die Homöopathie von dem Allgeist des Schematismus verschlungen würde, wollte ich auch mit dem heutigen betonen, dass das Schild der Homöopathie wieder höher gehängt werden muss, so hoch, dass es unerreichbar wird für die Gleichmacher. Ihnen fehlt die Ehrfurcht vor den subtilen Kräften, die im Menschen und im Kosmos wirken. Wenn wir die Homöopathie wieder ursprünglich auffassen, wenn gezeigt wird, dass ihr Verstehen weit ins Transzendente hineinführt, dann wird sie allerdings nicht, wie man schon meint, für alle erreichbar sein, nicht einmal begehrenswert erscheinen, sondern — wie bisher — nur für Wenige vorbehalten sein.

Homöopathen waren ja immer ganz besondere Menschen, und müssen es auch sein und unter diesen Wenigen wird es auch immer nur Einzelne geben, die sich richtig, wie es der Arzt soll, zum Kosmos einstellen. Es darf nun aus diesen Ausführungen nicht geschlossen werden, der reinen Lehre der Homöopathie Hahnemanns solle die Astrologie aufgepfropft werden. Das wäre ein Missverständnis.

Was Hahnemann geleistet hat, das bleibt, und wir hüten es in Ehrfurcht. Die Mittelindikationen sollen durch Astrologie nicht verändert werden, aber sie können durch sie verständlicher werden. Warum wirkt Lycopodium auf einen bestimmten Menschentyp, warum hat ein Mittel nachts 2 Uhr oder früh am Morgen Verschlimmerung? Dies kann eine Frage an die Astrologie sein. Auch ist es keineswegs so gemeint, dass heute schon jeder Patient, der in die Sprechstunde kommt, gleich horoskopiert wird, Meist kommt man mit den bekannten Methoden und Mittelindikationen zum Ziel. Erst wenn diese nicht ausreichen, wenn man mit dem Patienten nicht vorwärts kommt, dann kann man umständlichere Hilfsquellen, wie etwa das Horoskop benutzen, um dem Wesen der Krankheit und einer bestimmten Mittelindikation auf die Spur zu kommen. Alle diagnostischen und therapeutischen Hilfsmittel, die zu Gebote stehen, muss der Arzt fragen, ehe er einen Patienten aufgibt.

Kosmischer Rhythmus im Lebensrhythmus

Es gibt eine ganze Reihe Tatsachen im organischen Leben, die, schon äußerlich besehen, auf eine Beziehung zu kosmischem Geschehen hinweisen. Die meisten dieser Tatsachen sind so alltäglich, so allgemein, dass sie dem Beobachter gar nicht mehr auffallen; es erscheint fast überflüssig, sie aufzuzählen. Andere sind weniger bekannt und deshalb anscheinend mehr interessant.

Die ganze belebte Natur durchläuft Lebens- und Daseinszyklen, die an Erd- und Gestirnlauf gebunden sind.

An die Rotation der Erde um ihre Achse in 24 Stunden sind eine Unmenge uns bekannter Erscheinungen angeschlossen. Von früh bis abends, von abends bis morgens sind die Lebenserscheinungen bei Pflanze, Tier und Mensch systematisch aufeinanderfolgend geordnet. Wir sehen vor allem in ihrem Verhalten früh, mittags, abends und um Mitternacht ganz verschiedene Zustände und finden darin die 4 großen Kardinalpunkte des Horoskops wieder.

Dem Ostpunkt entspricht das Erwachen des Lebens aus dem Schlummer der Nacht, dem Mittagspunkt die Höhe der Energieentfaltung, dem Westpunkt das Zurückziehen, die Einkehr und die Heimkehr der im täglichen Daseinskampf Beflissenen. Und dem Mitternachtspunkt die Kehrseite äußerer Tätigkeit, die Innenarbeit beim Schlaf (bei einer Anzahl von Geschöpfen einen Höhepunkt gewisser Instinkthandlungen).

Aber nicht nur die 4 Kardinalpunkte finden wir in der Natur, bei einigem Aufpassen lassen sich direkt die 12 Häuser des Horoskops aus ihr heraushorchen.

Um nur an die Frühstunde zu erinnern; sie deckt sich vollkommen mit dem Charakter des XII. Hauses: Einschränkung, Knebelung, Hemmung. Die erwachende Natur fühlt sich noch nicht in voller Kraft, der Vögel Gesang ist noch leise zurückhaltend; bei den Pflanzen finden wir ein zögerndes, langsames Heben der Blumenkronen. Das Tier dirigiert seine Energie noch nicht nach außen, als wolle es sich erst von Fesselungen befreien; es reckt und streckt sich, fühlt noch den Bann, den der Schlaf ausgeübt hatte. Der Soldat, der in Kolonnen früh ausmarschiert, redet mit seinen Kameraden noch kein Wort, schweigend wälzt sich die ganze Schar fort, bis endlich der Bann gebrochen ist, plötzlich die Unterhaltung oder der Gesang einsetzt. Gehen wir zurzeit von 10 – 12 Uhr über. Wer in seiner Jugend oft hinausging, um auf Wesen oder an Waldrändern Schmetterlinge einzufangen, dem kann nicht entgangen sein, dass zwischen 10 und 12 Uhr (X. Haus) sich das allerlebhafteste Treiben auf den Wiesen entfaltet, das in schwächerer Form noch bis gegen 2 Uhr weiter dauert (IX. Haus). Aber dann ist plötzlich alle Bewegung wie abgeschnitten und die Ausbeute ist sehr gering.

Die Natur liegt wie tot darnieder, sie nähert sich ihrem toten Punkt im Rundlauf des Tages. Zwischen 3 und 5 Uhr ist die Naturkraft in den Organismen schwach, hier sind dieselben sogar noch schlaffer als in der Nacht, wo wenigstens Innenarbeit geleistet wird. Diese Spanne Zeit entspricht dem Haus des Todes im Horoskop (VIII. Haus). Selbst die nie ruhenden Grillen und Zirpen haben in dieser Spanne Tagesablauf geschwiegen und sich versteckt. Aber nun, etwa von 5 Uhr ab (im Sommer), scheint wieder Leben eingeblasen zu werden, aber es ist eine andere Art Leben als zur Mittagszeit. Wenn wir genau hinsehen, so finden wir nicht mehr dieses Tummelleben wie zur Mittagszeit, sondern ein mehr um sich selbst besorgtes Leben. Es zeigt die Tendenz zum Sammeln, um sich Schützen, zum Nestbauen, auch die Tendenz des Raubes einerseits und der Verteidigung andererseits — der Tag nähert sich dem VII. Haus (= Feinde, Abwehr, Gegenpart).

Bis dann, beim Eintritt der Dämmerung eine Umkehr der Lebensströme nach innen erfolgt, so dass die Kräfte nur mehr die Organe beleben, die nicht der Bewegung dienen (VI. Haus = Leibesorgane).

Nun die Nachtzeit: Sie zeigt in Tier und Pflanzen deutlich abgestufte Zustände. Wer als Soldat Posten gestanden hat oder wer als Krankenschwester Nachtwache zu übernehmen hatte, wird auch für die Nachtzeit schärfer voneinander getrennte Stundeneinflüsse beobachtet haben. Von 10 bis 12 Uhr abends empfindet er noch ausgeprägt seine eigene Individualität, er beherrscht seine Gedanken. Im Volksmunde wird aber die Zeit zwischen 12 und 2 Uhr nachts die Geisterstunde genannt. Hier fühlt man sich etwas unsicherer. In diese Zeit fällt das III. Haus, das Haus der Kommunikationen mit Wesen eigenen Blutes (Haus der Verwandten, Ahnen und Geschwister, auch der Briefe und Dokumente). In dieser Zeit fühlt sich der Mensch nicht allein, es ist etwas um ihn herum, die Räume sind belebt; diese Zeit ist manchen Menschen unheimlich. Es ist möglich, dass der Tagesablauf der Erde um diese Zeit die in jedes Menschen Unterbewusstsein schlummernden Personifikationen aktiviert oder gar nach außen drängt, so dass er in der Tat Wesen in seiner Umgebung zu fühlen glaubt, Wesen, die in dieser Deutung im wahrsten Sinne des Wortes seine „Verwandten“ sind, oft Teile von ihm selbst, vielleicht auch Geister, Foppgeister, entsprechend dem III. Haus.

Dies ist auch die Zeit magischer Prozeduren und Geisterbeschwörungen. Um 2 Uhr etwa verliert die Zeit den Charakter des Belebten, des Unheimlichen: es ist als ob die Geister wieder in ihre Gräber zurückkehrten. (II. Haus = Antogonist des VIII. Hauses) Wer abends lange bis in die Nacht hinein arbeitet, etwa literarische Artikel schreibt, dem fällt auf, dass er zwischen etwa 10 und 12 Uhr gut aus den Tiefen schöpfen kann (IV. Haus = Intuition), während er von 12 bis 2 mehr durch reichliche Einfälle beeinflusst wird, manchmal aber dadurch behelligt wird (III. Haus). Interessant ist zum Vergleich, dass für spiritistische Sitzungen die günstigste Zeit als diejenige von 9 bis 12 Uhr (IV. Haus; siehe Angaben bei Kniepff) bezeichnet wird. Nach 12 Uhr sollen nach allen Berichten nur mehr ungereimte Dinge durch das Medium herauskommen, oder es melden sich „Dämonen“, die das Medium beunruhigen und quälen.

Nach 2 Uhr brechen die Kundgebungen meist plötzlich ab. Die Kundgebungen der Medien decken sich tatsächlich mit diesen Feststellungen. Zwischen 11 und 12 Uhr verabschieden sich die sogenannten höheren Geister und raten, man solle die Sitzung abbrechen. Es kommen Foppgeister und Dämonen. Gegen 2 Uhr verabschieden sich dann alle. Zwischen 2 und 4 Uhr (II. Haus) liegt der Tiefschlaf des Menschen. Nachts zwischen 2 und 4 Uhr liegt alle Tätigkeit brach, die meisten Menschen sind hier am unfähigsten, etwas zu tun (II. Haus = Haus der Depoteinlagerung). Ist diese Zeit überstanden (bei Menschen, die Nachtwachen halten), so beginnt wieder die Fähigkeit, etwas zu tun. Von 4 bis 6 Uhr wirkt das I. Haus. Diejenigen Menschen schlafen in dieser Zeit unruhig, bei denen das I. Haus gestört ist. Nach 4 Uhr arbeitet etwas in den Menschen, lässt Träume entstehen und macht den Schlaf seichter. Wer Nachtwache hält, hat die größte Mühe, von 2 bis 4 Uhr wach zu bleiben (II. Haus).

Wenn er die vierte Stunde überschritten hat, dann wird das Wachbleiben leichter, er nähert sich dann wieder seinem I. Haus, das ihn in das Tagesleben überführt. Wer im gesellschaftlichen Leben steht, hat auch Gelegenheit, noch andere Beobachtungen zu machen. Z. B. wie die Stimmung der Menschen wechselt im Laufe des Tages.

Am meisten zu Unternehmungen bereit sind die Menschen vormittags zwischen 10 und 12 Uhr. Wenn man besonders kurz vor 12 Uhr an sie herantritt, hat man viel größere Chancen, sie zu etwas Geschäftlichem zu bewegen, als sonst. Die Aktions- und Bewegungskräfte lassen schon nach, kurz ehe die Sonne die Himmelsmitte erreicht. Nach Erfahrung ist dies auch die geeignetste Zeit, Arzneimittel einzunehmen. (Die nächste beste Zeit ist erst wieder um 5 Uhr.)

Nach 12 Uhr schlägt die Stimmung in eine weniger intellektuelle um; sie zeigt jetzt fast etwas Unüberlegtes, Zerstreutes. Manche Menschen Werden sehr unruhig, zum Teil auch ungenießbar und diktatorisch in dieser Zeit. Von 2 Uhr ab vermissen wir die Emsigkeit der meisten Menschen; sie weicht einer größeren Behaglichkeit, und wenn diese nicht zu haben ist, einer Unlust. Entweder Zigarre, Zeitung oder Mittagsschlaf! Sich gehen lassen, nur keine Verpflichtungen! 5 Uhr, die Zeit lebhaften Interesses, aber ja keine Berufsfragen; solche werden nicht mehr so gut erörtert wie zwischen 10 und 12 Uhr. Jetzt wird die Welt der Seelenkontraste gesucht (VII. Haus). Seelisches Erleben wollen die Menschen haben.

Man merkt deutlich einen Umschlag der Gefühle nach innen; dabei lieben sie das Plaudern mit Tee oder Kaffee. Man sieht direkt die Seelen nach schöngeistiger Nahrung hungern. Sie speien nicht Kraft, wie um die genannte Vormittagszeit, sondern sie saugen auf; sie suchen die Umwelt, die Anderheit, um sich dadurch selbst neu zu erfühlen (VII. Haus). Wer einem solchem 5-Uhr-Menschen begegnet, der kann jetzt ganz andere Dinge mit ihm reden als heute früh um 10 Uhr.

Und nun erst die Abendstunden! Was ist die Ballstimmung? Nur eine Zeitstimmung? Amors Pfeile sind hier treffsicherer; nicht weil durch Licht und Glanz, Duft und Sekt allein die Sinne verwirrt werden, sondern weil durch die Gewalt der Zeit, der Stunde, die Wachsamkeit des trockenen Vernunftprinzips etwas eingelullt wird. Das ist der Spiegel des Sonnenlaufes um die Erde. Der amerikanische Seher A. I. Davis stellt eine interessante Theorie über die Beziehung unseres Schädels zum Tageslauf der Sonne auf. Er setzt unsere Tagesinteressen in Parallele zu einem Lauf der Sonne von unserer Nasenwurzel über Stirne, Scheitel bis zum Hinterhaupt. Vormittags würden also die intellektuellen Kräfte (Stime) am meisten, mittags die Willenskraft (Scheitel) und abends die geselligen und erotischen Triebe geweckt (Hinterkopf).

Der Hinterkopf mit dem Kleinhirn dient ja bekanntlich dem Instinkt- und Triebleben, und es scheint nicht nur nach Davis, sondern auch nach den Ermittlungen des Horoskops Tatsache zu sein, dass gerade die Stimmungsbilder, die des Abends eintreten, mit jenen Organen zusammenhängen, die im Kleinhirn liegen. In diesen Stunden werden Strömungen ausgelöst, die zu andern Tageszeiten schlafen.

Der Kavalier kann mit jungen Damen in den Abendstunden über Dinge reden, für die diese zu andern Zeiten, am Tage etwa zwischen 10 und 2 Uhr, wenig zugänglich wären, ja bei deren Erörterung sie vielleicht erröten würden. Erst ab 5 Uhr stellt sich das Menschengemüt allmählich wieder um auf gesellschaftliche Interessen und beginnt sich mehr und mehr zu erschließen.

Naturtreue Menschen, wie etwa Goethe, bei dem das Naturgeschehen zum eigenen Geschehen wurde, oder solche, die durch ihre Betätigung in die Natur hineingestellt sind, wie etwa Hirten, Schäfer, Landboten, empfinden deutlich einen solchen Stundenwechsel und genießen dabei ein ganz ausgeprägtes Erleben, das der Städter nicht kennt. Man darf ja nicht denken, dass das Dasein eines Schäfers simpel und monoton sei; es kann viel interessanter sein als das eines Stadtmenschen, der als Marksteine des Tages nur die Arbeitszeit, die Essenszeit kennt, und abends Kino, Theater oder Klub.

Die Inder haben seitjahrtausenden sich in dies Naturleben besonders vertieft und einzufühlen versucht und kamen zu einer ganz merkwürdigen seelischen Beobachtung, die uns jetzt als Tattwa-Lehre bekannt ist. Danach sollen in der magnetischen Erdiris in Zeitabständen von etwa je 2 Stunden rhythmische Schwingungsänderungen erfolgen, an denen die gesamte lebendige Natur der Erde teilnimmt. Durch besondere Yogaübungen soll erreicht werden können, diese Schwingungen seelisch bewusst mitzuerleben und zu beherrschen. Es gibt Sensitive, die derartige Erlebnisse ganz ausgeprägt haben. Bei anderen besteht die Möglichkeit, die Zeitströmungen des Tages symbolisch wahrzunehmen. Aus früheren Zeiten wird uns eine ganze Reihe Mythen und Volkssagen übermittelt, die offenbar aus solchem visionären Schauen entstanden sind. Z. B. die Sage von der Mittagsfrau, die eindrucksvollen vielgestaltigen Schilderungen vom Kampf des Lichtes gegen die Dämmerungszeiten. (In bilderreichen Hymnen dargestellt.) Im grauen Altertum entstanden nach dieser Richtung eine große Anzahl poetischer und schöngeistiger Werke, so bei den Ägyptern, Persern, Indern.

Es ist anzunehmen, dass es damals verhältnismäßig zahlreiche Menschen gab, die ein solches visionäres Hellsehen hatten, wodurch sich kosmische Ereignisse, besonders auch die Stellungsveränderungen der Erde zur Sonne in Bildern erleben ließen. Heute haben die Menschen solchen bewussten Kontakt mit der Welt verloren, die kosmischen Geschehnisse haben sich in ihrem Unterbewusstsein versteckt. Die Menschen glauben selbst zu schieben, sie tun es nur zum Teil; in der Hauptsache werden sie geschoben.

So läuft also der Mensch den Rundlauf des Tages in 24 Stunden durch zwölf Himmelsfelder hindurch, ohne dass er es weiß. Körper, Seele und Geist müssen diesem großen Kreislauf folgen ; es sind nicht nur die bekannten Wirkungen von Licht und Sonnenwärme, die dies bewirken, sondern es geben, wie wir demonstriert haben, alle die einzelnen Winkelstellungen eines Punktes der Erdoberfläche zur Sonne jeweils einen ganz spezifischen Ausschlag. Dies ist der Tageszyklus der Erde.

Wir kommen jetzt zur Betrachtung des Jahreszyklus der Sonne, bzw. der Bewegung der Erde um die Sonne. Dass auch die 4 Jahreszeiten nicht nur durch die bekannten Einflüsse von Licht und Wärme auf das Lebenwirken, werden wir im Verlauf auch dieser Betrachtung erkennen müssen. Die Pflanzen zeigen nicht nur eine Abhängigkeit von Jahreszeiten, sondern auch von Monaten. Wenn auch mit Eintritt der Frühlingswärme ein allgemeines Sprießen sich offenbart, so hat doch jede Pflanze unabhängig davon ihre besondere Zeit der Blüte und Fruchtbildung. Auch auf die Wintermonate sind Pflanzen eingestellt. Unter dem Schnee blüht die Christrose, das Schneeglöckchen usw. Jeder Monat bringt seine besonderen Kinder hervor. Dementsprechend könnte man das Jahr ebenso gut in 12 statt nur in 4 Jahreszeiten einteilen.

Ähnliche Beobachtungen lassen sich im Leben des Tieres anstellen; Brunst, Mauserung, Häutung, Wachstumsperioden sind an bestimmte Monate gebunden.

Die Krankheiten bei Tier und Mensch sind zum Teil Folgeerscheinungen dieser Monatseinflüsse. Das Leben ist wie eine Welle, die im Laufe des Jahres durch die ganze Natur hindurchflutet, da und dort Wellentäler bildet, die in bestimmten Zeiten zu Stockungen Veranlassung geben, zu anderen Zeiten aber Knotenpunkte, Erhöhungen und Steigerungen erzeugt, die Wachstum und Triebkraft rascher fördern.

Die Erde bewegt sich täglich um etwa einen Bogen-Grad weiter, und so schreitet dementsprechend auch das biologische Geschehen weiter. Oft will es gar scheinen, dass es ruckweise, von Tag zu Tag, vorangeht. Es steht schon fest, dass die Veränderungen im Pflanzen- und Tierkörper nicht gleichmäßig ablaufen, sondern dass sie sich in bestimmten Stunden des Tages rapide vollziehen, während in anderen

Stunden wieder ein auffallendes Nachlassen bemerkbar wird, entsprechend den kosmischen Bewegungen, die kritische oder sensitive Punkte des Meridians, Horogantes oder Tierkreises berühren. So ist es auch mit der Krankheit, und so ist es auch mit dem Seelenzustand des Menschen.

Man hat bei manchen Krankheiten den Eindruck, dass sie unverändert bleiben würden, wenn auf den Tag nicht ein anderer folgte. Ein großer Trost ist oft für Arzt und Patient die banale Tatsache, dass ein Tagwechsel besteht. Dies hat einen ganz geheimnisvollen Hintergrund. (Vielleicht sind chronische Krankheiten solche, die auf den Tagwechsel nicht mehr reagieren?) Die Seherin von Prevorst fühlte deutlich kosmische Vorgänge in ihrem Körper. Sie fühlte nicht nur Sonne-, Mond- und Erdeinfluss, sondern sie empfand auch den Tag, die Stunde.

So fühlte sie in sich ein Etwas, das täglich um 12 Uhr mittags und um 12 Uhr nachts um eine ganz kleine Strecke weiter vorwärts geschoben wurde. Solches erlebte sie in ihrem inneren „Seelenraum". Der Durchschnittsmensch, dessen Tiefenbewusstsein nicht geweckt ist, merkt von derartigen subtilen Dingen nichts; trotzdem muss man annehmen, dass sie in ihm wirken, dass er ihnen unterworfen ist.

Bei Psychosen, in denen eine krankhafte Innenschau gepflegt wird, oder bei der Schwermut drängen sich solche Vorgänge den Patienten manchmal auf. Ich hatte einen Patienten, Herrn M., der etwa 6 Monate unter der Furcht zu leiden hatte, er könne den Verstand verlieren. Als er den tiefsten Punkt der Psychose überschritten hatte und es besser wurde, fühlte er deutlich, dass er jeden Tag zu einer bestimmten Stunde, und zwar um ½9 Uhr abends einen Schritt nach vorwärts komme. Es sei, wie wenn etwas von ihm abfalle und er plötzlich dadurch um „einen Tag" sich besser fühle. Mehrere ähnliche Fälle sind mir bekannt.

Das Leben trägt die Organismen weiter, konform mit dem Lauf der Sonne, die den Himmelsraum durcheilt. Tage sind des Lebens Schritte; dabei müssen Hügel und Täler durchwandert, Gipfel und Abgründe genommen werden.

Wir können es hier nicht umgehen, noch einer besonderen Tatsache Erwähnung zu tun. Ein solcher Abgrund des Lebens ist die Wintersonnenwende für die nördliche Halbkugel.

Wenn sich im Herbst das Leben allmählich zurückzieht vom äußeren Kampfplatz des Geschehens in der Natur, dann hört es nicht zu existieren auf, sondern kehrt sich nach innen, um in den Geheimkammern der Organismen weiter zu arbeiten. Die Kräfte sind mit der Depot-Bildung beschäftigt. Es ist ein Hinuntersteigen in die Tiefe, wo bei der Pflanze in den Wurzelknollen, bei Tier und Mensch besonders in dem Drüsensystem mehr gearbeitet wird.

Dieser Involutionsprozess scheint am 23. Dezember, wo die Sonne in das Zeichen Steinbock eintritt, sein Ende erreicht zu haben. Es mag schwierig sein, dies physiologisch nachzuweisen; es gibt jedoch Beobachtungsmöglichkeiten, die uns diese Tatsache als wahrscheinlich nahelegen. Dass nicht nur die Winterkälte die Pflanzen im Tiefschlaf erhält, zeigt, dass schon bei vielen Pflanzen im Beginne des Januar die Knollen, Samen und teils auch Knospen kleine Veränderungen zeigen, obwohl es noch kalt ist. Die größte Trauer hängt über der Vogelwelt in der Weihnachtszeit. Aber auch von ihr ist im Januar, kaum 10 Tage später, wo es oft noch kälter ist als an Weihnachten, die Winterschwere etwas weggenommen. Und der Wanderer spürt, dass das Jahr wieder im Ansteigen ist, wenn auch objektiv absolut noch keine Spuren zu sehen sind und der Wald noch tief im Schnee begraben bleibt. Die 14 schrecklichen Nächte sind im Volksmunde bekannt und haben ihre bestimmte Bedeutung. Die Erlebnisse in dieser Zeit können sehr deutlich sein und Menschen mit lebhaftem Innenleben scheinen es gewesen zu sein, die das Fest der Wintersonnenwende eingeführt haben. Starke Visionen mussten sie wohl von dieser „Geburt" des Jahres in sich getragen haben, die sie dann aus der Tiefe ihrer Seele heraus in Ritual und Handlung hineingelegt haben. Dass in der Wintersonnenwende wirklich etwas geschieht, und dass sie nicht nur eine Erinnerung an einen Weltheiland darstellt, sondern weit mehr, wird durch die Tatsache bezeugt, dass dieser Zeitpunkt von allen Völkern gefeiert wurde. Er wurde gefeiert, weil er eben empfunden wurde.

Auch jetzt gibt es Menschen mit gesteigertem Innenleben. Einerseits solche, die sich einer mystischen Schulung unterzogen haben, andererseits Menschen mit kranker Seele. Um von den ersten zu sprechen, so können wir hier nur erwähnen, dass in dieser Zeit „Prüfungen und Einweihungen" stattfinden, geleitet von himmlischen Mächten. Was die andere Kategorie von Menschen betrifft, so sind mir mehrere sehr merkwürdige Fälle bekannt. Die Seelenstörungen traten im November auf, steigerten sich von Tag zu Tag, erreichten genau am 23. Dezember ihren Höhepunkt. Von diesem Tag an, wo in der Natur die Macht des Todes wieder allmählich gebrochen wird, ging der Zustand wieder, täglich bemerkbar, dem normalen entgegen.

So weisen uns also mancherlei Beobachtungen an Natur und Mensch, die auch noch weiter ausgedehnt werden können, auf einen Zusammenhang zwischen Jahreslauf und Lebendigem hin.

Wir kommen zum Mondeslauf.

Ein Zusammenhang seiner Bewegung mit Lebensvorgängen in den irdischen Organismen ist bewiesen. Es gibt zwar eine ganze Reihe legendenhafter, phantastischer Erzählungen über Mondwirkungen, die unglaubhaft erscheinen, aber zum Teil bestätigt wurden. Ein frisch abgezogenes Rasiermesser soll stumpf werden, wenn es kurze Zeit dem Mond ausgesetzt wird. Gewisse Eiweißstoffe sollen unter Mondlicht rasch faulen. Holz bei zunehmendem Mond gefällt, soll nichts taugen usw. Haare sollen nicht bei zunehmendem Mond geschnitten, Saat nicht bei abnehmendem Mond gesät werden. Ebenso sollen Entfettungskuren sich nach Mondphasen richten. Es gibt alte Rezepte, wonach Heilkräuter nur bei gewissen Mondstellungen eingesammelt werden dürfen. Nun sind aber exakte Beobachtungen über Mondwirkungen angestellt worden, die ebenso wunderbar erscheinen und vor denen die Wissenschaft augenblicklich ratlos dasteht und am liebsten die Augen und Ohren verschließen möchte.

Ich erwähne nur das Pablo-Phänomen. Ein biologischer Vorgang bei einem Meerestier, das sich genau nach den Mondphasen richtet. Lange schon war das Phänomen bei den Eingeborenen der betreffenden Meeresküste, wo das Tier vorkommt, bekannt; doch man hielt die Berichte für einen Volksaberglauben. Die schließlich Nachprüfung ergab jedoch die Tatsache als echt. Hellpach zieht in seinem Werk „Die geophysischen Erscheinungen" daraus wichtige Schlüsse und glaubt mit Arrhenius an Zusammenhänge auch anderer biologischer Vorgänge mit dem Mond. Für dessen Wirkung auf die Epilepsie und das Nachtwandeln setzen sich eine Reihe von Autoritäten ein. Mir ist ein Epileptiker bekannt, der immer einen Tag vor der Mondphase seine Anfälle hatte. Durch Medikamente, die zwei Tage vor der Phase gegeben wurden, konnten die Anfälle koupiert werden. Dann scheinen periodische Krankheiten und Krankheiten mit Krisen von Mondphasen abzuhängen. Die Vollmond- und Neumondzeit wird von vielen Kranken als charakteristisch für ihr Befinden bezeichnet. Was die Perioden von 7, 14, 21 und 28 Tagen betrifft, so kommen sie außerordentlich zahlreich im animalischen wie pflanzlichen Leben der Natur vor. Es ist möglich, dass der Mond die Dauer von Epochen ursprünglich bestimmt hat, dass sich die Organismen dieselben dann allmählich einverleibt haben, und sie nun unabhängig von dem laufenden Mond weiter ausleben, sie in ihren biologischen Lebensprozessen weiter führen. Bei einzelnen scheint diese Emanzipation nicht gelungen zu sein, wie z. B. beim Palolo-Wurm, beim Leben mancher Fische und einer Reihe von Pflanzen.

Dagegen in Brunst, Brützeit der Vögel (1 – 6 Wochen), Menstruation und Schwangerschaftszeit beim weiblichen Tier und Menschen und noch bei einer Unzahl zyklischer Vorgänge in der belebten Natur ist sie gelungen.

Um nun zum Schluss zu kommen, so haben wir durch diese Betrachtungen gesehen, wie das Horoskop in seinen Hauptelementen, Sonnenlauf, Mondlauf und 12 Häusern schon im alltäglichen Leben drin liegt. Und es ist nur noch ein kleiner Schritt zu der Annahme, dass jeder Mensch, der in die Zeit hineingeboren wird, außer dem Allgemein-Einfluss auch sein individuelles Horoskop hat.

Der Anfang seines Lebens ist wie ein Schlag in das große Gewoge des Allgemeinlebens, das durch alles fließt, und die dadurch erzeugte Welle bleibt eine individuelle. So wie die ersten Schritte bei Tagesbeginn schon dem ganzen Tagesgeschick ein Gepräge geben, so wie die moralische Auswertung der 12 Nächte an Weihnachten dem Jahresgeschick eine Richtung geben, so wie der Augenblick des Pflückens einer Heilpflanze ihr eine Kraft geben kann, die in typischer Art weiterwirkt, so mag das Horoskop, das die Himmelskonstellation bei der Geburt darstellt, die Art und Richtung anzeigen wie die kosmischen Kräfte in dem betreffenden Individuum sich personifizieren und modifizieren. Es gibt einen Volksglauben, der dem ersten Schritt, dem ersten Vogelflug, der ersten Liebe, der ersten Tat im neuen Jahr (Bleigießen), der ersten Weihe (Taufe), große Bedeutung für den weiteren Ablauf der Dinge beimisst.

Wir haben von Sonne, Mond und Häusern gesprochen.

Noch bleibt die Frage offen, ob das alltägliche Leben auch von den Planeten etwas merkt.

Auch diese sind in Bezug auf körperliche Zustände als wirksam befunden worden. Es sei an den Versuch von Ziegler erinnert, der gelegentlich einer Venus-Sonnen-Konjunktion bei Tier und Mensch eingreifende Störungen mit Hilfe eines einfachen Apparates hervorbrachte. Man wird gewiss eines Tages finden, dass Pflanze, Tier und Mensch in ihrem Lebensrhythmus auch den der Planeten miterleben, dass Zeiten des Niedergangs mit gewissen Spannungen, dagegen Aufschwung und Überwindung von Schwächen und Seuchen mit Entspannungen am Himmel zusammenhängen.

Die guten und schlechten Aspekte und Transite der Planeten werden einst in der ganzen Medizin, der Pflanzen- und Tierkunde ebenso beachtet werden wie man heute nur die Sonne für den Rhythmus des Lebens verantwortlich macht.

Durch solche Betrachtungen, wie wir sie hier angestellt haben, werden wir einsehen, dass der Mensch nicht losgelöst vom Kosmos verstanden werden kann. Er ist keine Maschine, sondern ein lebendiger Spiegel des Himmels, ein Glied eines lebendigen Ganzen und kann ohne das Ganze nicht gedacht werden. „Wie es oben ist, so ist es unten", sagt Hermes Trismegistos.

Die Planeten-Beziehungen zu Körperfunktion und Krankheit

Merkur

Dieser kleine Planet hat im Organischen ganz erheblich viel mitzusprechen; er drängt alle Dinge eilig vorwärts und bringt die inneren Lebensvorgänge zu einem Durchbruch, bringt sie aus dem eigenen Körpergefängnis heraus nach außen, nach der Außenwelt. Ein typisches Beispiel ist die Sinnesfunktion. Alles, wodurch ein Wesen sich in der Umwelt orientiert, wird durch Merkur regiert. Merkur, der Götterbote, der Vermittler. Es untersteht ihm also der Sinnesnervenapparat, dessen Endknospen die Sinnesorgane sind; man könnte sie als Blüten der Merkurkräfte auffassen. Auch das Tastgefühl und die Bewegungsorgane, die das Handeln vollziehen (Arme und Hände), beherrscht Merkur. Ein typisches Merkurorgan ist der Kehlkopf, der den Laut, die Sprache produziert. Die Störung dieser Funktion steht von altersher (nach der Überlieferung) unter Merkur.

Ferner die Zähne, die durch Sprache und Nahrungsaufnahme ein wichtiges Kommunikationsmittel mit der Außenwelt darstellen. Er ist nicht nur Kommunikator für alles, was aus dem Organismus heraus will, sondern auch für das, was in ihn hinein will. Da dieser Planet wesentlich die Beziehungen des Körpers zur Außenwelt regelt, so dass Neues, Fremdes aufgenommen werden kann, bzw. auf ihn eindringen kann (Licht, Schall usw.), so gehört in sein Gebiet auch das Eindringen von Infektionskeimen, von Bazillen und die damit zusammenhängenden Krankheiten: Schnupfen, Grippe, Diphterie, Masern, Ruhr, Typhus, Tripper, also meistens Schleimhautkrankheiten. Die Schleimhäute sind die Regionen des Merkureinflusses; sie sind das für Bazillen besonders geeignete Landungsterrain, wo sie dann entweder einen Katarrh hervorrufen oder weiter in den Organismus hinein verschleppt werden und Herz-, Gelenk-, Nierenentzündungen hervorrufen, oder auch Rippenfellentzündungen, Bauchfellentzündungen, Knochenmarkentzündungen.

Ob diese oder jene Krankheit entsteht, hängt von der Verbindung des Merkur ab. Mit Saturn dürften die Krankheiten mit viel Eiterbildung, z. B. Blinddarm-, Rippenfell- und Bauchfellentzündung, oder Kieferhöhlenkatarrh, Kehlkopftuberkulose, Lungentuberkulose; mit

Mars dürften Gelenk- und Knochenmarkentzündungen, Lungenentzündungen, mit Jupiter Infektionen des Darmes entstehen, oder diejenigen des Unterhautzellengewebes. Die Krankheiten des Merkur zeigen einen kurzen, heftigen Charakter, gehen einher mit großen, stechenden Schmerzen und machen stets einen sehr verdächtigen Eindruck.

Nun löst Merkur noch allerlei Nervenzustände aus, besonders wenn er mit Uranus verknüpft ist: Asthma, Epilepsie, Störungen der Sinnesorgane, Lähmungen.

Merkur wirkt stark auf die Lebenszeit von 15. – 25. Jahre ein. Die Merkur-Typen sehen gesund aus, sind aufnahmefähig für Heilkräfte, Medikamente, sind aber allerlei Einflüssen von außen ausgesetzt. Das Lebensalter des Merkur-Typus ist, wenn Merkur schlecht und maßgebend steht und andere Planeten nicht günstig unterstützen, kurz (48 – 55 Jahre)

Venus

Die eilige Blutbahn (Mars) im menschlichen Körper wird begleitet von der Lymphbahn. Die Lymphe fließt ruhig und gleichmäßig dahin, bildet eine klare Flüssigkeit, die Lymphkörperchen enthält. Das Blut gehört dem Mars, die Lymphe der Venus. An verschiedenen Körperstellen, oft direkt nahe der Haut, sitzen Lymphdrüsen. Dies sind Knotenpunkte, Stationen, in welchen die Lymphe sich erneuert und reinigt, eine Art Filtration durchmacht. Was in den Lymphdrüsen sitzen bleibt, ist Unrat, den die Lymphe aus allen möglichen Körperteilchen herbeigeschleppt hat. Hier wird sie ihn los. Die Stoffe werden dann abgeführt und ausgeschieden. Manchmal sieht man von infizierten Wunden (der Hand z. B.) entzündlich gerötete Lymphbahnen gehen bis zu den Achsellymphdrüsen, die dann dick geschwollen sind und große Arbeit haben. Die Venus ist der Besen, der den Organismus ständig rein erhält. Wenn daher Venus im Horoskop gut steht, kann Krankheit nicht leicht Herr werden.

Eine andere Aufgabe der Venus besteht darin, dass sie den Speisebrei, der aus den Darmzotten sich sammelt, mittels einer Unzahl von Lymphapparaten vorbereitet für das Blut, sodass es durch den Chylusgang in die Blutbahn hineingeführt werden kann. Hier arbeitet Venus mit Jupiter zusammen, wobei Jupiter im Darm die elektive Tätigkeit (die Auswahl) ausübt. Venus arbeitet aber auch mit Jupiter zusammen, wenn eingeatmeter Schmutz von der Lunge durch die Lymphbahn nach der Leber geführt wird (ein dauernder Vorgang), um dort aufgelöst zu werden. Sie arbeitet mit Mars, wenn sie Giftstoffe aus einem entzündeten Organ ans Blut abgibt, die dieses zum Ausscheidungsorgan führt. Sie arbeitet mit Saturn, indem sie die Anhäufung von Eiterzellen bei einem Geschwüre löst und die gestauten Körperchen in die richtigen Wege leitet. Sie arbeitet mit Merkur, indem sie in die Nähe von Infektionen die Drüsen wie Wächter aufstellt, damit nicht Stoffe an Orte im Körper verschleppt werden, wo sie nicht hin sollen.

Dies alles entspricht ganz dem mildernden, schützenden, versöhnenden Charakter, der von jeher der Venus in astrologischer Beurteilung zugeschrieben wurde. Wenn Mars Wunden schlägt, kommt Venus und klebt sie zu (Serum).

Kann zwischen Mars und Venus prinzipiell keine Feindschaft bestehen, so kommen zwischen Saturn und Venus schon eher Konflikte zustande. Die Saturn-Venus-Aspekte wirken oft sehr übel und lösen heimtückische, schleichende Krankheiten aus. Was Saturn verfestigt und verfinstert hat, kann Venus nicht leicht mehr lösen, auch alle anderen Himmelskräfte versagen. Es ist schon, wie die Mythologie sagt: „der Gott Chronos (Saturn) überdauert alle anderen und besiegt sie schließlich (Tod)."

Die Venus beherrscht noch die Haut und die in ihr verlaufenden Haargefäße sowie die kleinen Venen; insofern hat sie Einfluss auf Teint und Formenschönheit, Rundung des Körpers, besonders bei dem weiblichen Geschlecht. Der Zustand der Haut hängt sehr von der Lymphzirkulation ab, und es ist aus diesem Zusammenhang allein schon die Beziehung der Venus zu allen kosmetischen Fragen verständlich. Die Venus hat ferner eine Beziehung zu den Hautdrüsen und zur Brustdrüse sowie zur Fettbereitung.

Diese Zusammenhänge kommen zustande dadurch, dass Venuskräfte Überschüsse schaffen, die zur Abgabe bestimmt sind. Auch die Lymphe ist nichts anderes, als ein gesammelter Überschuss, der vom Blut ins Gewebe hineingepresst wurde (Serum, der „weibliche" Teil des Blutes).

Bei Merkur hatten wir Kommunikationen anderer Art. Auch bei Mars hatten wir Absonderungen; es sind die fermentativen Stoffe des Pepsins, des Speichels, der Galle, der Bauchspeicheldrüse usw. Bei Venus sind die Überschüsse nicht aktiver, sondern passiver Art, z. B. Fett, Schweiß der Haut und die Milch der weiblichen Brust, die eine Hautdrüse ist. Die Milch enthält hauptsächlich Fett, Eiweiß und Zucker; das sind vom Organismus durch Venus als Überschüsse gestiftete, frei abgegebene Nahrungsstoffe. In der Brustdrüse arbeitet Venus mit dem Mond zusammen (siehe „Mond“ Seite 207).

Noch sind zu nennen Haare und Nägel, ebenfalls Produkte der Haut. Das Keratin (Hornsubstanz), das diese Gebilde der Haut enthalten (auch in der obersten Schicht der Haut ist Keratin), spielt eine ganz geheimnisvolle Rolle in Bezug auf uns noch unbekannte Lebenskräfte. (Legende von Simson.) Ich habe auf Grund von Beobachtungen gewisser okkulter Phänomene (bei Medien*) schon vor Jahren die Vermutung ausgesprochen, dass in der Haut der Sitz gewisser parapsychischer Kräfte gesucht werden müssen.

Es gibt bereits auch belebende Heilmittel, die aus Haut hergestellt sind und eingespritzt werden. Interessant ist nun, dass oft bei diesen physikalischen Medien die Venus mit dem für Mediumschaft berüchtigten Planeten Neptun in Konjunktion steht. Die formbildende Kraft der physikalischen Medien ist durch Neptunkräfte unterstützt von Venus oder Mars, zu erklären. Die Venus schafft bei uns die Form des Körpers, den äußeren Hautabschluss. Bei Medien schafft sie freie Formen im Raum.

Die Venuseigenschaft des Überschussgebens (Liebesüberschuss im weitesten Sinne) ist bei diesen Menschen abgebogen, geht nicht die üblichen Wege, sondern tritt als frei im Raume wirkende Gestaltungskraft, Bildkraft auf und schafft Teleplasmabildungen und Materialisationen. Die Medien sind auch meist in Bezug auf Erotik einseitig veranlagte Individuen (siehe Neptun). Physikalische Medien manifestieren ihre Mediumschaft meist in den Jahren, wo die Säftemischung eine Verschiebung erleidet (Pubertätsjahre und Wechseljahre). Bei einer Untersuchung eines bei Stanislawa P. abgeschnittenen Teleplasmastückchens fand man biologisch und histologisch (mikroskopisch) eine Substanz, die ganz der Lymphflüssigkeit und dem Chylus (Speiseflüssigkeit) im Organismus ähnlich ist, ohne aber damit identisch zu sein. Alles ganz übereinstimmend mit unserer obigen Schilderung vom Zusammenhang der Venus mit der Lymphe, dem Chylus und formbildender Kraft.

Schließlich müssen wir jetzt den Zusammenhang der Venus mit der Formschaffung im Mutterleib nennen. Während Mars bei der Keimbildung nur die Anregung dazu, den ersten Anstoß gibt, (durch die sich energisch bewegende Samenzelle) und eine fermentative Wirkung in der Eizelle hervorruft, gibt Venus die Schablonen, die Bildkräfte der Gestaltung.

***) Siehe Schwab: „Telekinese und Teleplasma“.**

Eigentliche Venuskrankheiten gibt es nicht. So wie Jupiter das optimale Gute darstellt, ist Venus das absolute Milde, Besänftigende. Aber in verschiedener Verbindung können die Venuskräfte verunreinigt werden und es entstehen Venuskrankheiten. Eine solche Krankheit, die wohl zu den übelsten gerechnet werden muss, ist die Syphilis. Sie ist eine typische Krankheit der Lymphflüssigkeit. Bazillen setzen sich in der Lymphe fest und wandern, ohne abgetötet zu werden, durch den ganzen Körper. Merkur verhilft ihnen zur Einwanderung. Die Syphilis ist eine typische Merkur-Venus-Krankheit.

Eine andere Krankheit ist der Krebs. Hier hat sich Venus mit Mond verbunden und beide sind in schlechtem Aspekt. Der Krebs ist — kurz gesagt — eine Krankheit der Formbildungskräfte, ein Versagen der Venus, denn die Wege der formenden Kraft im Körper werden durch fremde Formkräfte durchkreuzt (Krebs ist Neubildung). Der Krebs frisst den Körper auf, weil die Lymphe nicht mehr Hüter sein kann, die Krebskeime nicht mehr zu eliminieren imstande ist. Krebs entsteht gewöhnlich erst nach dem vierzigsten Lebensjahre, wo die formbildende Kraft nahezu ausgeschwungen hat. Die starken Bildkräfte der Jugend lassen den Krebs nicht, oder nur höchst selten aufkommen. Der Krebs wird von neueren Ärzten (siehe Dr. B. Günther Deutsche Zeitschrift für Homöopathie) als vegetative Neurose aufgefasst, d. h. als eine Krankheit, die durch ein Unvermögen des sympathischen Nervensystems zustande kommt, das Organgefüge in seiner Gestaltung zu erhalten. Dies würde sich auch mit den hiervorgebrachten astrologischen Erwägungen decken (Sympathikus = ☽).

Somit gehören zu den Venuskrankheiten auch alle Formveränderungen der Organe, soweit sie Neubildungen sind: Myome, Balggeschwülste, Warzen, Haare an Orten, wo sie nicht sein sollen. Auch sie treten häufig in älteren Jahren (als Formdegeneration) oder in der Pubertätszeit (als Formverirrung) auf. Zu den „Venusschäden“ gehören auch alle kosmetischen Fehler, angeborene Formfehler, Missgeburten. Es gibt allerlei Blutkrankheiten, die mit Entartung der Lymphdrüsen einhergehen (Perniziöse Anämie, Weißblutkrankheit); sie scheinen zum Teil mit der Venus zusammenzuhängen.

Der Mond

Der Mond wirkt mehr aufs Ganze als auf einzelne Teile. Er ist dem Menschen viel zu nah, um nur ein Teilgebiet zu beherrschen. Sein Einfluss wirkt auf das Wachstum der Zelle, auf die Vergrößerung des

Körpers, im Übrigen auf alles Periodische. Seine eigenen Zustände haben sich ja der ganzen Erde mitgeteilt und sie wirken in den Organismen in der verschiedensten Art. Im Horoskop bedeutet eine prominente Stellung des Mondes eine besondere Betontheit des Periodischen, Geschehnisse im günstigen oder im ungünstigen Sinne. Er wirkt stark auf die Geschlechtsorgane des Weibes ein, auf die Befruchtungsorgane, auf die Menstruation. Der Rhythmus von 28 Tagen ist als ein allmonatlich auftretender, vom Mondlauf emanzipierter, aber noch beibehaltener Mond-Zyklus aufzufassen. In schlechter Stellung bewirkt der Mond Abortus (☽ ♂).

Er vermittelt die Beziehungen des Seelischen zum Körperlichen und beherrscht deshalb diejenigen Organe, die die Gemütsbewegungen in das Körperliche überführen. Und dies ist das Kleinhirn und das sympatische Nervengeflecht. Letzteres ist ein im ganzen Körper verbreitetes besonderes System, das diejenigen seelischen Funktionen, besorgt, die nicht von unserem Willen abhängen, z. B. Erröten, Erblassen, Sträuben der Haare; ferner auch rein körperliche Funktionen, die automatisch verlaufen, die wir mit unserem Willen nicht ändern können, wie Herzbewegung, Darmbewegung. Dann greift dieses System ein in die Tätigkeit der sogenannten inneren Sekretion. Von gewissen Drüsen (im Kopf, Hals, in der Leibeshöhle) werden Säfte abgesondert, die das Wachstum des Körpers regulieren. Hier greift der Mond besonders in der Kindheitsperiode, von der Zeit vor der Geburt an bis etwa zum siebenten Lebensjahre, stark ein. Ein mächtiger Teil des Sympathikus ist das Sonnengeflecht in der Magengrube.

Es müsste eigentlich Mondgeflecht heißen. Der Name stammte ja nur von den strahlenartig von einer Ganglienscheibe abgehenden Nerven. Dort empfindet der Mensch oft bei Schreck, Angst einen heftigen Schmerz. Der Sympathikus ist so ziemlich allesbeherrschend und mit dem Verständnis seiner Allmacht verstehen wir auch die große Bedeutung des Mondes im Horoskop. Mond ist mit Recht „Lebensbedeuter" in der Astrologie; ohne ihn steht auf der Erde das durch seinen Rhythmus geschaffene und seinem Lauf nachgebildete Leben still. Der Sympathikus ist ein ganz merkwürdiges System. Er arbeitet wie mit tausend Augen und Ohren. Hat jemand eine Nadel verschluckt, so kann sie im Darm stets so gedreht werden, dass sie mit dem stumpfen Teil nach vorwärts zu liegen kommt und dadurch Verletzung vermieden wird.

Dies macht der Sympathikus, ohne dass wir es merken. Bei jedem noch so geringen Reiz, den der tagwache Mensch ja gar nicht merkt, meldet der Sympathikus die Störung bei seiner Zentralstelle an; von dort wird dann ein Gegenreiz inszeniert, sodass dem feindlichen Eindringling einmal ausgewichen, ein andermal entgegengewirkt wird.

Der Sympathikus ist wie mit Bewusstsein begabt. Interessant ist sein Zusammenhang mit dem Unterbewusstsein. Das Unterbewusstsein weiß alles, was der Sympathikus tut, es ist wie ein zweites Ich in uns, das die geheimsten Geschehnisse in unserem Körper aufzeichnet. Wir aber wissen nur sehr wenig von diesem Unterbewusstsein, es tritt nur zeitweise ans Tageslicht, in unseren Träumen; oder wir ertappen uns oft bei einer Handlung, die wir wie aus innerer Führung (durch unterbewusste Vorstellung) vollbracht haben; oder wir scheuen vor gewissen Dingen zurück, ohne genau zu wissen warum.

In unseren Vorstellungen lebt sehr viel Unterbewusstes. Das Unterbewusstsein kann uns richtig führen (gesunder Instinkt) es kann uns aber auch falsch führen (wenn wir lange Zeit hindurch naturwidrige Gedanken haben). Manche Menschen sind auch schon so veranlagt, dass jeder Gedanke, jede Vorstellung, gleich ins Unterbewusstsein eingepresst werden. Wenn bei solchen Menschen falsche und ungesunde Vorstellungen vorwiegen, so wird in solchen Fällen das krankhafte Denken sofort auf den Sympathikus übergehen und am Körper sich ausprägen. Dann haben wir die Hysterie. Sie besteht darin, dass eingebildete Krankheitszustände entstehen (hysterische Lähmung, Schwangerschaft, Kopfschmerzen, Schlaflosigkeit, Magenkrämpfe usw.).

Dies untersteht — astrologisch gedacht — dem Mond, d. h. wenn er schwach steht im Horoskop. Im Buch „Sternenmächte und Mensch" ist eine Hysterie-Tabelle, die zeigt, dass der Mond bei 103 Fällen nicht ein einziges Mal in der Waage, dem Zeichen des Gleichgewichts, stand. Ist Mond mit Neptun verbunden, besonders durch Konjunktion, dann gehen die Vorstellungen sogar bis ins Dämonenhafte. Die Kranken hören Stimmen haben Halluzinationen.

Es kann sich aber auch um echtes, übersinnliches Wahrnehmen handeln. Oft ist es so, dass Menschen mit solchen Konstellationen in einem bestimmten Lebensjahre durch ein Reich von „Dämonen" hindurchgehen müssen und dann, wenn der Kampf wieder abgeklungen ist ein reguläres Hellsehen zurückbehalten. Andere, bei denen die Konstellation sehr ungünstig ist, bleiben vielleicht in dem Dämonenhaften stecken oder gehen darin unter.

Die Kombination Mond-Mars ist, wenn gespannt, sehr ungünstig, bringt Unglücksfälle oder Krankheiten, die einen großen Riss im

Lebensfaden verursachen. Mond-Saturn bringt zehrende, das Leben allmählich abbauende Krankheiten (Lungenschwindsucht). Ist durch schlechten Mond der Sympathikus geschädigt, dann kann, wenn Venus ebenfalls schlecht steht, die Krebskrankheit sich einnisten. Hier wirkt besonders auch Kummer und Sorge mit, denn Gemütszustände übertragen sich sehr stark auf den Sympathikus.

Wenn der Mond gut zur Sonne steht, dann ist anzunehmen, dass das tagwache Bewusstsein gut mit dem Unterbewusstsein Hand in Hand arbeitet und dass der Sympathikus gut seine Dienste ausführt.

An sonstigen Zuständen bringt der Mond die Störung des Schlafes hervor, z. B. Nachtwandeln, starkes Träumen, Bettnässen. Dann alle periodischen Störungen des Organismus, Epilepsie, Menstruationsstörungen. Dann verschiedene Zustände, die vom Kleinhirn ausgehen, Schwindel, Seekrankheit, Meniersche Krankheit.

Der Mond in guter Stellung macht hohes Alter. Seine deutlichste Wirkung zeigt er in der Kindheit, wo er durch die Vorgänge des Wachstums die Grundlage legt für die spätere Gesundheit und Lebensdauer des ganzen Organismus.

Die Sonne

Dic Sonne reguliert die Beziehung des Menschen zum Stoff, besonders zum Mineral. Sie überwacht den Mineralstoffwechsel in der Zelle, während der Mond Wachstum und mit Mars Spaltung der Zelle bewirkt. Was den ganzen Menschen betrifft, so beherrscht die Sonne, im Gegensatz zum Monde, das tagwache Bewusstsein und die Willensbetätigung von früh bis abend. Diesem entspricht körperlich die relativ freie Handlung und ihre Folgewirkung am Körper.

Die Sonne beherrscht somit zunächst das Gehirn, besonders jene Teile desselben, die Sitz des Bewusstseins und Willens sind. Im Übrigen Körper bewirkt sie die für das Dasein notwendige Harmonie der Stoffteilchen, ferner die Ordnung das prompte Zusammenwirken aller Organe. Durch die Sonne gehen alle Einflüsse der Planeten hindurch, werden durch sie gebessert, verschlimmert, je nachdem wie sie selbst im Horoskop gestellt ist. So wie bei einem Staat ein Oberer notwendig ist, der alles zusammenhält, so ist die Sonne wachsam über das Ganze des Organismus. Wie die laufende Tagessonne sichtlich die Geschöpfe früh am Morgen zur Arbeit oder Betätigung ruft, so zwingt die Horoskopsonne in jedem einzelnen Organismus die Organe zum Zusammenarbeiten.

Um die Wirkung der Sonne im Einzelhoroskop zu beurteilen, muss sehr das Tierkreiszeichen, in dem sie steht beachtet werden. Ist die Sonne schlecht gestellt, dann sind die bewussten Leitungen zwischen Gehirn und übrigem Körper in Gefahr. Sonne genau an der Spitze von Eckhäusern, durch Saturn oder Mars oder Uranus angegriffen, findet man häufig bei Wahnsinn.

Dann entstehen durch die geschädigte Sonne jene Störungen, die im Laufe der Zeit durch unvorsichtige Lebensweise, durch naturwidrige Handlungen verursacht werden. Solche sind: Arterienverkalkung, Gicht, Erweiterung von Organen, z. B. Magen, Herz; auch Störungen von Sinnesorganen durch ihren falschen oder übermäßigen Gebrauch (Staar, Taubheit). Und vor allem durch erbliche Belastung bedingte Krankheiten (Vererbung ist z. T. im Horoskop angezeigt.).

Die Sonne bringt auch schließlich die allgemeine Abnutzung der Organe durch das tägliche Leben, oder sie bewirkt schon am Anfang eine mangelhafte Zusammensetzung. Entweder findet Entmineralisierung statt, oder eine einseitige Ablagerung.

Der mangelhafte Mineralgehalt äußert sich in Englischer Krankheit, Knochenerweichung, besonders wenn die Sonne in Wasser- oder Luftzeichen steht. Die Rachitis ist eine echte Sonnenwirkung. Der Rachitische bleibt auch geistig oft zurück, was ein Licht wirft auf das oben über Sonne und Gehirn Gesagte.

Die genannten Zustände haben das Gemeinsame, dass sie Störungen sind, die durch die korrigierenden Kräfte des Organismus bzw. der übrigen Himmelskörper, nicht viel aufgehalten werden können; im Gegenteil, sie sind Eingriffe in deren Walten von vorneherein. Sonnenwirkung ruft durch Ablauf des Lebens und Geschickes allmählich entstehende Krankheitszustände hervor (Entartungen, woran der Charakter der Persönlichkeit mit Schuld ist).

Eine gute Verbindung von Sonne und Mond ist im Horoskop das wichtigste und wird wenigen Übelständen aufkommen lassen (dank des Sympathikus).

Die Sonne hat mit Mars viel Einfluss auf das Blut (Vollblütigkeit) und auf die Haut (Verbrennung, Verbrühung), auf Schlagader und Herz (Schlaganfall), mit Saturn besonders auf das Gehör (Sklerose). Mit schlechtem Mond gibt die Sonne eine Dissonanz zwischen Bewusstsein und Unterbewusstsein. ☉ ☍ ☽ findet man mehr bei Neurosen, ☉ ☌ ☽ mehr bei Epilepsie.

Der Saturn

Der von diesem Planeten übermittelte Einfluss wird in der Hauptsache als zusammenziehend beschrieben. Alle Verhärtungen in der Natur, in den Organismen, auch die Verknöcherung und die Verkalkung soll angeblich vom Saturn kommen. Dies ist insofern verständlich, als Saturneinfluss dem freien Spiel der Lebenskräfte als hemmendes Prinzip in den Weg tritt. Das antike Symbol des Sensenmannes ist sehr treffend gewählt. Saturn ist der Lebensabschneider. Damit wird aber nicht nur Verhärtung und Tod geschaffen, sondern es ist dadurch auch Fortschritt und Vergeistigung möglich.

Die Verhärtung ist nicht direkte Wirkung solcher Saturnkraft, sondern sekundäre. Indem dieser Einfluss den freien Lauf der Gestaltungen hemmt, ihm sogar entgegenwirkt, setzen sich Niederschläge ab, die uns bei allem Wachstum, bei allem Werden, als zunächst nötige Einlagerungen begegnen. Saturn bewirkt, dass beim Kinde die zuerst knorpeligen Stützorgane zu Knochen werden; er bewirkt aber auch, dass sich in den Ganglienzellen der edelsten Teile, des Gehirns und Rückenmarks, fremdartige Körnchen einlagern, wodurch allmählich das altem bedingt wird. Zur Vernichtung des Blutes hat Saturn direkt eine Falle in unserem Körper aufgestellt, wo die roten Blutkörperchen abgefangen und erdrosselt werden. Eine solche Einrichtung ist für den Körperhaushalt notwendig. Diese Falle ist die Milz. Der Kandidat der Medizin prägt sich vor dem Examen für die Milz folgendes memnotechnisches Hilfsmittel ein: „Die Milz ist das Grab der roten Blutkörperchen." Hier sehen wir Saturn in seiner eigentlichen Werkstätte. Die Milz war bei den alten Astrologen stets dem Saturn zugeteilt, und sie sagten, die Milzkranken hätten — wie der Saturn — ein fahlgrünes, schattenhaftes Aussehen. Saturn, der Lebensabschneider, schafft, wenn er in normalen Grenzen bleibt, Gutes. Ohne Saturn würde das Organische jede Bodenbeständigkeit verlieren, im Wachstum kein Ende finden, fort und fort wuchern, ohne selbst qualitativ fortzuschreiten. Der Säugling würde nie feste Knochen bekommen; zeitlebens würde der Mensch auf der Erde herumkriechen und könnte sich nicht erhalten, und die Intelligenz würde sich nicht entwickeln.

Das Denken kommt nur durch gewisse Zerstörungsvorgänge in unserem Gehirn zustande, durch ein groß angelegtes Abbau-System, das Saturn ermöglicht. (Saturn ist der Planet der Philosophie!) Und was würde aus der ungeheuren Schar der roten Blutkörperchen werden, die ihre Aufgabe erfüllt haben, wenn sie nicht wieder abgebaut würden?

Der Organismus würde mit ihnen überfüllt werden, hätte keinen Platz mehr und die weißen Blutkörperchen würden gänzlich verdrängt. Der Überschuss muss somit abgefangen und aufgezehrt werden, damit das Leben im Gleichgewicht bleibt. Die weißen Blutkörper, die die eigentlichen Saturnkinder sind, haben ihre Entstehung zum großen Teil in der Milz; sie dienen als Polizeiorgane im ganzen Organismus.

Überall, wo sich ein falsches Lebensübergewicht bemerkbar macht, erscheinen sie in Trupps oder Kolonnen, d. h. sie sammeln sich an, zehren jeden reizerregenden Fremdkörper auf. Die Ansammlung gibt das Bild von eitrigen Wunden, Geschwüren, Fisteln, so lange, bis der Feind draußen ist. Sie sind in gewissem Sinne auch Revolutionäre, die dem Organismus durch Zerstörung dienen. Die roten Blutkörperchen sind ihre Kameraden von der anderen Seite, ihre Antagonisten. Diese vagabundieren nicht wie die weißen; sie rollen als Träger des Lebens (Sauerstoff) gleichmäßig durch den Organismus dahin, vollführen unter einheitlicher Regie ihre Aufgabe, von der wir bei Mars und Jupiter sprechen werden (Leber und Galle). Die Milz liegt links, rechts liegt die Leber. Wie geht es nun den weißen Blutkörperchen, wenn sie in die Leber kommen? In der Tat, die Leber arbeitet gegen die Milz, die Milz gegen die Leber.

Ob die weißen, mit politisch links, die roten mit rechts korrespondieren, wollen wir dahingestellt sein lassen. Saturn regiert im Volke die aufrührerischen Massen, auch jene Klassen, die wie Sauerteig im Volkskörper wirken, Mars und Jupiter mehr die geradläufig und konservativ gerichteten Klassen. Die Astrologie wie die Biologie zeigen, dass beide notwendig sind. Deshalb soll der Weise über die Politik stehen!

Die Leber ist auch das Grab der weißen Blutkörperchen, könnte man in einem gewissen Sinne sagen. Es ist dies zwar wissenschaftlich noch nicht ganz geklärt, denn weiße Blutkörperchen zerfallen auch sonst wo immerdar im Körper. Sie müssen ebenso wie die roten getötet werden, denn sie füllen sich an mit allerlei Unrat, mit Giftstoffen, die sie irgendwo im Gewebe aufgespürt und aufgefressen haben. Die Leber ist erwiesenermaßen ein großes Reinigungsinstitut, worin Gifte, die von allerorts, allen Körperregionen herbeigeführt werden, chemisch verwandelt werden. Saturn und Jupiter, die beiden großen Planeten, halten sich in Milz und Leber die Waage, das Gleichgewicht, und damit halten sie den ganzen Organismus im Gleichgewicht. Zwei Heere behaupten sich im Körper, sich gegenseitig im Schach haltend. Ist das Gleichgewicht erhalten, dann ist der Mensch gesund.

Was Saturnkrankheiten sind, ist nun aus dem Bisherigen leicht abzuleiten. Tritt das Lebenshemmende ins Übergewicht, dann entstehen vom Normalen abgebogene Entwicklungsformen: Polypen, Verhärtungen, Verhornungen. Saturn legt ständig Todeskeime durch vermehrte Kristallisation in den Säften. So schafft er vor allem die Harnsäure, die wieder die Ursache von Gicht, Arterienverkalkung und Neuralgie schwerster Art sein kann. Zum Vergleich diene, dass die Schlangen, die dem Saturn stets zugeteilt wurden, einc ungemein große Menge Harnsäure produzieren. Die Harnsäure ist ein Produkt verlangsamter Stoffwechselvorgänge, mangelnder Oxydation der in den Körper eingeführten Eiweißstoffe (Proteinkörper), eine ganz typische Saturnwirkung. Die „Harnsäurediathese" ist eine Saturn-Diathese. Saturneinfluss bewirkt ferner Krankheiten, bei denen die Milz beteiligt ist: Blutarmut, Weißblutkrankheit, verschiedene Infektionskrankheiten (Typhus, Sepsis). Auch tritt Saturn in Kraft bei Eiterbildung (Ansammlung weißer Blutkörper an irgendwelchen Körperstellen) (Furunkel, Lungentuberkulose, Abszesse).

Auch setzt er Krankheiten, die durch Kälte oder Erkältungen entstehen (eine neue Theorie sagt, dass durch starke Abkühlung in den Säften Kristalle — Gelosen — entstehen, die Rheuma oder in Schleimhäuten Entzündungen bewirken (z. B. Katarrh). Diese Theorie hat viel für sich und ist durch den Zusammenhang des Saturn mit Erkältungen sehr plausibel. Saturn regiert das Alter, regiert den Tod.

Damit ist nicht gesagt, dass er das Leben wesentlich verkürzt, er kann es sogar bei guter Stellung sehr verlängern. Saturn bewirkt den Tod zunächst nur allgemein; er bewirkt den Tod im Blut, in den Geweben, schafft Todeskeime. Wann der Tod als Abschluss des Lebens eintritt, ist eine andere Frage. Das Lebensende kann ebenso gut auch durch einen anderen Planeten bestimmt werden.

Jupiter

Dieser Planet beherrscht die Stoffwechselbilanz des Körpers. Diese Funktion entspricht ganz der in der Mythologie dem Gott Jupiter zugeschriebenen regierenden und dominierenden Eigenschaft. Er sorgt für die Aufspeicherung von Energiequellen, überwacht die Synthese im organischen Chemismus. Dazu gehört vor allem die Überwachung derjenigen Organe die, die dem Körper nötigen Substanzen aus den Nahrungsmitteln bereiten. Die Hauptfabrik solcher Stoffe ist die Leber. Jupiter beherrscht die Leber.

Dieses Organ gleicht einem mit allem Komfort eingerichteten chemischen Laboratorium. Nicht weniger als zweiundzwanzig verschiedene Stoffe werden dort bereitet. Die wichtigsten davon sind Glykogen, Fettarten, Harnstoffe und die in der Galle vorkommenden Substanzen. Jupiter arbeitet nur aufbauend, oder er zerlegt Substanzen, um daraus wieder andere Stoffe zu gestalten. Er fördert, wie gesagt, die Synthese im biologischen Sinne. Er deponiert dann die Stoffe in den verschiedensten Organen. Jupiter entspricht körperlich ganz dem, was er auch psychisch bedeutet, nämlich dem Bejahenden, Veredelnden, Abrundenden. Jupitereinflüsse sind schlechtweg gut. Der Ausdruck „gut" ist aber nur in diesem obigen Sinne zu deuten, nämlich als Gegensatz von Spaltung, z. B. wie bei Mars, dieser schließt auf, verbrennt.

Dieses in Bezug auf Jupiter gemeinte „Gute" kann selbst redend auch schädlich oder unangebracht sein, wenn schlechtes Zusammenarbeiten mit anderen Planeten, besonders mit Mars, vorliegt. Jupiters Einfluss steht auch in einem Gegensatz zu dem des Saturn, der nur hemmt und niederreißt; er dagegen baut nur auf, macht sogar aus etwas Schlechtem noch etwas Gutes, indem er die Materie aus niederer Stufe auf eine höhere erhebt. Damit haben wir Jupiter als schöpferische Kraft (nicht im erotischen Sinne wie bei Mars) erst richtig begriffen. Er macht in Pflanze, Tier und Mensch aus niederen Stoffen höhere, er macht aus den Grundelementen organische Stoffe, er macht aus Stärke Zucker und Fett, aus Aminosäuren Eiweiß, aus Ammoniak Harnstoff. —

Damit ist die große, herrschende Rolle, die man dem Jupiter astrologisch zuschreibt, signiert. Als Gott Jupiter — Zeus kommen ihm mit Recht die Attribute der „Schöpfung aus Nichts" zu. Beherrschung des Stoffwechsels — Gleichgewichts und Bereitlegung der stets nötigen Reservestoffe ist seine biologische Äußerung. Er duldet nichts Schlechtes im Körper; entweder wird es auf eine höhere Stufe gehoben durch Sythese oder es wird aus dem Organismus hinausbefördert.

Die Erhaltung des Guten, Brauchbaren und seine Erhebung zur Herrschaft ist jene Funktion des Jupiters, die beim Schicksalshoroskop in anderer Auswirkung oft Reichtum bewirkt.

Diese Eigenschaft erzeugt die im Menschen enthaltene Geistestätigkeit des Richters, wie dies die überlieferte Astrologie besonders betont. Aus unserer Definition des Jupiters geht aber deutlich hervor, wie diese Eigenschaft aufzufassen ist, weniger als Strafrichter, sondern als Beschützer des Guten und als Bewirker der Scheidung des Bösen vom Guten.

Nun können wir von Krankheiten sprechen. Zunächst die Krankheiten durch Überernährung, Fettsucht, Fettleber; dann Störungen des Stoffwechsels, die von der Leber ausgehen; Zuckerharnruhr, Stauungen, Hämorrhoiden, Gelbsucht, Bauchwassersucht.

Die Jupiter-Typen sind groß, kräftig, haben blasse oder braunrötliche Hautfarbe. Es besteht ein großer Fonds von Reservestoffen. Jupitertypen sind nicht vollblütig, neigen aber zur Fülle, Aufgeschwemmtheit. Wenn ihnen der Mars fehlt, dann fehlt die nötige Verbrennung; die Muskeltätigkeit ist unzureichend und verbraucht den Stoff nicht und Krankheiten entstehen.

Neben der Venus bewirkt Jupiter den Krebs der Leber, überhaupt die Krebsneigung im allgemeinen, soweit sie durch eine Unfähigkeit des Organismus, aufgestapeltes Material zu verbrennen, ausgelöst wird. — Jupiterbeherrscht das reifere Lebensalter, etwa die Zeit nach dem vierzigsten Lebensjahre; hier fängt die Zeit des würdevolleren oder gesetzteren, abgeklärten Benehmens an. Auf diese Zeit fallen körperlich die Stärke wie die Schwäche des Jupiters.

Im Wachsen und Werden bewirkt Jupiter die Bildung des weichen, aber elastischen Gewebes, das überall wuchert und Bindebrücken schafft, das Verletzungen und Schädigungen sofort auszubessern bestrebt ist, das überall Leben hineingießt und den Tod, wo er auch auftritt, zu tilgen sucht. Wenn Jupiter nicht wäre, würde das junge Leben bald im Keime erstickt durch Überwiegen des Saturn und der anderen Einflüsse; sie würden den Organismus verhärten und verbrennen.

Wir kennen Zustände beim Kinde, die daran anklingen; es sind die schweren Ernährungsstörungen, die dem Kinde oft ein mumienähnliches, greisenhaftes Aussehen geben; da ist Jupiter zu schwach, ♄ und ♂ richten den Organismus zugrunde. Überwiegt Jupiter in disharmonischer Weise, dann entstehen die pastösen Kinder; plumpe Typen mit ihren Krankheiten als Folgezustände, z. B. Stoffwechselstörungen, Verstopfung, Lebensschwäche. — Unter Jupitereinfluss stehen auch gewisse Hautschäden: Abszesse, Furunkel, Schälblasen, Gewebezerreißungen. Die Lebensdauer der Jupiterbeeinflussten hat die Tendenz, hoch zu werden. Verhärtungen und Verkalkungen treten nicht auf. Der Tod erfolgt bei guter Jupiterstellung aus Altersschwäche.

Mars

Sein Einfluss ist den Astrologen stets am deutlichsten und klarsten gewesen, und doch hat man sich auch hier mit einigen wenig sagenden Schlagworten, wie „hitzig", „scharf", „blutig", „Fieber", „Entzündung" zufriedengegeben.

Um Mars in allen seinen Wirkungen erfassen zu können, müssen wir seine Sphäre zunächst allgemein abgrenzen. Mars ist der direkteste Antagonist, man möchte fast sagen Feind, des Saturn. Wenn Saturn das hemmende, verhärtende Prinzip darstellt, so ist Mars das Fördernde, Antreibende, Oxydierende und Verbrennende. Saturn schafft verlangsamte Prozesse, Mars beschleunigt sie. Mars greift ein in den geheimnisvollen Gang der Blutbildung, der Erzeugung der roten Blutkörperchen im roten Knochenmark. Hier schon sieht man, wie das Leben den Tod bekämpft, Mars den Saturn. In die gröbste Auswirkung des Saturn, in die Knochen, hat sich Mars hineingewagt, dort eingenistet und eine Station gegründet; inmitten der Totenlade erzeugt der Mars das Leben tragende, frische, rote Blutkörperchen, das von da dann in den Kreislauf des Blutes gelangt.

Der Sauerstoff der eingeatmeten Luft wird von dem Hämoglobin der Blutkörperchen festgehalten, mit ihm im ganzen Körper herumgeführt, wo er in den Geweben zur Oxydation (chemischen Verbrennung) der Verbrauchsstoffe abgegeben wird. Durch diese Verbrennung entsteht die Körperwärme, die ebenfalls unter Mars steht. Ist die Regulation der Temperatur gestört, so tritt Fieber auf. Mars regiert das Fieber und alle es hervorrufenden Krankheiten, nämlich Entzündungen. Dabei ist an irgendeiner Stelle des Organismus eine große Anhäufung von Blut (Hyperämie), die den Entzündungsprozess begleitet. Typische Marskrankheiten sind: die Lungenentzündung, die Gelenk- und Muskelentzündung, Gehirnentzündung und viele ähnliche, also hauptsächlich Krankheiten, wo es sich weniger um Eiterbildung handelt sondern hauptsächlich um Entzündungsherde, die bisweilen mit Blutungen einherlaufen. Die Blutung an sich steht ja schon unter Mars; Mars hängt mit jeder Zerreißung von Gefäßen zusammen. Er regiert also auch Unglücksfälle, Verletzungen, Kriegsverwundungen. Es ist sehr tiefbegründet, wenn die Überlieferung den Marsgott mit Krieg, Blut und Eisen zusammenbringt und wenn von Alters her die Farbe des Krieges als rot gewählt wurde.

Der rote Blutfarbstoff (Hämoglobin) enthält reichlich Eisen und bekommt nur durch das Eisen seine rote Farbe. Das Eisen ist biologisch für den Menschen eine Lebensnotwendigkeit, kann ihm aber auch nach außen hin als Waffe bei Gefahr dienen. So hat Mars auch eine Zwienatur. Er kämpft in uns für das Leben, kann es auf demselben Wege aber auch zerstören. Und so auch nach außen hin. Wir können im Kampf unser Lebenverteidigen, können es aber auch im Kampf durch Verletzung verlieren.

Mars schafft Blutfülle und Straffheit der Organe. Die Mars-Typen sehen gesund, rotwangig aus, haben eine gute Muskulatur und positiven Lebenswillen. Sind Kampfnaturen! — Den Konflikt zwischen Mars und Saturn haben wir schon gelöst. In den Knochen siegt Mars über den Saturn, in der Milz siegt Saturn über Mars (Tod der roten Blutkörperchen).

Wie berühren sich Mars und Jupiter? Mars oxydiert in den Geweben die Stoffe die von Jupiter deponiert sind (Fett, Zucker, usw.), aber Jupiter hat in seinem eigenen Organ, der Leber, das Vorrechtgewonnen, dem Mars Wege zu weisen. Der Marseinfluss wird dort in seiner Richtungslinie direkt abgebogen, indem die Leber den Blutfarbstoff umwandelt in Gallenstoffe. Gallenfarbstoff ist ein umgewandelter Blutfarbstoff und zeigt auch in seiner chemischen Zusammensetzung noch deutlich seine Abkunft von dem Blute an. Jupiter hat in der Leber den Mars besiegt, das Blut wird zur Galle, aber das Martialische haftet diesem Produkt nun doch noch an. Die Gallenflüssigkeit hat nämlich die Eigenschaft eines Fermentes. Fettsäurelösende Wirkung. Damit lernen wir ein weiteres Feld der Marstätigkeit kennen. Mars beherrscht die Fermente. Fermente sind solche Stoffe, die andere (wenn auch nicht gerade chemisch) spalten und soweit zerlegen, dass sie zur weiteren Verarbeitung geeignet werden.

So macht der Jupiter (Leber) aus dem kriegerischen Mars (Blut) einen etwas milderen Gesellen (Galle), der ihm die gröbste Vorarbeit (Verseifung der Fette im Darm) zu seiner eigenen aufbauenden Tätigkeit (Synthese) leistet. So ist es zu verstehen, wenn die Überlieferung sagt, Mars beherrsche die Galle. Was der Zorn des Gerechten mit dem „Überlaufen der Galle“ zu tun hat, ist daraus allerdings noch nicht zu verstehen, aber es liegt wohl insofern ein Funken Wahrheit in dieser Redensart im Volksmunde, als durch heftige Erregungen eine Rückstauung des Gallenflusses entstehen kann und die Galle, anstatt in den Darm zu fließen, in das Blut übergeht. Die akute Gelbsucht und die Verdickung der Galle in der Gallenblase, woraus Steinbildung erfolgen kann, sind Marskrankheiten.

Wir sprachen von Fermenten. Auch diejenigen des Magens (Pepsin), des Speichels, der Darmdrüsen, der Bauchspeicheldrüse, der Haut stehen unter Marseinfluss. Alle diese Säfte haben das Gemeinsame, dass sie spaltend, zerlegend wirken; es kommt ihnen eine starke aktive Tätigkeit zu. Auch die Geschlechtsorgane bilden Fermente. Bei der Befruchtung sind solche Fermente tätig. Sie wirken in den Zellen eines neu entstehenden Wesens weiter, bewirken Zellteilung. Auch beim Erwachsenen geht diese Zellteilung immerfort weiter, bis ans Lebensende unter der Einwirkung der immerfort spaltenden, aktiven, zeugenden Fermentkraft des Mars. Wir sehen, die erotische Quote des Marseinflusses ist in erster Linie generell aufzufassen.

Mars bewirkt zunächst die Selbsterzeugung und Wiedererzeugung des Körpers in seinen kleinsten Teilchen, den Zellen, und zwar durch eine fermentative Tätigkeit. Dadurch wird er auch der Herr derjenigen Vorgänge, die die ersten zwei Zellen erleben, die unseren Körper begründeten, nämlich Ei- und Samenzelle. Was die beiden anzog und zusammenbrachte, waren vorwiegend Venus und Mond. Aber die den Anstoß zur Embryobildung gebende Kraft, die in der männlichen Samenzelle lag, kam von Mars.

Und auf dieser Brücke, gelangte Mars (immer nur als anregende, nicht als formende Kraft, welch letztere der Venus gehört) zu dem großen Einfluss auf das Geschlechts- und Liebesleben des Menschen. Mars ist männlich, weil er die fermentativ spaltende, anregende Kraft gibt, Venus ist weiblich, weil sie die passive, Stoff anziehende, formgebende Eigenschaft gibt.

Marsgeborene leiden hauptsächlich unter akuten Krankheitszuständen im Gegensatz zu den Saturn-Typen, deren Zustände mehr einen schleppenden Verlauf nehmen. Mars wirkt besonders stark in der Zeit vom zwanzigsten bis fünfunddreißigsten Jahre. Die Lebensdauer vermag Mars allein nicht sehr zu erhöhen. Mars schafft wohl schützende Kraft, aber keine Dehnfähigkeit der Organe, erlaubt keine Streckung der Reserven.

Schlusswort

Über Uranus und Neptun in diesem Zusammenhange zu schreiben, ist noch zu früh. Die Wirkungen äußern sich nicht immer. Uranus scheint gewisse Teile des Gehirns und der Nervenbahnen zu beeinflussen. Er verursacht plötzlich eintretende Stockungen — Schockwirkungen (oft schon vor oder bei der Geburt), sodass Missbildungen des Gehirns und Geisteskrankheiten ihm mit Recht zugeschrieben werden. — Neptun wirkt hinüber ins transzendentale Ich, macht Sensitivität, Mediumschaft, Somnambulismus.

Bei dem Studium obiger Abhandlung wird manchem Leser aufgefallen sein, dass Funktionen und Krankheiten, die dem einen Planeten zugeschrieben wurden, bisweilen auch auf einen anderen Planeten passen. Dies mag sein, ist aber nicht in beiden Fällen die gleiche Sache. Die Planetenwirkungen greifen ineinander. Z. B. die Galle wird dem Mars zugeschrieben, kommt aber aus der Leber, die dem Jupiter unterstellt ist. Sie hat tatsächlich mit beiden Planeten etwas zu tun. Ihre Ursprungswurzel in den roten Blutkörperchen und ihre fermentative Wirkung im Darm sind ganze Marsqualitäten. Aber in der Leber greift Jupiter ein durch seine synthetische Kraft.

Ferner: Bei der Ernährung spielen sowohl Jupiter als auch Venus eine Rolle; Jupiter sorgt für die richtige Auswahl und die Zusammensetzung der Stoffe, Venus für die Verwendung der Überschüsse in kosmetischer oder schützender Beziehung und für ihre Abgabe (Milch, Fett, Geschlechtsprodukte).

Bei der Geschlechtstätigkeit haben sowohl Mond, Mars wie Venus einen Anteil. Mond gibt den Rhythmus in den Funktionen, Mars beeinflusst die anregende männliche, Venus die formende weibliche Tätigkeit. Schließlich die Muskeln. Sie werden allgemein vom Mars beherrscht, und doch greift Venus dazwischen überall da, wo es sich um Ring-, d. i. Schluss- und Öffnungsmusekeln handelt (After, Mund oder Blase). Es greift auch Mond dazwischen, da wo es sich um unwillkürliche, glatte Muskeltätigkeit handelt. Und es greift Sonne dazwischen, wo es sich um unwillkürliche, aber doch quergestreifte Muskulatur handelt (Herz). So greifen auch Saturn und Mars, Saturn und Jupiter, Sonne und Mond und alle anderen gegenseitig ineinander.

Ja der gesamte Chor der Planetenschaft bildet schließlich, biologisch gedacht, ein einheitliches, unzerreißbares Ganzes und man kann sich keine Wirkung eines Planeten allein denken. Ein normaler gesunder Körper ist ein Spiegelbild der Harmonie der Sphären.

Lebenskraft und Lebensdauer

In der astrologischen Literatur sind zur Lösung dieser Fragen mannigfaltige Regeln zu finden, die aber bis jetzt weder sachgemäß nachgeprüft wurden noch bewiesen werden konnten. Gewisse Tierkreiszeichen und Planetenkonstellationen sollen das Leben abkürzen, andere hingegen sollen es verlängern. Dem Widder, dem Steinbock und der Waage schreibt man lebenverlängernde Eigenschaften zu, ebenso den Planeten Jupiter, Venus, falls sie günstig stehen.

Krebs, Wassermann und Fische sollen das Leben verkürzen, desgleichen ungünstige Stellungen von Venus, Mars, Saturn, Merkur.

Eine besondere Bedeutung wird dem sogenannten „Hyleg" oder Lebensgeber zugeschrieben. Man versteht darunter einen bevorzugten Platz im Horoskop, der möglichst durch ein gutes Gestirn besetzt sein soll. Die Plätze des Hyleg sind scharf abgegrenzt, befinden sich hauptsächlich über der Erde, reichen am ersten Haus bis 25° unter dem Horizont herab, am 7. Haus nur 5° darunter. Oberhalb des Horizontes gilt das 7. Haus, das 9., 10. und 11. Haus. Das 8. und 12. Haus sind ausgeschlossen; die Häuser unter dem Horizont sind ebenfalls keine hylegialen Orte.

Bei Taggeburten kann die Sonne Hyleg sein, wenn sie an einem hylegialen Platz steht, bei Nachtgeburten der Mond. Kommt keines dieser Gestirne in Betracht, dann wird derjenige Planet als Hyleg genommen, der möglichst viele Würden (durch seine Stellung) beim vorangegangenen Vollmond besaß. Hatte er aber einen anaretischen (lebensfeindlichen) Platz eingenommen, oder ging der Geburt überhaupt kein Vollmond, sondern ein Neumond voraus, dann wird er verworfen, und der Aszendent wird Hyleg. Mars, Saturn und Uranus können nicht Lebensgeber sein, sie werden „anareta", Zerstörer genannt. Ist der Lebensgeber gut gestellt, dann soll dies für lange Lebensdauer sprechen. Ich habe eine große Reihe von Versuchen nach dieser Richtung angestellt, die aber unbefriedigend ausfielen.

Ein weiterer Versuch, die ungefähre Altersgrenze zu finden, war der, die sogenannten „Würden" der Gestirne zu berücksichtigen. Man schrieb zu diesem Zweck die Stärken und Schwächen der einzelnen Planetenstellungen nach Punkten auf, addierte und subtrahierte; die Anzahl der positiven Punkte ergab dann ein Bild der Lebensdauer. Auch

Aspekte wurden geltend gemacht. Die Konjunktion von Sonne und Mond (Neumond) soll zum Beispiel sehr viel Negatives zur Lebensdauer beitragen, hingegen soll Sextil-Aspekt zwischen Sonne und Jupiter, ein Trigonum zwischen Mond und Saturn sehr günstig sein.

Rückläufige Planeten sollen lebenshemmend wirken. Alle diese Regeln haben nicht zur prompten Feststellung der Lebensdauer geführt. Sie haben alle versagt, wenn es sich darum handelte, für ein einzelnes Horoskop, bez. für einen bestimmten Menschen das Todesjahr vorherzusagen. Ich glaube auch nicht, dass dies je einmal gelingen wird. Man wird Lebensgefahr voraussagen können. Ob diese zum Tode führt wird man nicht wissen können, weil es wohl noch eine große Zahl uns unbekannter Faktoren im Horoskop gibt, die den Zustand entweder verschlimmern oder mildern können.

Hier gibt es noch viel zu arbeiten und zu forschen. Wir müssen bescheiden werden und zunächst klein anfangen, mit dem Allereinfachsten, um wenigstens einmal einige Hauptregeln herauszufinden; und dann weiterbauen. Die Astrologen von heute arbeiten mit vagen Dingen, die kaum den Wert von Not- und Arbeitshypothesen haben.

Was Lebenskraft und Lebensfähigkeit betrifft, so bin ich im Laufe der letzten Jahre zu gewissen Grundgedanken gekommen. Die Behauptung im Buch „Sternenmächte und Mensch“, dass die Luft- und Wasserzeichen (bez. Wassermann und Krebs) sich häufig bei der sogenannten minderwertigen Konstitution finden, hat sich bei meinen weiteren Versuchen bewahrheitet. Ferner hat sich gezeigt, dass Widder und Steinbock Zeichen einer gewissen Ausdauer sind.

Einen Schritt weiter führt uns die folgende Statistik von 171 Personen beiderlei Geschlechts, die über 90 Jahre alt geworden sind. Das Resultat ist ein ganz überraschendes. Das Material wurde der Akad. Ges. f. Astrol. Forschungen unterbreitet. Hier sei mir gestattet, nur die Resultate zusammenzufassen. Die Tabelle zeigt die Planetenstände dieser Horoskope in sämtlichen Tierkreiszeichen.

Uranus und Neptun wurden nicht eingeschrieben, weil sie in der Zeitspanne, auf die sich die Geburten erstrecken eine zu geringe Veränderung ihres Standortes machen. 35 dieser Geburts-Daten stammen aus einer Sammlung, die auch nicht erlaubt, die Planeten ♄, ♃ u. ♂ mit einzubeziehen.

♎	♈	♐	♉	♓	♑	♊	♌	♍	♋	♒	♏
122	103	99	98	94	93	88	85	85	81	76	71

Die Summen aller Planetenstände, wie sie aus der Reihe zu ersehen ist, erzielten einen höchsten Ausschlag in den 2 Kardinalzeichen Widder und Waage. Es ist ganz besonders auffällig, wie durchgängig alle Planeten mit Ausnahme des Mondes überaus häufig in der Waage deponiert sind. Besonders bei Mars und Saturn fällt dies auf. Die Gesamtsumme der ♎ von 122 überragt ganz bedeutend alle andern. Danach kommt Widder mit 103 Punkten. Die Reihenfolge weiter nach Größen geordnet ist aus der Aufstellung ersichtlich. Widder und Waage sind diejenigen Zeichen, in deren Beginn im Jahreslauf die Tag- und Nachtgleichen stehen, mit andern Worten die Frühjahrs- und Herbstpunkte. Die Ekliptik schneidet hier den Himmelsäquator. Diese Ekliptikpunkte haben 0 Deklination. Dass nun diese 2 Kardinalpunkte das Leben auf der Erde besonders begünstigen sollen, könnte aus dieser obigen Statistik hervorgehen.

Theoretisch lässt es sich insofern verstehen, als man annehmen kann, dass Gleichgewichtszustände am wenigsten störend auf Leben einwirken. Planeten mit großer Breite, mit großer Deklination, Planeten in Häufung, Planeten, sehr exzentrisch im Tierkreis verteilt, wurden stets als lebensvermindernd oder lebensfeindlich bezeichnet. Die Deklination steigt vom Widder bis zum Krebs, fällt bis zur Waage wieder auf 0; dann steigt sie wieder an bis zum Steinbock, um bis zum Widder wieder auf 0 zu sinken. Betrachten wir die in unserer Reihe stehenden

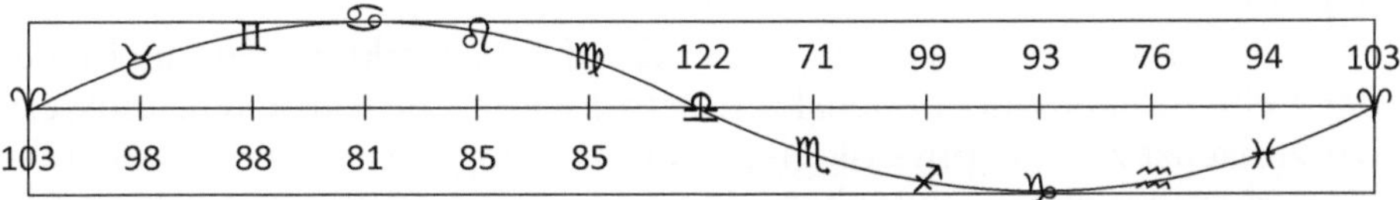

Summen in diesem Sinne, so deckt sich ihr Aufund Niedersteigen so ziemlich mit der Kurve der auf- und niedersteigenden Deklination. In der ersten Hälfte ist der Verlauf klar ersichtlich, in der zweiten fallen Schütze und Steinbock durch relativ etwas zu großen Zahlen auf, so dass, genau genommen, folgende Kurve entsteht. Dies hat einen besonderen Grund, den wir weiter unten besprechen werden. Auffallend bleibt dennoch eine gewisse Parallelität zwischen Zahlenreiche und Deklination.

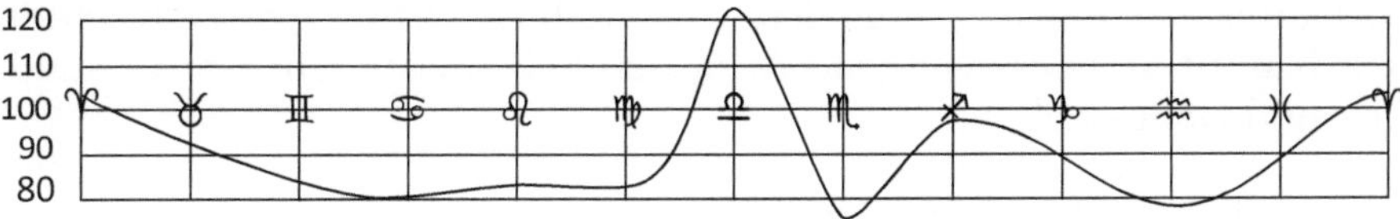

Wir können noch eine andere Betrachtung anstellen. Bekanntermaßen empfängt die Erde mitsamt ihren Lebewesen in der Wintersonnenwende die größte Menge Sonnenenergie, in der Sommersonnenwende die geringste. Graphisch darstellen lässt sich dies in folgender Kurve.

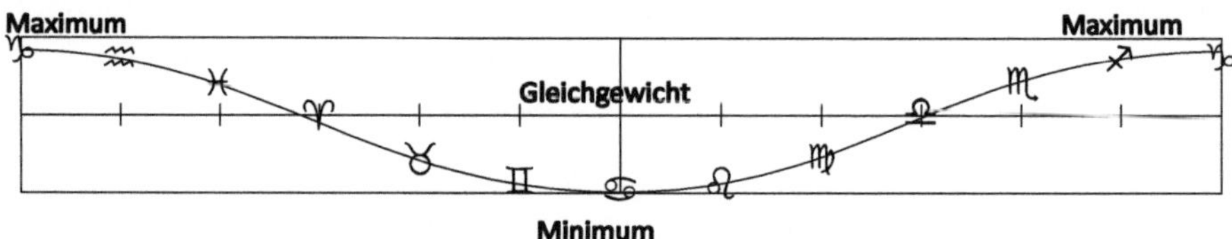

Die Linie, die durch Widder und Waage geht, trifft die Gleichgewichtslage. Es ist mit logischem Denken vereinbar, dass die von diesen Zeichen Beeinflussten die größeren Chancen auf Lebensdauer haben. Nur ist wohl der Schluss falsch, dass die Ursache nur in der Menge von Sonnenenergie zu erblicken sei, denn wir sehen in unserer Tabelle der Langlebigen, dass alle Planeten zusammen diese Zeichen bevorzugen; also handelt es sich um einen von der Ekliptik selbst und nicht von der ☉ ausgehenden Einfluss, er ist somit ein astrologischer und nicht nur ein astronomisch meteorologischer (nicht ein jahreszeitlicher).

Die Verteilung der ☉ allein auf die 12 Zeichen gibt auch gar nicht den Ausschlag zu unserem Resultat.*)

Figur 5 zeigt die Verteilung der ☉ auf den Tierkreis. Um die Frage der Lebensdauer und Lebenskraft astrologisch zu bearbeiten, müssen wir zunächst auf die physiologischen Beziehungen des Tierkreises zum Menschenorganismus eingehen.

♈	♉	♊	♋	♌	♍	♎	♏	♐	♑	♒	♓
11	17	15	4	13	20	19	13	10	20	15	14

Fig.5

Der Mensch hat nach den Anschauungen älterer und neuerer, ja neuester Physiologen zwei Hauptzentren des Lebens, die sich antagonistisch gegenüber stehen, gegenseitig in einem gewissen Spannungsverhältnis halten, das ständig dem Ausgleich zustrebt. Der durch ständigen Kampf stets erzwungene Ausgleich bedeutet möglichste Gesundheit und langes Leben.

*) Dies wurde an anderen Stellen genügend dargelegt.

Das eine ist das Gehirn-Rückenmarksystem mit dem Sitz des wachbewussten Wollens und Handelns und der willkürlichen Beherrschung der Muskeln usw.; das andere ist das Gangliensystem, von dem aus alle unwillkürlichen Funktionen ausgehen, wodurch die Tätigkeit des Darmes, der Drüsen, der Sexualorgane geregelt wird und im allgemeinen die lebenswichtigsten Vorgänge, vor allen Dingen die Ausscheidungsorgane beherrscht werden.

Während das erstgenannte System Träger des Wachbewusstseins ist, enthält das zweite die unterbewussten Strömungen des Seelenlebens, erzeugt die Blässe des Schreckens, die Röte der Scham, die Tränen, die Speichelabsonderung beim Anblick einer angenehmen Speise usw. Dann ist es Träger des Traumlebens. Es ist nicht weniger wichtig als das erste, ja viel wichtiger, und es hat ein nicht weniger bedeutendes Hauptorgan als das Gehirn; seine Zentralstelle ist nur auf mehrere Domizile verteilt; in der Hauptsache befindet es sich im Unterleib in der Höhe des Kreuzbeines.

So wird der Menschenorganismus gewissermaßen aus 2 ineinandergesteckten Systemen gebildet, deren Anschlussplatten einander entgegengesetzt liegen und selbständig arbeiten, deren Leitungen aber ineinander vergabelt sind und gemeinsame Treffpunkte im Körper haben. Eine schematische Darstellung soll diese Tatsache zum Ausdruck bringen.

In übertragenem Sinne entsprechen die 2 Systeme den 2 Seelen, die jeder Mensch in sich fühlt. Im Kopf ruht der Gedanke und das Urteil, die Vernunft (A). Im Sakralgebiet wurzeln die mächtigen Gewalten

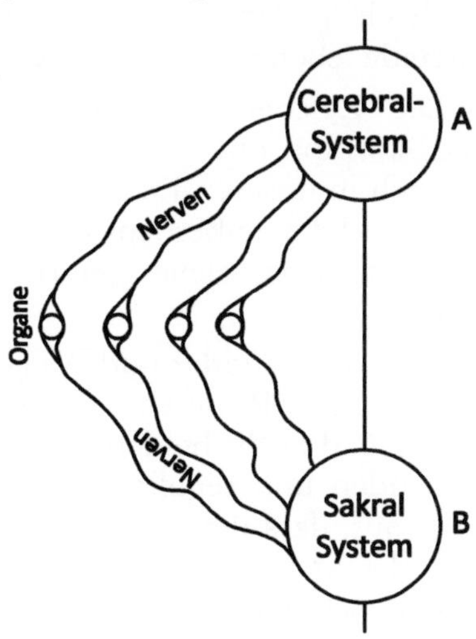

des Stoffauf- und -Abbaues, des Lebenshaushaltes (B) mit ihren schöpferischen Endorganen. Beide sind gegen einander und müssen beständig Kompromisse schließen.

Durch sie besteht das in eine Einheit gegossene Ich; es ist Bewusstsein und Unterbewusstsein zusammen genommen. System B gibt dem Menschen das biologische und instinktartige. System A hat die Aufgabe, B in seiner Arbeit nicht zu stören, sondern es zu unterstützen, ihm aber auch nicht ganz ungehemmten Lauf zu lassen, sondern es durch die Vernunft einzudämmen; dann ist der Mensch gesund, B soll nicht aus dem physiolog. Gleichgewicht herauskommen. (Ich wende diesen Ausdruck hier in einem breiteren Sinne an, nicht rein medizinisch.) Stellen wir den Tierkreis in den Menschen hinein, so fällt auf System A der Widder (Kopf), auf System B die Waage (Sakralgebiet). Die Waage ist an sich schon das Gleichgewichtszeichen.

Hat die Waage starken Planeteneinfluss, dann wird es die störenden Einflüsse anderer Zeichen, die lebensfeindlich sind(♋ ♏ ♒) unterdrücken, nicht aufkommen lassen; es wird für die Ausscheidungsfunktion sorgen, sodass sich keine Schlacken ansammeln. Gleichgewicht ist das große lebensverlängernde Moment der Waage. Wird der Widder durch Planeteneinflüsse stark betont, so heißt dies, dass die Vernunft, das regierende und lenkende Prinzip im bewussten Leben, starken Einfluss haben wird. Der Geborene wird sich vom Extrem fernhalten, wird Ausschweifungen meiden. Der Widder gibt allerdings oft auch ein pedantisches Festhalten an Regeln, was aber gerade lebensverlängernd wirken kann.

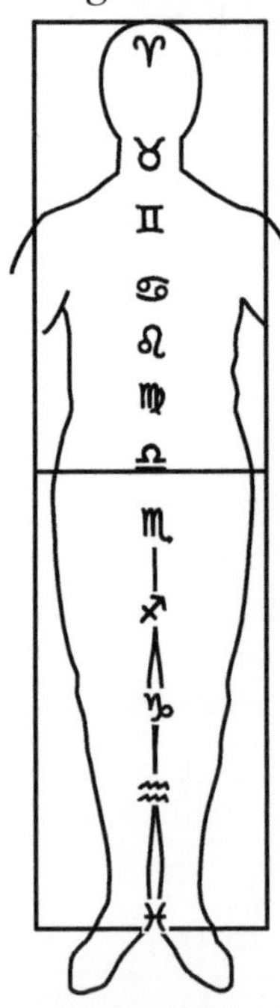

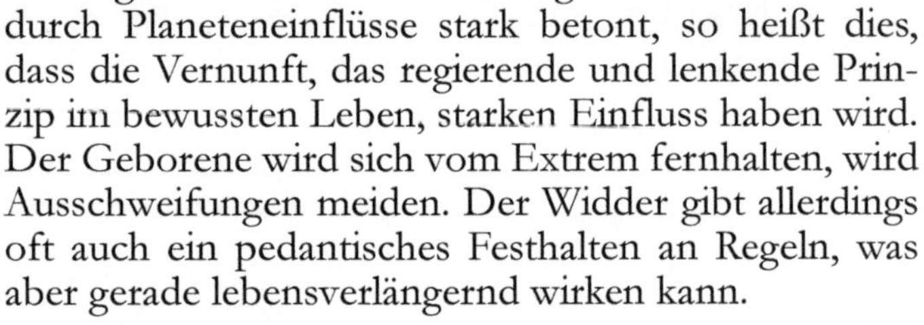

Die Zeichen für extreme Handlungen sind Krebs, Skorpion und Wassermann. Gerade diese befinden sich in unserer Tabelle in der größten Minderheit. (Es sind dies außerdem Zeichen der minderwertigen Konstitution, siehe „Sternenmächte" von Dr. Schwab.)

Dass also Widder und Waage am häufigsten bei Langlebigen von Planeten besetzt sind, muss sich daraus erklären, dass die beiden Zeichen den stärksten beherrschenden und regulierenden Einfluss haben. Es fällt uns auf, dass der Mond sehr häufig den Widder besetzt, der Mars die Waage. Dann sind die Zeichen Steinbock, Schütze, Stier noch bevorzugt.

Wenn wir bei diesen Horoskopen die Planeten im Tierkreis verfolgen, so sehen wir, dass einzelne Planeten Ausschläge geben, die vom Gesamtbild abweichen.

Die Sonne steht am häufigsten im Steinbock (20 mal). Dies Zeichen gilt (als Sonnenzeichen) von alters her als ausdauerndes Zeichen; es wird von Saturn regiert und beherrscht indirekt dadurch das Alter. Die steinbockbeeinflussten Dinge verlaufen alle langsam. Die Sonne im Steinbock bewirkt eine stille nicht zu äußerem Aufruhr neigende Geistesverfassung. Wir haben den Steinbock auch häufig vertreten bei Geistlichen, Priestern, Päpsten (siehe „Sternenmächte"). Dieser Zustand ist dazu angetan das Leben zu schonen, die Kräfte zu konservieren, weil vielleicht gerade das Gefühl einer körperlichen Unzulänglichkeit nach außen zur Sparsamkeit von innen heraus zwingt und es ist ganz verständlich, dass bei Langlebigen die Sonne häufig im Steinbock sein wird.

Steinbock ist ein erdiges Zeichen und bewirkt eine gewisse Sehnsucht nach Konstanz gegenüber Schwankungen der Lebensumstände. Desgleichen Jungfrau und Stier. Sie sind ebenfalls erdige Zeichen; auch diese Zeichen sind in der Tabelle gut besetzt. Besonders dem Steinbock schreiben aber die Astrologen stets lebensverlängernde Momente zu. Der Steinbockgeborene verlebt seine Jugend in verzögerter Weise. Mit 20 Jahren ist er erst wie 16, mit 30 wie 23 usw. A. Leo schreibt: „For they live to be old, their future being always 'to come', as they rarely do any great things until turned thirty years of age. And there are few who do not or could not reach 90."

Ganz anders als sein Antagonist, der Krebs, 180° vom ♑ entfernt, dessen Lebensschwankungen kurzwellig sind. Die Sonne ist bei unserer Tabelle im Krebs sehr schwach vertreten, nur 4 mal. Die Langlebigen haben wenig mit dem Krebs gemein.

Interessant ist die Stellung des Mondes, sein dominierendes Auftreten im Widder (20 mal). Widder ist ein Zeichen, das eine gewisse Härte bewirkt; es gibt wohl geistige Unruhe, aber eine gute Beherrschung des Gemüts. Der Mond, der den Pendelschlag des Gemütslebens darstellt, dürfte ja bei den Langlebigen am besten im Widder untergebracht sein. Das Gemüt wird dadurch etwas versteift, hart gegen sich selbst und gibt die Fähigkeit, große Extreme in der Lebensführung zu verpönen.

Der Mond steht ferner in den erdigen Zeichen häufig, nur in der Waage ist er sehr vermindert, sogar unter das Mittel herabgedrückt, während die Waage von allen andern Planeten sehr stark besetzt ist. Waage ist nun gerade der Antagonist des Widders, gibt wohl die Gleichgewichtslage von Seele und Leib an, aber der Mond in ihr würde das Gemütsleben vielleicht zu weich, zu sanft machen, es würde das Dominierende und Kommandierende des Willens, das ein ausdauernder Körper braucht, fehlen. Es scheint, dass gerade die Langlebigen dieses Element benötigen. Es wird durch Mond im Widder gegeben, der gerade das Gegenteil von Weichheit bewirkt, nämlich eine despotische Grundstimmung, die sich nicht nur gegen Andere, sondern auch gegen sich selbst richtet; daraus geht dann hervor, dass Lebens- und Gesundheitsregeln mit einer gewissen Pedanterie durchgeführt werden und dadurch wohl die Altersgrenze im günstigsten Sinne verschoben wird. Mars steht sehr häufig in der Waage, was demgegenüber verständlich ist. (Über Mars siehe weiter unten.)

Ich erinnere noch an die Hysterie-Tabelle in „Sternenmächte". Hier verschwindet der Mond vollständig in der Waage, um hauptsächlich im Stier und Löwen aufzutreten. Damals wurde angegeben, dass der Mangel an seelischem Gleichgewicht der Hysteriker durch diesen gänzlichen Mangel des Mondstandes in der Waage charakterisiert sei.

Bei den Hysterikern fehlt in der Tat das Geschmeidige, die Anpassung, die Weichheit. Ihre Gemütsart, wie ihre Funktionen sind eckig, grotesk. Insofern hat ihre Konstellation etwas Ähnlichkeit mit derjenigen der Langlebigen. Es ist übrigens bekannt, dass die Neurotiker, die Neurastheniker sehr alt werden und wenig Krankheiten haben. So ist es auch verständlich, dass die Tabelle der Langlebigen einige Ähnlichkeiten mit der Tabelle der Hysteriker hat; Z. B. die Sonne in Steinbock ist in beiden häufig; die Häufigkeit von Skorpion und Wassermann ist bei beiden gering.

Doch tritt im Gegensatz zum Langlebigen der Widder beim Hysterischen mehr zurück, wodurch die Regie fehlt, die Spannung der Kräfte nicht auf beide Lebensschaltplatten verteilt wird. Im Gegenteil, es sind andere Zeichen emporgehoben, z. b. der Krebs, wodurch der Kampf um das Lebensgleichgewicht dauernd gestört wird, zu einem wirren Durcheinander von Organeinflüssen ausartet.

Nun weiter. Merkur und Venus stehen bei den Langlebigen häufig in der Waage, aber außerdem noch im Schützen, besonders oft die Venus. Der Schütze hebt das Bewusstsein aus dem tierisch-instinktiven Leben heraus in eine höhere Sphäre. Durch Merkur im Schützen wird die Beweglichkeit des Körpers begünstigt. Venus gibt im Schützen eine erhöhte und gute Lymphzirkulation (Schütze ist Bewegungszeichen). Der ausgeprägte Stand des Mars in der Waage ist typisch für die Mäßigkeit der Leidenschaften sowohl in der Erotik, wie im Gemütsaffekt.

Beides muss ja im Maße gehalten werden, wenn man Anspruch auf Langlebigkeit macht. Körperlich ist durch diesen Marsstand eine gewisse Reinerhaltung und Flüssigkeitserhaltung der Blutelemente garantiert. Jupiter in den Zwillingen und der Waage bewirkt das Gleichgewicht des Stoffwechsels und den Herausfall von zu schwer löslichen Substanzen (♊ und ♎ sind luftige Zeichen). Saturn in Waage, Widder oder Löwe gibt Ausdauer.

Wir können nun aus dem Gesamtbild ein Idealhoroskop des Langlebigen konstruieren, was wir dann nach der Aszendentbesprechung versuchen wollen.

Was den so wichtigen Aszendenten betrifft, so stehen mir 48 Horoskope von Langlebigen mit Geburtsstunde zur Verfügung. Die Aszendenten verteilen sich wie folgt auf die Tierkreiszeichen:

♈	♉	♊	♋	♌	♍	♎	♏	♐	♑	♒	♓
8,3	4,2	10,0	6,2	14,6	12,5	12,5	10,0	10,0	4,2	2,0	4,2
3,8	5,0	7,5	10,5	11,5	13,5	11,7	11,5	10,5	7,5	5,0	3,8

Die erste Reihe zeigt das Ergebnis in Prozente umgerechnet. Die darunter befindlichen Zahlen geben die normale durchschnittliche Verteilung, wie sie auf Grund der verschiedenen Aufsteigezeit der Tierkreiszeichen in 24 Stunden erfolgen müsste (ebenfalls in Prozenten).

Man sieht sofort auch hier das relative Überwiegen von Widder und das Zurücktreten des Krebses, Steinbocks und Wassermanns. Also deutliche Anklänge an das Planetenstandergebnis, das doch sicher in keinem anders als astrologisch erklärbaren Zusammenhang mit dem Aszendentenstand stehen kann.

Der Widder übersteigt mit 8,8% ganz bedeutend das Nomale von 3,8%. Der Steinbock steht tief. Es wurde aber auch nicht behauptet, dass der Steinbock als Aszendent ausdauernd mache. Alle Angaben stimmen damit überein, dass er oft verkümmerte Körper, disproportionale Figur und angeborene Fehler schaffe. ☉ im Steinbock dagegen bewirkt ein sich retten auf gesunden, festen Boden.

Wir wollen nun zur Illustration der besonderen Konstellationen einige Horoskope aus der Sammlung herausgreifen und sie betrachten.

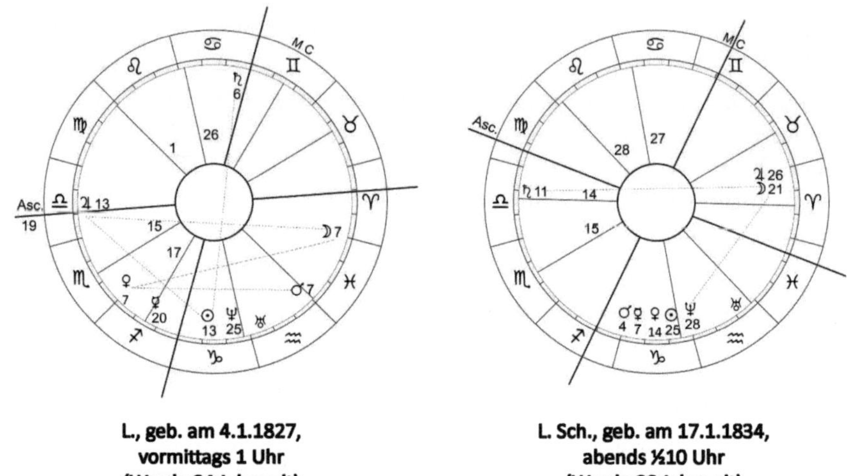

L., geb. am 4.1.1827, vormittags 1 Uhr (Wurde 94 Jahre alt)

L. Sch., geb. am 17.1.1834, abends ½10 Uhr (Wurde 90 Jahre alt)

Aszendent ♎ mit Jupiter: vielversprechend für Ausgleich der Kräfte. ☉ im Steinbock im 4. Haus verspricht Ausdauer. Der Mond im Widder gibt die gewünschte Härte des Gemüts. Saturn steht oben im Krebs, fällt darin nicht aus seiner Rolle; laut unserer Tabelle ist gerade er es, der den Krebs nicht allzu sehr meidet. Vielleicht verleiht er dem Krebs dadurch etwas mehr Härte.

Eigenartig in diesem Horoskop ist nun, dass die 4 Kardinalzeichen (♈ ♋ ♎ ♑)gerade auf die 4 Eckhäuserfallen und dadurch wohl eine gewaltige Wirkung auslösen. Besonders noch dadurch, dass die 4 mächtigsten Gestirne (☽ ♄ ♃ ☉) in ihnen stehen. Die scharfen Aspekte, die dadurch entstehen, scheinen dem Leben nicht geschadet zu haben. Wir haben ♃ □ ☉, ♄ ☍ ☉, ♃ ☍ ☽. Im Gegenteil, diese starken Kontraste werden mitgewirkt haben, stets neue Kraftquellen aufzutun, so dass das Leben nach Krisen immer neu aufsprießt. ♀ △ ☽ ist gut. Venus und Merkur stehen in dem ihnen wohlwollenden Schützen. Venus selbst hat aber wieder ein Marsquadrat auszuhalten. Mars ist jedoch schwach. Das Horoskop macht den Eindruck, dass nicht die Aspekte selbst für Lebensdauer maßgebend zu sein scheinen, sondern dass es darauf ankommt, in welchen Zeichen und Häusern die Gestirne stehen.

Zweites Beispiel: Die Gestirne sind wieder merkwürdig auf Kardinalzeichen verteilt (Widder, Waage, Steinbock). Die Häufung im Steinbock gibt Bedenken, sie muss zu Katastrophen im Leben geführt haben, aber tödliche Nachwirkungen seelischer und körperlicher Insulte sind vermieden worden, wohl durch die glänzende Stellung ☽ ♃ im Widder und im 8. Haus. Saturn in der Waage — einer der besten Plätze — mag das Seinige dazu beigetragen haben, um die gewaltigen Störungen zu besänftigen. Auch dies Horoskop ist voller Kontraste und hat dennoch, oder gerade deshalb zum Siege des Lebens geführt.

Es wären noch die hylegialen Plätze dieser Sammlung zu prüfen, doch muss dies einer späteren Arbeit überlassen bleiben. Wir haben wenigstens festgestellt, dass es tatsächlich lebensverlängernde Einflüsse im Horoskop gibt, und dass sich einiges von den alten Regeln bestätigt. Wir kommen jetzt zu einer Gegenprobe: Wir sehen die Horoskope derjenigen an, denen nur ein sehr kurzes Leben beschieden war.

Kurzlebige:

Bei der astrologischen Nachprüfung des frühen Todes (soweit es sich um an Lebensschwäche gestorbene Kinder handelt) können wir nicht alle Horoskopelemente verwenden, die wir zur Betrachtung der Horoskope von Langlebigen heranziehen durften.

Der Grund ist ganz klar, wie wir gleich sehen werden. Kurzlebige Kinder werden in großer Menge und in solch kurzer Aufeinanderfolge geboren, dass ihre zum Vergleich nebeneinander hingestellten Horoskope nur in den verhältnismäßig rasch sich bewegenden Gestirnen eine Veränderung aufweisen, z. B. bei dem Monde, eventuell auch bei dem Merkur. Alle anderen Gestirne können für die Kurzlebigkeit nicht ausschlaggebend sein, denn diese haben viele in dieser Zeit geborene Menschen auch, und sie sterben nicht. Man könnte indes Wohl Ausschläge erreichen, wenn man die Statistik der Kindersterblichkeit auf viele Jahre ausdehnen würde. Dann wäre es nicht ausgeschlossen, dass ☉, ♀, ♂, ja sogar ♅ ♄ ♆ Ausschläge geben würden.

Doch eine solche Statistik erforderte hunderttausende von Daten. Die Horoskope alle zu berechnen erforderte jahrelange Arbeit von mindestens 1 Dutzend Rechnern, abgesehen davon, dass das Material hierzu gar nicht aufzutreiben wäre. So muss man sich zunächst begnügen mit den schnell sich verändernden Horoskopelementen, die schon nach Stunden oder gar Minuten einen Unterschied aufweisen, zu arbeiten.

Diese sind:

1) der Aszendent und damit die Häuserstellung des Horoskops ;

2) die Mondstellung im Tierkreis;

3) die vom Mond zu den übrigen Gestirnen gebildeten Aspekte.

Die vom statistischen Amt der Stadt Berlin für 1923 erhaltenen Daten von 296 an Lebensschwäche gestorbenen Kindern ergaben folgende Häufigkeit des Mondes in den Tierkreiszeichen.

♈	♉	♊	♋	♌	♍	♎	♏	♐	♑	♒	♓
18	25	29	32	30	20	23	17	22	27	25	28

Die Verteilung im Tierkreis weist eine Mehrheit bei Krebs und Löwe, eine Verminderung bei Widder, Jungfrau, Waage, Skorpion, Schütze auf. Den Größenverhältnissen nach geordnet, ergeben die obenstehenden Werte folgendes Bild.

Vergleichen wir diese Reihe mit den Gesamtzahlen bei den Langlebigen, so sehen wir die Zeichen ♋ ♌ ♊ dort ziemlich weit hinten stehen, während Waage, Widder, Schütze an erster Stelle sind. Dies ist bei der Kindersterblichkeitstabelle gerade umgekehrt.

Es zeigt sich, dass der berüchtigte Krebs etwas mit der Lebensschwäche zu tun hat. Dies wird noch deutlicher bewiesen, wenn wir die Aszendenten betrachten.

Die folgende Aszendententabelle setzt sich zusammen aus Daten, die in der Astrologischen Rundschau, Beilage: „Statistische Mitteilung", Jahrgang 2, Nr. 4 – 5, veröffentlicht wurden, ferner aus 29 Fällen vom Statistischen Amt Berlin, und 81 Fällen von Todgeburten und aus Lebensschwäche Gestorbenen aus der Charité Berlin (der Reihe nach herausgeschrieben). Die gesamten Aszendenten dieser Fälle verteilen sich w.f. auf die gesamten Tierkreiszeichen:

♈	♉	♊	♋	♌	♍	♎	♏	♐	♑	♒	♓
3	4	1	28	16	19	13	16	7	10	10	3

Die Unterschiede sind, wie aus früheren Angaben ersichtlich, relativ und müssen mit den Zahlen der normalerweise ungleich schnell auf- und absteigenden Zeichen verglichen werden, am besten in Prozenten. Dann erhalten wir folgenden Vergleich:

	♈	♉	♊	♋	♌	♍	♎	♏	♐	♑	♒	♓	
Kurzlebig	2,1	2,8	7,9	20,1	11,4	13,6	9,3	11,4	5,0	7,1	7,1	2,1	%
Normal	3,8	5,0	7,5	10,5	11,5	13,7	10,7	11,7	10,5	7,5	5,0	3,8	%

Wir sehen, der Krebs übersteigt die Norm ganz auffallend, während Widder, Waage, Schütze und Fische zurück bleiben. Steinbock und Wassermann halten sich wacker.

Wenn man die relativen Unterschiede zwischen den Werten der Kurzlebigen und der Normalen in ganze Zahlen umwandelt, dann bekommt man folgende Kurve: Wir sehen deutlich den niedrigen Stand bei Widder, das Steigen bis zu Krebs; dann wieder das Abfallen bis zu Waage. In der 2. Hälfte des Tierkreises wieder ähnlichen, etwas undeutlicheren Auf- und Abstieg. (Kurve Fig. 15.)

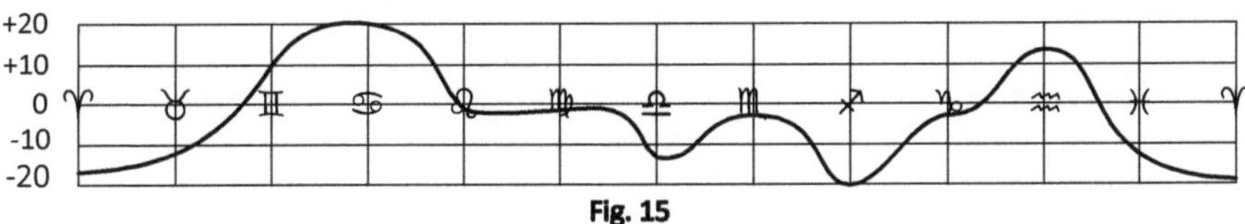

Fig. 15

Es fällt uns auf, dass die Kurve dieser Kurzlebigen gerade den umgekehrten Weg macht, wie diejenige der Langlebigen; sie hat ihren Höhepunkt da, wo die Letztere ihren Tiefpunkt hat, und umgekehrt. So auch beim Mond (Fig. 16).

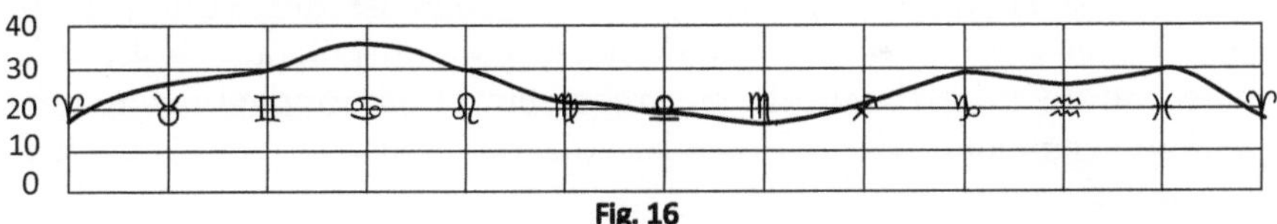

Fig. 16

Stellen wir die beiden Ergebnisse einander gegenüber, so können wir dieselben in folgende schematische Figur vereinigen, die nicht exakt ist, aber den augenscheinlichen Gegensatz in seinem ungefähren Ausdruck hervorhebt.

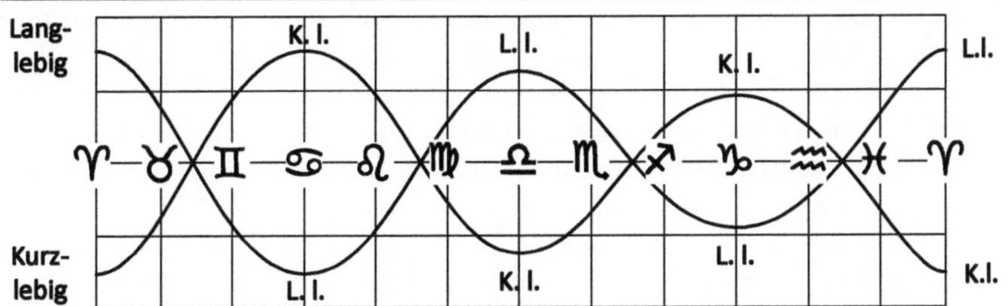

In vielen astrologischen Überlieferungen und Lehrbüchern wird dem Mond eine große Bedeutung für die Lebensdauer zugeschrieben.

Da er nachgewiesenermaßen mit dem Wachstum etwas zu tun hat, so ist der Gedanke naheliegend, dass seine Stellung im Horoskop typisch sein wird, besonders sein Verhältnis zur Sonne. Zum Vergleich mag eine Gegenüberstellung des Neu- und Vollmondes bei dem obigen verarbeiteten Material von Langlebigen und Kurzlebigen dienen.

Das Ergebnis ist folgendes in Prozenten:

	Durchschnitt	Kurzlebig	Langlebig
☉ ☌ ☽	6,6	10,4	10,1
☉ ☍ ☽	6,6	4,6	11,1

Die Konjunktion (Neumond) ist bei beiden erhöht, steigt wesentlich über das Mittel von 6,6 % hinaus: also der Neumond kann nicht nur Abkürzung des Lebens bewirken, sonder auch Verlängerung. Er ist als eine Spannung aufzufassen, die nach der einen wie nach der andern Seite hin Ausschläge geben kann. Wünschenswert ist indessen ein Horoskop mit Neumond nicht; es bleibt ein solches stets eine Gefahr für das Individuum, nach geistiger wie körperlicher Richtung hin, wie dies hier und auch in meinem Buch „Sternenmächte und Mensch“ bei der Tabelle der Geisteskranken zu sehen ist. Hingegen ist der Vollmond bei Langlebigen verringert, bei Kurzlebigen ganz auffallend erhöht. Vielleicht könnte man daraufhin bestrebt sein, Vollmondgeburten möglichst zu vermeiden. Diese Frage ist von medizinischer Seite aus weiter zu diskutieren.

Die Frage nun: Wie sieht ein Horoskop eines an Lebensschwäche sterbenden Kindes aus, ist nicht so leicht zu beantworten. Es gibt so zahlreiche Geburten von früh sterbenden Kindern, dass man sofort einwenden kann, dass auf viele dieser Geburts-Tage und -Stunden solcher Schwächlinge auch welche von lebensfähigen fallen. Es müssen also noch feinere Unterschiede sein, die das zu kurze Leben bestimmen; sie liegen vielleicht außerhalb des Horoskops. Es wurde schon früher von mir betont, das Horoskop sei nur einer von vielen Einflüssen, das Horoskop zeige nicht alles Geschehen an. Wir können nach obigem Ergebnis bei Besichtigung eines uns vorgelegten Kinderhoroskopes niemals sagen: dieses Kind wird nicht lange leben; wir können nur sagen: dieses Kind hat eine minderwertige Konstitution und hat keine so große Aussicht auf Gesundheit und hohes Alter als solche Menschen mit anderen, besseren Konstellationen. So auch über hohes Alter. Ich bin immer noch der Ansicht, über Leben und Tod entscheidet niemals das Horoskop, noch weniger der Astrologe, der es auslegt.

Typisch für den Lebensschwachen ist außer den Wasserzeichen Krebs und Skorpion vielleicht das Luftzeichen Wassermann. Auffallend in den Tabellen ist auch, dass der Mond bei den Langlebigen mehr die Winterzeichen, bei den Kurzlebigen mehr die Sommerzeichen bevorzugt. Besonders bei den Frühgeburten kommt Krebs und Löwe gehäuft vor; es sind Zeichen, die von mir zu den manifesten Zeichen gerechnet wurden, die geneigt sind, eine Sache oder Anlage frühzeitig herauszudrängen. Hingegen ♐ ♑ ♒ ♓ ♈ stehen mehr zurück, beeilen sich in ihrer Wirkungsart nach außen nicht so sehr. Der Skorpion spielt eine verschiedene Rolle. Die Hauptbedeutung bei der Kurzlebigkeit hat wohl Mond und Aszendent. Der Mond wurde von altersher als lebendeutend hingestellt; er regiert angeblich die ersten paar Jahre nach der Geburt. Der Mond muss daher bei Frühgeburten, Totgeburten und bei aus Lebensschwäche früh Gestorbenen zeigen, dass das Leben wirklich geschädigt ist. Wir können also in einem solchen Kindeshoroskop erwarten, dass der Mond irgendwie durch ♄, ♂ oder ♅ verletzt ist und dass er selbst in einem für ihn ungünstigen Zeichen steht.

Als Aszendent mag Krebs aufsteigen oder irgendein Luft- oder Wasserzeichen. Der Aszendent ist oft verletzt durch Mars oder Saturn. Ferner tritt häufig auf, dass Sonne oder Mond im 3. Quadranten stehen (also im westlichen Nachtquadranten), während bei Langlebigen dieselben oft im 1. Quadranten zu finden sind (im östlichen Tagquadranten).

Das Verhältnis zwischen Sonne und Mond scheint auch ein besonderes zu sein. Folgende Beispiele mögen als Illustration des frühen Todes gelten. Wir haben in Nr. 1 einen durch Mars, in Nr. 2 durch ♅ verletzten Aszendenten, der in wässerigen Zeichen (♋ und ♓)steht. Außerdem ist der Mond das einmal durch Mars, das andermal durch Saturn angegriffen.

Wir kommen nun zum Schluss. Wir haben gezeigt, dass die Ekliptik mit den Stärken und Schwächen der Vitalität des Menschen zusammenhängt, sodass die Tag- und Nachtgleichepunkte (Schnittpunkte durch den Äquator) hauptsächlich das Leben vermehren, bzw. stärken, die Punkte hoher Deklination (größter Abstand vom Äquator) es hingegen vermindern, verkürzen.

Dass nicht die Sonne, sondern die übrigen Gestirne dies Ergebnis gezeigt haben, gibt uns den Beweis, dass — es muss hier besonders wiederholt werden — nicht etwa die Jahreszeiten die Geburtseinflüsse bewirken, sondern dass der Einfluss direkt von der Ekliptik (oder einer dahinterstehenden unbekannten Macht) kommt.

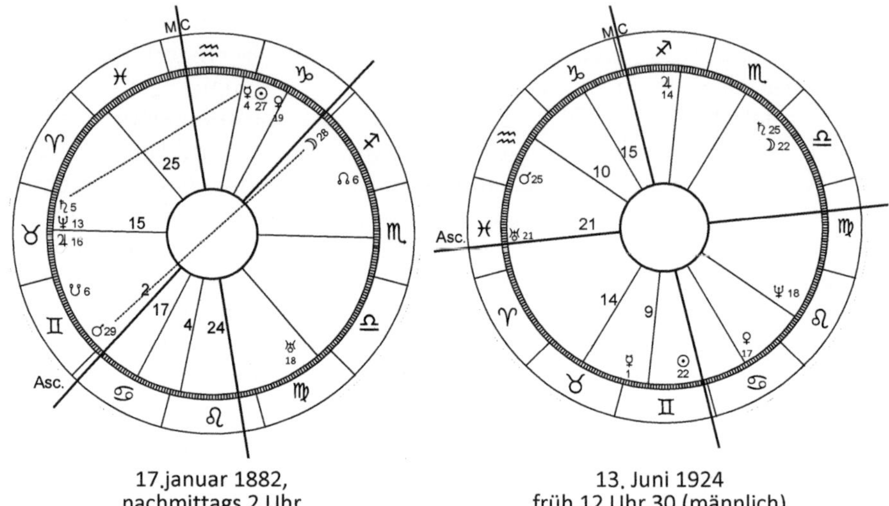

17.januar 1882, nachmittags 2 Uhr Männliche Totgeburt

13. Juni 1924 früh 12 Uhr 30 (männlich) Gest. am 13.juni 1924 früh 3 Uhr 30.

Wir haben ferner festgestellt, dass außer den Kardinalpunkten gewisse Zeichen und Planeten in den Horoskopen vorgezogen wurden. Wir haben gezeigt, dass das Lebensalter unbeschadet großer Spannungen zwischen den Planeten ein hohes werden kann, ja, im Gegenteil, dass diese eher dynamisch und schöpferisch wirken, indem sie periodisch zu einem Umschwung zwingen. Umschwung bringt neues Leben!

Schon biologisch kann man feststellen: je öfter und mit je größerer Geschicklichkeit ein Geschöpf eine Lebens- und Gefühlseinstellung ablegen und eine andere annehmen kann, desto mehr schafft es sich neue Quellen, neue Motive für das Dasein — Daseinsberechtigung. Je weniger es dies vermag, desto eher, desto früher unterliegt es den brechenden, den verändernden Gewalten. Ergebnis: Menschen mit schlechten Aspekten im Horoskop, mit großen Spannungen, können sehr alt werden, besonders wenn die Aspekte im Zeichen geringer Deklination stehen. Sie können aber auch sehr früh sterben, besonders wenn die Aspekte in Zeichen hoher Deklinationen stehen. Diese Typen überwinden schwer die Dissonanzen.

Menschen mit ausgeglichenen Horoskopen haben weder Aussicht auf ein abnorm hohes noch abnorm niedriges Lebensalter.

Ein für das Leben sehr empfindlicher Punkt ist der Aszendent. Ist dieser verletzt durch ♂, ♄, ♅, ♆, dann ist das Leben von frühester

Jugend an schon gefährdet. Ebenso, wenn der Mond durch derlei Aspekte geschädigt ist, auch durch seine Opposition zur Sonne. Die eigentliche Lebensdauer nach Jahren zu berechnen ist wohl mit Hilfe von Hellsehern vielleicht hie und da mal gelungen. Rein rechnerisch ist es unmöglich. Hinterher kann man wohl Direktionen für den eingetretenen Tod finden, aber diese selben Direktionen wirken dann, wo anders angewandt, wieder nicht tödlich.

Vom Hyleg wurde schon gesprochen. Seine Bedeutung ist noch sehr unklar. Die Klärung ist der Zukunft vorbehalten. Ferner ist es noch dunkel, ob die sogenannten „Schwächen" und „Stärken" der Planetenstellungen mit dem Lebensalter etwas zu tun haben. Ganz wenig Hoffnung ist auf die sogenannten Alkokoden zu setzen.

Nach diesen Ausführungen sei zum Schluss noch hingewiesen auf künftige Wege der Statistik in der Horoskopie. Es sind in den letzten Jahren vielfach Versuche unternommen worden, durch statistische Reihen die Tatsachen der Astrologie zu erhärten. Die üblichen statistischen Methoden haben aber nicht immer zu eindeutigen Resultaten geführt; sie sind auch vielfach kritisiert worden. Man hat, um Kritiker zu befriedigen, das Material erweitert, aber schon kommen Einwände, dass auch diese Zahlen nicht genügen. Von gewisser Seite ist man daran, die Reihen ins Maßlose zu steigern, was aber anscheinend im Vergleich zu der riesigen Arbeit nur dürftige Früchte zu bringen scheint. Wenn man mit 10.000 Fällen nichts weiter herausbringt, als dass eine Wahrscheinlichkeit besteht, dass diese oder jene Eigenschaft im Horoskop niedergelegt ist, dann ist vielleicht die Tatsache der Astrologie nahe gelegt. Dies ist aber sehr mager, und die Wissenschaft wird sich wenig darum bekümmern. Wir haben dann immer noch keinen Beweis, ob die gefundenen Elemente den gedachten Eigenschaften zukommen und nicht einer anderen zugeschrieben werden müssen.

Ich habe schon in meinem Buch „Sternenmächte und Mensch" auf Kontrastversuche hingewiesen, die das ganze System vereinfachen und beweiskräftiger machen.

Es werden seitdem verschiedene Arbeiten nach dieser Richtung mit Erfolg durchgeführt. Die vorliegende Arbeit ging ebenfalls von dem Gedanken aus, durch Kontraste die Statistik besser zu fundieren. Es wurden den Langlebigen die Kurzlebigen gegenübergestellt. Das auf der einen Seite verwendete Material allein würde vielleicht den statistischen Forderungen unserer Zeit nicht genügen. Wenn ich aber zeige, dass die alt werdenden Menschen die entgegengesetzten Zeichen als wie die früh Gestorbenen haben, dann genügen ganz wenige an Zahl schon (etwa 100), um beweiskräftige Reihen aufzustellen, und alle komplizierten mathematischen Feinheiten fallen fort.

So wird man auch allerlei Fehlschläge meiden, indem man die Versuchshoroskope gegeneinander ausspielt, horoskop-statistisch den Venustypen die Marstypen, den Marskrankheiten die Saturnkrankheiten, den Widderberufen die Fische-Berufe gegenüberstellt usw.

Wenn die Astrologie recht hat und zu Wahrheit besteht, dann müssen die gegenseitigen Kurven dieser Doppelreihen Spiegelbilder ergeben, wie dies als Resultat der vorliegenden Arbeit gezeigt werden konnte.

Zum Trost der Krebsgeborenen sei noch hervorgehoben, dass sie nicht schlechtweg einem kurzen Dasein verfallen sind, sondern dass sicher in ihrem Horoskop auch Elemente sind, die zum Kampf gegen die Lebensfeinde ausgenützt werden können, was mit Mühe und Sorgfalt auch gelingen wird, sind doch bei dem vorliegenden Material der Langlebigen auch viele echte Krebsgeborene zu finden. Wird die in Ordnunghaltung des Lebenshaushaltes mit besonderer Umsicht betrieben, so werden auch Krebsgeborene ein höheres Alter erreichen können. Vermögen sie aber diese Umsicht nicht aufzubringen, dann unterliegen sie natürlich den Lebensfeinden leichter, als die unter günstigeren Einflüssen Geborenen.

Astrologie, Religiöse Fragen, Religiöses Streben

A) Sinn des Daseins

Das heutige Horoskopstellen ist nur ein ganz primitiver Nachklang einer einstigen viel umfassenderen Astrologie, die alles Wissen und Streben umschloss, auch das religiöse und mystische. Es wird wieder notwendig, auf ihre ursprüngliche Bedeutung hinzuweisen, wenn sie nicht ganz in den Bereich der gewöhnlichen Deutungswissenschaft hinabsinken soll. Man kann sagen, so grotesk dies klingt: die modernen Astrologen kennen nicht ihre Sterne selbst, sie erleben sie nicht, man muss ihre Stellung auf dem Papier darstellen und daraus Schlüsse ziehen. Im Altertum haben Menschen die Sterne erlebt, und aus diesem Erleben allein konnte eine Astrologie entstehen. Seitdem waren nur Vereinzelte so bevorzugt, dass sie den unmittelbaren Zusammenhang mit kosmischen Geschehen erfühlten.

Die Sterne sind nicht nur außen, sie sind auch in uns, sie weben in uns einen Seelenleib (Astralleib). Deshalb besteht die Möglichkeit, ihre Beziehungen unmittelbar zu erkennen. Astrologie kann in der Zukunft wieder Erlebtes werden, wenn die Menschen sich ihres geistigen Ursprungs wieder bewusst und kosmisch mit ihm verbunden werden. Ja, die Astrologie kann und soll zur Religion, zu Gott führen. Der Mensch entwickelt sich aus dem Kosmos in einen irdischen Leib hinein und muss von diesem heraus wieder die Verbindung mit dem Kosmos bewusst entwickeln.

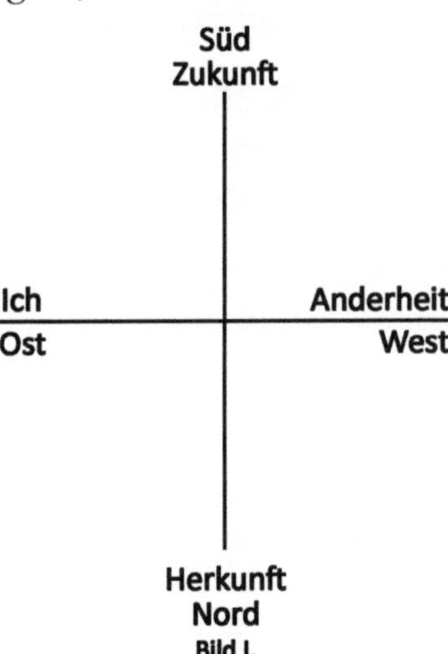

Bild I.

In den Grundelementen des Horoskops ist klar zu sehen, wie der Mensch in die Welt hineingestellt ist und wie die Wege sind, auf denen er durch Epochen und Perioden hindurch die Rückkehr zu seinem Ausgangspunkt, zum Ziel seiner geistigen Bestimmung gelangen kann. Wir wollen hier einen kleinen Teil dieser esoterischen Astrologie demonstrieren.

In dem Buch „Sternenmächte und Mensch“ wurde erstmalig versucht, die zwölf Häuser naturgemäß abzuleiten.

Wie aus dem ersten folgerichtig das siebente (Ich und Anderheit), dann das vierte und zehnte (Herkunft und Zukunft) notgedrungen entstehen müssen, und daraus dann auch die zwischenliegenden Häuser sich von selbst einschalten. Unser vollständiges Wesen, unser Gesamtdasein liegt nicht nur an der Spitze des ersten Hauses, sondern in den gesamten zwölf Häusern, vor allem in den vier Kardinalpunkten.

Ein Ich kann nur sein, wenn eine Anderheit (VII. Haus) es geweckt hat. Die Du-Welt, die Umwelt gehört zu uns selbst, wir suchen in ihr ein scheinbar ewig uns fehlendes Stück. Andererseits liegt unser Geschick, unser Tun, unsere ganze Zukunft (X Haus) schon in den Untergründen unseres Bewusstseins (IV. Haus) verborgen, kommt aus einem in uns liegenden unbewussten Wissen. Um Missverständnissen zu begegnen, sei nebenbei nur darauf hingewiesen, dass die Häuser ja nicht nur Sammelbegriffe darstellen, wie etwa Ehe, Beruf, sondern ganze Komplexe von Bedeutungen haben. Der Umkreis des VII. Hauses betrifft nicht nur die Ehehälfte, sondern alles, was uns ergänzen kann, oder von uns als Ergänzung gewertet wird, z. B. alles, was durch die Sinne zu uns einströmt, was unseren Sinnen begehrlich erscheint. Der Grundgedanke des 7. Hauses ist „Symbol unseres Selbst“. Daher auch Kultisches, weil dadurch Symbolik wir selbst dargestellt, d. h. wir eines anderen, in uns noch nicht geweckten Wertes bewusst werden sollen.

So hat jedes Haus seinen ganz typischen Umkreis, der ganz enorm viel größer ist, als wir denken. Einiges sei des Raummangels halber nur in Stichworten noch erwähnt. 4. Haus: Eltern, Heimat, Unterbewusstsein, Beweggründe, Moral und latente Charaktereigenschaften, magische Kräfte, Kundalinifeuer, seelische Vererbung, Erbsünde, Erinnerung an frühere Inkarnationen.

10. Haus: Beruf, Tat, Handeln, Geschick, Karma, Streben, Aufblick, Vorausschau, Verwirklichung, Tagesbewusstsein. 1. Haus: Ich, Größe, Einschätzung, Persönlichkeit, Überpersönlichkeit, Anlagen, Talente, Konstitution.

Die vier Kardinalpunkte geben uns eine kostbare Einsicht darüber, wie wir uns in der Welt zurechtfinden und weiterzuentwickeln haben. Links steht das Ich, rechts das Nicht-Ich, das Du, wozu die ganze Umwelt gehört, die durch die Sinne ergänzend auf uns Wirkt. Was von dort in uns hineinwirkt, baut unser bewusstes Ich auf. Ohne diese Spiegelungen wären wir kein selbstbewusstes Wesen. Dies geht bis ins Biologische hinein. Der Mensch vollbringt an anderen Dinge, die er eigentlich an sich vollbringen möchte, er löst an Anderen etwas aus, um in sich etwas auszulösen. Unser Wesen suchen wir immer weiter zu wecken und zu erkennen, indem wir in den Dingen uns selbst finden lernen, aus dem Sinnesleben etwas herausholen, was wir als Dauerwert in unsere Seele einbauen. Sogar von jedem trivialen Sinnesgenuss steigt ein Teil Erlebnis auf ein höheres Niveau.

Das ewige Suchen in der menschlichen Seele nach Ergänzung richtet sich nach ihrem eigenen unsterblichen göttlichen Kern. Aber wir können zunächst nur dessen Spiegelbilder aus dem 7. Haus herüberblicken sehen, nicht erkennend, dass die Wirklichkeit in uns ist. Wir sind anfangs so weit von diesem unserem höheren Selbst entfernt, dass es uns als ein Du erscheint (siehe Angelus Silesius), wie sich das auch im Gebet zeigt, wo man Gott mit Du anredet. Das ewige Ich erscheint zunächst nicht in uns, sondern sozusagen hinter uns, ostwärts (ex oriente lux!). Die Horizontallinie des Horoskops links ins Unendliche fortgesetzt, kommt uns dann im Westen (im 7. Haus) wieder entgegen. Dort ist die Du-Welt, sie spiegelt uns unser höheres Selbst dann in den Objekten (siehe Faust II.), speziell in dem Objekt der persönlichen Liebe, aber auch in allen begehrten Dingen. Das „tat twam asi“ (Das bist Du) soll uns erinnern, dass alle Dinge, die wir in der Welt suchen, doch nur unseren eigenen ewigen Wesenskern bergen und schließlich unserer eigenen Vorstellung entspringen; aber dass auch die Welt draußen zu uns gehört. Die ganze Umwelt sind wir selbst. (Dies alles ist sehr schön dargestellt in den Versen des „Cherubinischen Wandersmann” von Angelus Silesius.)

Die persönliche Liebe gibt ein deutliches Beispiel davon, wie der Mensch sein geistiges Ich sucht, er kann es zunächst nur als ein himmlisches Du ahnen (Tristan und Isolde) und er verlegt es in ein partnerisches Du hinein. Es liegt ja auch bestimmt im Partner das Ewige drin, aber dies schaut man nur, wenn man es auch in sich selbst erlebt.

Was wir jetzt besprochen haben, war die Raumwelt, jetzt wollen wir die Zeitwelt betrachten, die durch die Vertikale dargestellt ist (4. und 10. Haus). Wir sind nicht nur Ich und Du, sondern auch Vergangenheit und Zukunft. Durch unsere Herkunft (4. Haus) sind wir ein Produkt der Vergangenheit. Diese Vergangenheit lebt täglich in uns. Das 4. Haus bedeutet nicht nur unser Elternhaus, sondern auch die gesamten Grundanlagen, die wir in der Tiefe unserer Seele haben (Seeleneltern). Da liegen die Motive zum Handeln, da ist unser Unterbewusstsein mit all seinen triebhaften Elementen, da ist der Sitz der allertiefsten Beweggründe, da ist der Wohnort unserer moralischen Fähigkeiten, erworben

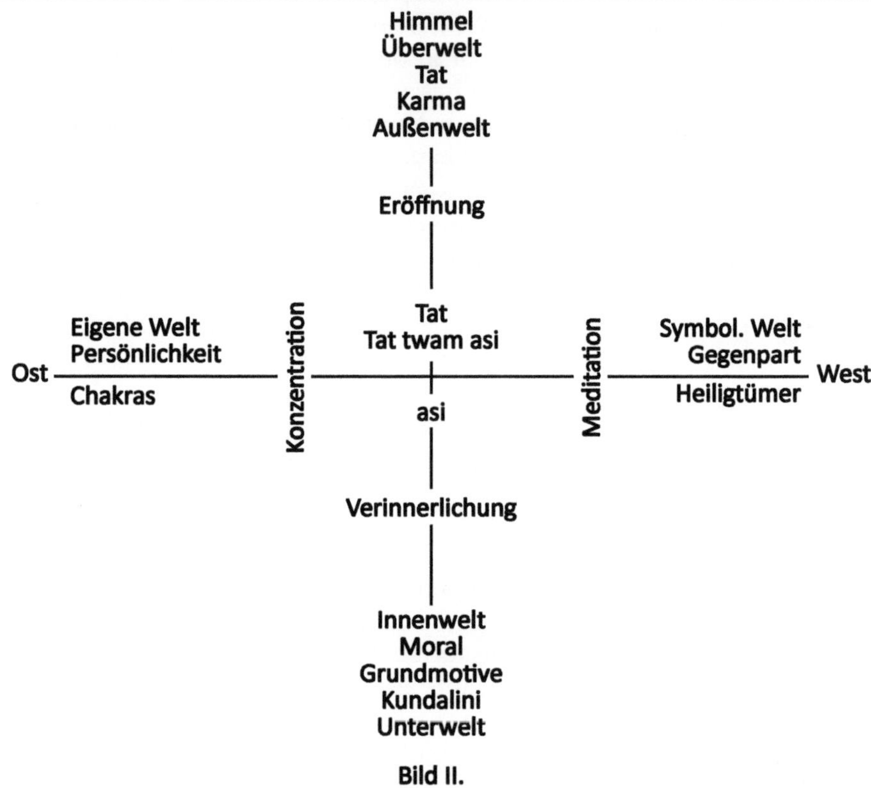

Bild II.

in vergangenen Inkarnationen, aufs neu gesammelt von den „Sternen", für ein jetziges Erdendasein. Im 4. Haus ist die Stätte des sympathischen Nervensystems, das in den Baucheingeweiden sein Gehirn hat. So ist diese nördliche Welt des 4. Hauses als eine untere zu bezeichnen, sie bindet uns an die elementaren Kräfte einer Innenwelt und Unterwelt, die wir selbst nicht kennen. Hier steigen die Motive des Handelns herauf in das 10. Haus hinein.

Von hier steigen die Kräfte auf, die dort oben unser Schicksal weben, von uns selbst gewollt, aber nicht bewusst gewollt. Das Schicksal kommt nicht von außen her, sonst wäre es nicht berechenbar. Die Astrologie beweist gerade diese inneren Zusammenhänge. Das Schicksal ist etwas anderes, als wir glauben, dass es sei. Die Ereignisse beabsichtigen etwas, sie bringen in Epochen Resultate für unsere zielbewusste Entwicklung heraus. Geschick ist nicht Fatum, sondern weise Lenkung. Alles bedeutet Entwicklung. Aspekte, Transite, Direktionen sind Marksteine von Prüfungen, die uns gesetzt sind, die uns in unserem Unterbewusstsein wohl bekannt sind. Wir werfen ihre Wirkungen hinaus in die Welt. Das Geschick konstruieren wir uns selbst, ja es ist ein Teil von uns. 10. Haus und 4. Haus gehören zusammen. Während nun das 4. Haus der Platz der elementaren Wurzelkräfte unserer Seele ist, eine Region, in der die Unterweltsgötter wohnen, so ist das 10. Haus die obere Welt. Wie sich 1 und 7 ergänzen, so ergänzen sich 4 und 10. Der Mensch wächst von der unteren Welt des Feuers in die obere Welt des Lichts hinein. Aber die obere Welt kommt zugleich auch der unteren entgegen. Das „Oben" und das „Unten" spielen in der Mystik wie in der hermetischen Kunst eine große Rolle. Hier oben in der Himmelsmitte erhebt der Mensch seinen Blick in den weiten Himmelsraum und sucht das Unendliche in der Weite zu erfassen, aber er kehrt enttäuscht zurück und sieht, dass der Himmel ohne den inneren Menschen nicht zu erreichen ist.

Wenn wir unser Denken nach oben öffnen, um das Raumlose, Unendliche zu erfassen, dann könnten wir den Weg solchen Erfassens mit der Kurve einer Hyperbel vergleichen, die erst in unendlicher Ferne sich wieder zur Umkehr wendet. Dies wäre gleichbedeutend damit, als mache unser Bewusstsein einen Sprung in die Unendlichkeit und komme von einer anderen Richtung wieder zu sich selbst zurück Ganz dementsprechend haben die Ägypter das Unendliche auch als Kreis auf dem Haupte ihrer Götter und Hohenpriester symbolisiert. Auch der Heiligenschein der urchristlichen Kunst stellt nicht etwa eine magnetische Aura dar, sondern das Ewige. Dieser genannte Sprung („Kein Weg"; siehe: „Die Leuchte Asiens" von Rückert) ist nur dann möglich, wenn wir auch zugleich nach der Kehrseite hin den Sprung gemacht haben, nämlich in den letzten und tiefsten Abgrund unserer Seele. Da existiert ein sogenannter bodenloser Abgrund (siehe Etidorhpa von J. U. Lloyd), dessen Aufsuchen einer Herunterfahrt in die Hölle gleichkommt, unsere eigene Hölle, die durchleuchtet werden muss. Die Unendlichkeit draußen wird erst dann zum Geisterlebnis, wenn zugleich auch die Unendlichkeit nach unten durchschritten wird. Im „Faust" wird es richtig als eine Vermessenheit hingestellt, den Makrokosmos anzurufen. Richtet der unvorbereitete Mensch straff seinen geistigen Blick nach oben, dann findet er sich plötzlich auf der Kehrseite, in einer Unterwelt. In ihr regt sich etwas Widerstrebendes, Dämonisches. In den Abgründen seiner Seele erwachen Lüste. Ungeheuer stehen auf und bedrohen ihn. Hier ist der Ort der Prüfung aller ernsten Gottessucher. Hier wohnen die Versucher aller strebenden Seelen, hierwohnt der Hüter der Schwelle. Ist er überwunden, dann gibt das „Unten" eine klare Spiegelung des „Oben". Der Makrokosmos wird durch den Mikrokosmos, der Mikrokosmos durch den Makrokosmos erfasst. „Wie oben, so unten" ist der bedeutsame Ausspruch des Hermes Trismegistos. Dies ist sowohl astrologisch als auch alchemistisch und sogar biologisch zu versteen.

B) Der Gottesbegriff

Durch diese Betrachtungen und die Erkenntnis unserer vierseitigen Daseinsorientierung in der Welt sehen wir auch klar in Bezug auf den Gottesbegriff. Ist Gott in der Welt oder außer der Welt? Ist Gott in uns oder außer uns? Darüber haben sich die Menschen immer gestritten. Es gibt viererlei Gottesvorstellungen entsprechend den vier Kardinalpunkten. Von links stammt der Standpunkt, nur der Mensch habe Anrecht auf Göttlichkeit. In ihm sei das erhabene „Ich bin"", das absolut rein und göttlich und ewig erfasst werden könne.

Nirgends sonst in der Welt sei Gott zu suchen, alles andere in der Welt sei Kreatur. Diesen Standpunkt finden wir deutlich bei Meyering vertreten, er ist in seinen Schriften deutlich zum Ausdruck gebracht. Rechts dagegen ist das Göttliche, das im Symbol dargestellt und verehrt werden kann.

Die Dinge der Welt zeigen die Physiognomie des Göttlichen. Von dem Kult der alten Mysterienstätten bis herab zu den Heiligtümern und Personifikationen der katholischen Kirche konnte und kann der Weg zu Gott gesucht und gefunden werden. Für viele ist er der gangbarste. In den Sakramenten wohnt Gott!

Oben im 10. Haus jedoch lebt der rein theologische Gottesbegriff, Gott ist draußen, bzw. oben über unserer Schädeldecke und im ganzen Kosmos. Hier wird der Gott konstruiert, der von oben auf die Erde und die Menschen herunterschaut, auch die rein philosophisch spekulative Gottesidee, wobei Gott im All lebt, aber als ein abstraktes, für den Menschen ewig unnahbares Wesen.

Hingegen im 4. Haus wird der Gott im Innern, in der Tiefe, im uns unbekannten Urgrund unserer Seele geahnt und gesucht. Der Mensch fühlt in sich einen Abgrund, in welchem ein verborgener kostbarer allerdings bewachter Schatz ruht, nämlich der unsterbliche ewige Wesenskern; er versenkt sich in sein Inneres, in die Abgründe seiner Seele, um dort die Urheimat, von der er ausgegangen ist, zu suchen. Manchmal wurde hier das Göttliche in den Begriff „Daimon" eingezogen.

Alle vier Standpunkte sind berechtigt und keiner ist falsch. Aber, jeder allein betrachtet, könnte allmählich zu Irrtümern und Einseitigkeiten führen. Die esoterische Astrologie zeigt auch hier: das Untere gehört zu dem Oberen und das Eigene zu dem anderen. Die linke Einstellung könnte zur Selbstverehrung, zum Narzismus oder schließlich zur Ichsucht führen, die rechte zum Götzendienst oder Fetischismus, auch zur Mediumschaft und Besessenheit. Die untere Welt allein könnte zwischen Menschen und Umwelt eine Kluft setzen, ihn isolieren, in Konflikt mit dämonischen Mächten oder gar in die schwarze Magie bringen. Die obere Welt jedoch würde das Gegenteil bewirken, sie würde ihn veräußerlichen und zuletzt vermaterialisieren, wie man dies bei gewissen Theologen findet, die an einen abstrakten Gott im All glauben, der aber in ihr triviales Sinnesleben, das sie führen, nie eingreifen kann. Die vielen religiösen Streitigkeiten im Verlaufe der]ahrhunderte, die die Kirchengeschichte aufweist, wären nicht gekommen, wenn man die vier großen Grundsäulen unserer Daseinsorientierung beobachtet hätte, besonders der sogenannte „Arianische Streit" der Bischöfe im Anfang der christlichen Ära, wäre überflüssig gewesen, der über fünfzig Jahre dauerte und sich auf die Frage der Dreiteilung der Gottesvorstellung bezog, ob Christus Gott selbst sei oder ob eine Verschiedenheit zwischen Gottsohn und Gottvater bestehe. Dieser Streit führte zu großen Konflikten und blutigen Auftritten.

C) Geistesschulung

Aus unseren dargelegten Gesichtspunkten ergeben sich nun auch klare Regeln für Geistesschulung, Geistesentwicklung, für das religiöse Leben und Streben, für den Pfad der Mystik, für die okkulte Schulung, für Yoga, zur Erlangung des Steins der Weisen, zur Bereitung des Lebenselixiers und des reinen Geldes der Heiligung. Dieser okkulte Pfad ist schließlich auch der letzte Sinn des Lebens. Gemäß dem Ostpunkt links übe da der Mensch die Gedankenkonzentration, er muss sein Ich stärken und zu höheren Stufen tragen, bis der göttliche Funke in diesem Ich erschaut wird. Er muss seine Gedanken beherrschen und das Abstrakte erfassen lernen. Dies allein würde aber den Menschenverhärten, er muss zugleich auch sein Gemüt meditativ einstellen, was der Westpunkt in uns fordert. Hingebung und Andacht. Während man bei der Konzentration hauptsächlich vom eigenen Ich ausgeht oder auf dasselbe schaut, muss man bei der Meditation sich versenken in den Inhalt eines Ideals oder eines Symbols (z. B. die Madonna), eines Heiligtums, eines Sakramentes, sonst kann man den überpersönlichen Teil seines

Ichs nicht finden, oder man kann das Leiden und Leben großer Vorbilder nachleben. (Märtyrer, Helden, Kreuzweg Jesu.) Die Übertreibung dieser Einstellung würde aber den Menschen zu passiv machen und zur religiösen Schwärmerei führen. Das Ich darf nicht verloren gehen. Stellen die indischen Yogasysteme im Allgemeinen mehr die typische Kultur des Ostpunktes des Horoskops dar, so finden wir in den Gebräuchen der abendländischen Religionen eine Kultur des Westpunktes.

Ist ein Mensch einmal in den Strom hineingelangt, der zur geistlichen Wiedergeburt führt, dann wird er von selbst beide Seiten seiner Seelennatur beachten und dabei stets im Gleichgewicht halten, es gilt für ihn das „Coagula et solve“ der Alchemisten, das bedeutet „Verdichte und löse auf“.

Es wird dieses Ich, das zunächst persönlich und geschlechtlich ist, eingedenk des in ihm ruhenden göttlichen Funkens, zwar stets gefestigt, aber immer wieder muss es auch aufgelöst, vernichtet werden, ohne dabei in Mediumschaft zu fallen, bis alle sterblichen egoistischen Beschränkungen aus ihm herausgefallen sind und es in seiner strahlenden Fülle dasteht. Ganz wie bei der Reinigung eines Salzes in der Chemie: Lösen, dann auskristallisieren lassen und überstehende Unreinheit abschütten. Dann Kristalle wieder lösen, wieder auskristallisieren lassen, überstehende Flüssigkeiten abschütten und so weiter, immer wieder dasselbe.

Haben wir links Konzentration, rechts Meditation, dann gilt uns für unten (Nord) Verinnerlichung, Einkehr, moralische Läuterung, für oben (Süd) das richtige Handeln in der Welt, das Herausleben und Weitergeben der inneren Kräfte, die Fügung in die weise Leitung des Schicksals (Karma), Aufblick zu den Himmelshöhen. Aus der Tiefe des 4. Hauses steigt die Kundalinikraft (Schlangenfeuer) auf. Diese gewaltige Kraft steht dem zur Göttlichkeit erwachten Menschen zur Verfügung. Aber in der Tiefe des gewöhnlichen Menschen leben zunächst Ungeheuer und Dämonen.

Durch unsere Leidenschaften sind wir von Dämonen bevölkert. Wir müssen unsere Seele durch systematisch durchgeführte moralische Übungen frei machen. Beherrschung, inneres Gleichgewicht, Ruhe, Entsagung, Aufopferung, Toleranz. Das Nachtleben und Traumleben muss durch abendliche Selbstkorrektur (Rückschau) bearbeitet, geklärt und zuletzt bewusst gemacht werden. Durch dauernde Selbstbeobachtung werden dann die anderen Auswüchse der Seele durchschauen gelernt und sie werden dann auch erfolgreich beschnitten werden können.

In demselben Maß wird eine unerschöpfliche Kraft erwachen (Kundalini), die zur Ausbildung der feineren Seelenorgane (Chakra, Lotusblumen) zur Verfügung steht. Aber auch dies würde zur Einseitigkeit führen, wenn wir nicht auch das „Obere“ (10. Haus) mit seinen Forderungen beachten würden. Wir würden uns isolieren und am Ende in eine Sackgasse gelangen und nur an unsere eigene persönliche Erlösung denken. Alle, die in der Einsamkeit oder im Kloster leben und mit Erfolg an sich gearbeitet haben und „große Seelen“ geworden sind, sind wieder zurückgekehrt zur werktätigen Arbeit für das Wohl ihrer Mitmenschen.

Will der Mensch hinabsteigen in die eigene Unterwelt, um dort Ordnung zu schaffen, dann muss sich auch zugleich seine reine Seele eröffnen und etwas nach oben tragen für die leidende Menschheit. Nur dadurch finden die „oberen Götter“ dann den Eingang in seine Seele, er wird würdig, ihr geistiges Licht von oben her zu empfangen. Schließlich muss zur Ausbildung der Chakra auch von oben her etwas einfließen, es genügt nicht die Kundalini, die von unten aufsteigt.

So korrespondiert auch die Innenschau (4. Haus) mit einem Aufblick in den äußeren Kosmos, zu den Höhen des Himmelszeltes (10. Haus). Es ist das Anschlusssuchen an den lebendigen Kosmos, richtig gesagt an den kosmischen Christus. So wird man nach und nach gewahr werden eine „nach unten“ und eine „nach oben“ gehende Unendlichkeit. Das Ewige oben und das Ewige unten berührt sich im Menschen. Bei diesem Streben wird man immer mehr erkennen, es liegt eine umfassende Weisheit in dem alten hermetischen Wort: „es ist oben alles wie unten“. Beides ist zu beachten.

Wenn der Südpunkt (10. Haus) ohne die unteren Kräfte kultiviert würde, dann könnten sich die inneren Sinne nicht öffnen, der Mensch würde in einem unfruchtbaren Idealismus oder in Naturschwärmerei stecken bleiben. Ein geistig Blinder. Aber durch die aus der Tiefe (4. Haus) aufsteigenden Kräfte wird sich der Mensch geistige Zentren beleben und wecken, im Gehirn Zentren schaffen und die Welt anders sehen, auch wird er sich in seiner Umwelt richtig orientieren lernen, weil er immer mehr und mehr sieht, dass sein Geschick (Karma, 10. Haus) er selbst ist.

Diesem kann er sich selbst nicht entziehen, ohne sich selbst zu betrügen. Indem er dann sein Karma durch die Erfüllung löst, befreit er schließlich auch seine Seele. Und dann auch die Seele Anderer. Dies ist der geheimnisvolle Hinabstieg der Helden oder Welterlöserin die

Unterwelt, aus der sie die von Dämonen umgarnte Seele befreien. Jeder Mensch geht diesen Weg selbst. Und ganz leiblich gilt dieses „oben wie unten". Oben ins Gehirn hinein strahlen kosmische Kräfte. Gott nimmt darin Wohnung (siehe Aussprüche darüber bei vielen Heiligen der kath. Kirche). Von der Erde aber kommen die Urgewalten des Erdgeistes. Diese oberen und unteren Götter müssen zur Vereinigung gebracht werden, es entstehen dann im Kopf Spiegelpunkte beider Strö-

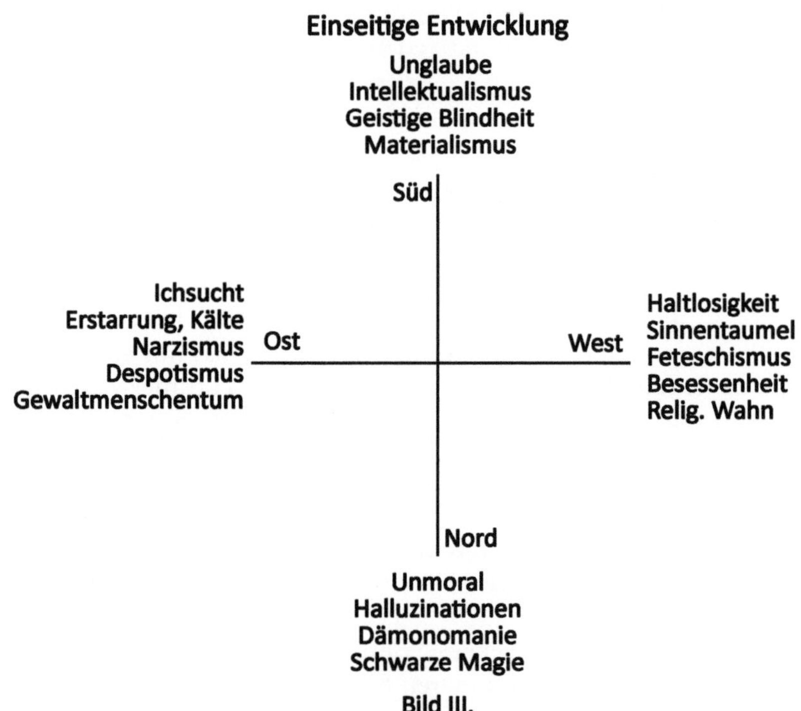

Bild III.

mungen, die zu Geistorganen werden, symbolisch trefflich dargestellt in dem hermetischen Vogel, (siehe Bild 4, Träger des Unsterblichkeitsbewusstseins), der in der Verbrennung immer wieder neu ersteht.

Dann ist aber auch der Osten mit dem Westen vereinigt, und der Mensch kommt dadurch in den Besitz aller „Reichtümer" und „Schätze" der Du-Welt, der ganzen Welt. Wir haben in der vollendeten Vierheit dann die hohe Geistesstufe der „Unia Mystica" (chymischen Hochzeit) zu sehen. Dies ist die Vereinigung aller Kräfte zur „Gotteskindschaft", die zwar selten von einem Menschen auf dieser Erde erreicht wird, aber doch von jedem Einzelmenschen, ob hoch oder niedrig, ob schlecht oder recht, durch sein Dasein, durch sein Sinnesleben, durch sein Suchen und Irren, bewusst oder unbewusst, auf erlaubten oder verkehrten, auf hin- oder davon wegführenden Wegen angestrebt wird.

> „Eine Seele sucht sich selbst im Glanze der Welt,
> Doch ihr Ich ist verhärtet, erkennt nicht das Du,
> Ihr Streben nach Glück reicht bis zum Himmelszelt,
> Doch sie sieht nicht den Schatz in ihres eigenen Grabes Ruh.
>
> Lös Deine Seele durch Symbolgewalten,
> Doch halte fest im Bewusstsein den ewigen Kern,
> Blick auf, lass über Dir den Himmel sich entfalten,
> Aus Abgrundtiefen unsterblich dann leuchtet Dein Stern."

Nachwort

Im vorliegenden Band wurden Artikel aus der Astrologie und Medizin zusammengestellt, die Dr. Schwab in den verschiedensten Zeitschriften und Verlagen veröffentlicht hatte.

Aus seinem großen Schriftwechsel ist leider nur wenig erhalten geblieben. Mehrere Briefe, die Schwab an Dr. H. Fritsche schrieb weisen auf ein tiefes Streben und auf tiefgreifende innere Erlebnisse hin. Diese Briefe, im Auszug wiedergegeben, mögen als Abschluss für diesen Zweiten Sammelband dienen.

Hierzu schreibt Dr. med. E. H. Schmeer:

In der geistigen Welt entspricht der Vater- und Sohnbeziehung das Verhältnis von Lehrer und Schüler, von Meister und jünger.

Friedrich Schwab war der Schüler von Franz Hartmann, sein eigener Schüler war Herbert Fritsche. Ihn nominierte er zu seinem „geistigen Testamtsvollstrecker". Herbert Fritsche machte mich in mannigfachen Gesprächen mit dem Leben und dem Werk seines Lehrers vertraut, und ich entsinne mich noch gut seiner trefflichen Charakteristik: „Sein eigentliches war das Exerzitantentum und bis zu seinem Tode 1946 ist er ein Übender geblieben. Er konnte mich genau zu der Grenze bringen, von der man allein durchs Niemandsland weiter muss." Herbert Fritsche erlaubte mir auch, die Briefe, die er von seinem Meister in der Zeit von 1941 bis kurz nach dem Krieg erhielt zu exzerpieren:

20.01.41 „Ich habe Ihnen erzählt, dass ich jahrelang in eine Kirche lief und meine Übung vor den vierzehn Stationen machte, dass ich auf Kirchhöfen und an geweihten Orten versuchte, mir die bildhaften Erlebnisse näherzubringen."

Zur Thematik dieses Buches schrieb Schwab am 18.9.42: „Ich war drei Wochen in Heidelberg und habe mir aus der Universitätsbibliothek mehrere Bände des Basilius Valentinus entliehen. Viel rein Medizinisches war dabei und ich entdeckte da, dass er in langen Seiten und Spalten das Similegesetz in klarster und eindeutigster Form entwickelt. Was er da schreibt über die drei Arten von Arzneien (aus den Pflanzen-, Tier- und Mineralreich) mutet wie ein Organon Hahnemanns an. Mir ist der Gedanke gekommen, man darf nicht von Hahnemann und seinen Vorgängern sprechen, ohne diesen großen Therapeuten Basilius

Valentinus zu nennen, der noch deutlicher als Paracelsus gegen die Schulmeisterei seiner Zeit kämpft und den Zeitgenossen das Similiegesetz in die Ohren hämmert, wenn er sagt: „Zu heilen ist Gleiches mit Gleichem, Gutes mit Gutem, Böses mit Bösem und den *Giftbegriff* in der Medizin ausstreicht."

02.10.44 „Mich hat der Herrgot in eine Zwangslage gebracht, wodurch ich gezwungen bin, jetzt das zu tun, wozu ich früher nie den Mut hätte aufbringen können. Durch mein Leiden bedingt verbringe ich täglich fünf Stunden in der Meditation. Da ich für die Erde nicht mehr zu gebrauchen bin, will ich wenigstens für drüben retten, was zu retten ist ... für das Hellwerden zeugen geistige Erlebnisse, die ich mir vor noch drei Jahren nicht hätte ausmalen können ... Ich suche ein geistiges Äquivalent aus den Höhen herbeizuziehen, was mir auch gelingt."

04.10.45 „Vor acht Tagen war ich bereits in anderen Welten, habe zwei Tage nichts mehr zu mir genommen, aber es kam dann wieder eine Wendung, sodass ich sogar wieder auf bin und auf die Straße gehe. Das Sterben fürchte ich nicht ... Meine Einstellung ist jetzt aber seit Monaten anders. Bis dahin betrachtete ich den Tod als Freund und freute mich auf ein Eingehen zu des „Herrn Freude". Teils auch wegen der Erlösung von Leiden. Jetzt aber habe ich mich zum Kampf gestellt. Seitdem der Ätherleib sich bei mir enorm gelockert hat, sodass ich immer mehr lerne, das Herausgehen bewusst zu erleben, sind diese jetzigen, vielleicht letzten Etappen zu einem „Wettrennen" mit dem Todesengel geworden. Ich will das Todeserlebnis hinhalten, verzögern und zwar mit aller Kraft und so lange, bis ich es selbst schaffen kann. Fast täglich merke ich hierin, bei dieser enormen Übung, einen Fortschritt. Vor Wochenwaren Kopfteile noch fest, jetzt sind sie frei, neuerdings erlebe ich die Tatsache, die in der Anrufung angedeutet ist: »Der Herr ist meines Fußes Leuchte«.

Seit einigen Tagen kann ich „freihändig" die Spiralbewegung vollziehen, die im Mathias Grünewaldschen Auferstehungsbild (Bild 5) angedeutet ist. Ich kann jetzt damit rechnen, dass wenn die Zeit kommt, wo die Herren mit mir Schlussabrechnung machen, ich mit Ihnen die Abrechnung bereits gemacht habe. In dieser Beziehung scheint es ein Gesetz zu geben, wonach Können und Müssen einander parallel laufen. Jedenfalls Will das Entwicklungsgesetz, dass das Können dem Müssen zuvorkommt. Alles andere ist ein Versagen...

Das Wettrennen mit dem Tode kann schließlich zu einem Überflüssigwerden des Sterben führen ..."

Die in diesem Nachwort beschriebenen Erlebnisberichte sind geeignet den Leser auf die letzte Lebensphase des Menschen hinzuweisen und vorzubereiten. Nach dem Tode von Schwab wollte Herbert Fritsche dessen verstreutes Werk sammeln und ordnen. Infolge eigener Krankheit und anderer ungünstiger Umstände ist ihm dies nicht mehr gelungen. Als eigentlicher geistiger Testamentsvollstrecker hat sich — lange nach Schwabs und Fritsches Tod — Heinz Winter erwiesen, der in mühsamer Arbeit und unter großer finanziellen Opfern die Schriften von Schwab neu herausgab. Beim Studium dieser Schriften erweist es sich wieder einmal, dass auch das Abendland seine großen esoterischen Meister besitzt.

Es ist notwendig die geistige Entwicklung des Abendlandes astrologisch auszurichten nach dem Prinzip ☿ ☌ ♃ im Zeichen des Wassermann. Nicht mehr angebracht und neu zu beleben sind, besonders für die westliche Welt, die östlichen Schulungsmethoden einer längst vergangenen Epoche nach dem Prinzip ☿ ☌ ☽ (Indien) im Zeitalter des Krebs.

Dr. med. E. H. Schmeer, München

Abbildungen

Der Einfluß der Tierkreiszeichen auf die einzelnen Körperzonen des Menschen nach der mittelalterlichen Darstellung in der Handschrift „Les très riches du Duc de Berry", Frankreich frühes 15. Jhr

Der heilige Geist als Taube dargestellt
im Baldachin über der Kanzel.
Pfarrkirche Kienberg/Obb.
Aufnahme: Brunhild Ulmer

Auferstehungsbild im Isenheimer Altar
Von Mathias Grünewald.
Museum zu Kolmar in Elsaß Lothringen

Bücher, die Sie auch interessieren könnten

Die medizinische Astrologie

von

Friedrich Feerhow

ISBN: 978-3-943208-63-4
Verlag Heliakon

Da mir als Autor anderer astrologischer Studien so häufig Anträge zur Horoskopstellung und Fragen nach dem Honorarsatz zugehen, so möchte ich hier meine werten Leser bitten, mich in ihrer Vorstellung nicht unter die gewerblichen Horoskopsteller einzureihen, da mir nichts ferner liegt als Sterndeutung, noch dazu gegen Geld. Das Wahrsagen überlasse ich anderen, die von ihrer Behauptung der Unfehlbarkeit astrologischer Prophezeiungen hoffentlich überzeugt sind. Ich beschränke mich darauf, nach der Art des vorliegenden Werkes die Tatsachen mit dem Ergebnis von Horoskopstudien zu vergleichen und eventuell zu versuchen, ob sich medizinisch verwertbare Prognosen oder we-nigstens Diagnosen daraus gewinnen lassen. Um aber nicht missverstanden zu werden, muss ich hinzufügen, dass ich gleich Heindl den Eindruck erhalten habe, dass es möglich sei, wesentliche, richtige Feststellungen aus der Nativität zu ermitteln.

Inhaltsverzeichnis